高职高专财经商贸类校企双元“十四五”规划教材
教育部现代学徒制试点院校系列教材

国际货运代理实务

GUOJI HUOYUN DAILI SHIWU

主　编◎戴丽萍　何善华　潘巍巍
副主编◎张　兰　李雯婷　张　敏

中国铁道出版社有限公司
CHINA RAILWAY PUBLISHING HOUSE CO., LTD.

内 容 简 介

本书是以典型工作任务为载体，按照项目化的教学要求，由校企合作编写的高职高专国际贸易实务专业和物流管理专业核心课程“国际货运代理实务”的教材。共设置了五个项目，分别是国际货运代理基础、揽货业务、国际海运货运代理业务操作、国际航空货运代理业务操作和国际多式联运货运代理。

本书主要根据具体工作过程和过程中各个环节所需要的知识、技能、能力等来组织内容。在结构方面，每个项目开头都设置了项目导言，使学生在学习该项目之前先了解该项目任务的操作过程；每个任务都设置了任务目标、任务情景、知识链接、任务实训；每个项目后面都设置了综合练习，以便学生复习巩固所学知识。

本书注重理论与实践的结合，内容简明，结构严谨，适合国际贸易实务专业、物流管理专业、报关与国际货运专业及从事国际货运代理的从业人员使用。

图书在版编目（CIP）数据

国际货运代理实务/戴丽萍，何善华，潘巍巍主编. —北京：中国铁道出版社有限公司，2022.3

教育部现代学徒制试点院校系列教材　高职高专财经商贸类校企双元“十四五”规划教材

ISBN 978-7-113-28687-3

Ⅰ.①国…　Ⅱ.①戴…　②何…　③潘…　Ⅲ.①国际货运-货运代理-高等职业教育-教材　Ⅳ.①F511.41

中国版本图书馆CIP数据核字（2021）第271002号

书　　名：国际货运代理实务
作　　者：戴丽萍　何善华　潘巍巍

策　　划：韩从付　　　　**编辑部电话：**（010）63549501
责任编辑：贾　星　贾淑媛
封面设计：刘　颖
责任校对：安海燕
责任印制：樊启鹏

出版发行：中国铁道出版社有限公司（100054，北京市西城区右安门西街 8 号）
网　　址：http://www.tdpress.com/51eds/
印　　刷：三河市兴达印务有限公司
版　　次：2022 年 3 月第 1 版　2022 年 3 月第 1 次印刷
开　　本：787 mm × 1 092 mm 1/16　**印张：**11.5　**字数：**274 千
书　　号：ISBN 978-7-113-28687-3
定　　价：38.00 元

前言

随着经济一体化、贸易全球化的到来，国际贸易、国际物流、电子商务等活动日益繁荣。特别是近年来，世界经济和贸易处于急剧和深刻变化的新时代。为了满足新形势下高职高专国际贸易实务专业和物流管理专业“工学结合”的教学需要，本书打破以知识传授为主要特征的传统教学模式，以工作过程为主线，以工作过程中所需要的各个环节为典型工作任务来组织课程内容，按照任务驱动的项目化教学思路来进行编写。本书力图让学生在完成具体项目的过程中完成相应的工作任务，构建相关理论知识，培养学生具有国际货运代理的职业素养和职业能力。

本书由广东机电职业技术学院、广州铁路职业技术学院和广州振捷国际货运代理有限公司共同编写。广东机电职业技术学院戴丽萍、何善华和潘巍巍担任主编，广东机电职业技术学院张兰、广州铁路职业技术学院李雯婷、广州振捷国际货运代理有限公司张敏担任副主编。具体分工如下：戴丽萍编写项目一和项目三，何善华编写项目二，潘巍巍和张兰编写项目四，李雯婷编写项目五，张敏负责每个项目“任务情景”和“任务实训”部分的编写。确定编写思路、编写体系、编写大纲以及统稿等工作由戴丽萍负责完成。

在本书编写过程中我们借鉴和参考了很多专家与学者的研究成果以及同行编写的相关教材，在此向相关作者表示衷心的感谢。

由于编者水平有限，加之编写时间仓促，书中难免有不足之处，敬请各位读者和同行批评指正。

编　者

2021 年 8 月

目 录

项目一

国际货运代理基础

项目导言

本项目主要完成认识国际货运、设立国际货运代理企业、防范国际货运代理责任风险三个任务。在认识国际货运中，主要学习国际货运代理人的概念、法律地位、业务素质，国际货运代理企业的业务经营范围，国际货运代理行业组织，无船承运人的概念、法律地位、业务范围与经营资质查询。在设立国际货运代理企业中，主要学习国际货运代理企业的设立条件、申请设立的报送文件资料、设立程序及备案登记查询，国际货运代理企业的组织机构、岗位设置及岗位职责与要求。在防范国际货运代理责任风险中，主要学习责任风险的概念、产生原因、内容、除外责任、防止与减少责任风险的措施。通过学习上述内容，为学习后面的货运代理具体业务操作奠定基础。

任务一　认识国际货运

任务目标

- 理解国际货运代理人的概念和法律地位。
- 了解国际货运代理的业务范围。
- 领会国际货运代理人的业务素质。
- 了解国际货运代理的行业组织。
- 理解无船承运人的概念、特征。
- 了解无船承运运人的业务范围。
- 掌握无船承运人的经营资质查询。
- 了解国际货运代理人与无船承运人的主要区别。

任务情景

2021 年 6 月，小张应聘到了广州振捷国际货运代理有限公司，进入公司后，小张便拜老员工老王为师。老王首先要求他访问该公司网站，了解该公司的基本情况和业务范围；其次要求他访问中国国际货运代理协会网站和广东省国际货运代理协会网站，浏览网页相关内容，从而对该行业有所认知和了解；最后要求他访问交通运输部相关网页，查询并判断广州振捷国际货运代理有限公司是否具有无船承运人资格。

知识链接

国际货运代理（也简称“货代”）可以从国际货运代理企业和国际货运代理人两个方面来理解。国际货运代理企业是指接受进出口货物收发货人的委托，以委托人的名义或以自己的名义，为委托人办理国际货物运输及相关业务并收取服务报酬的企业。它是国际货运代理行业的主体，国际货运代理行业的主管部门是我国的商务部。

国际货运代理协会联合会对国际货运代理人给出的定义是：根据客户指示，为客户利益而承揽货物运输的人，其本身不是承运人，而是国际货代企业从事货代业务的代表人。货运代理人也可以依据这些条件，从事与运输合同有关的活动，例如进行租船订舱、制单、装卸、仓储、配送、报关与报检、收款等。

一、国际货运代理概述

（一）国际货运代理人的法律地位

国际货运代理人在从事货代业务时，首先得明确自己的法律地位，即以什么样的身份从事货代工作，因为以不一样的身份从事货代工作，享受的权利和承担义务不一样，即承担的法律责任不一样。

1. 以代理人身份

如果国际货运代理人是以代理人身份与第三人签订合同，他就得在被代理人（即以收、发货人身份）授权范围内以被代理人的名义从事货代工作，由此产生的法律责任（法律后果）由被代理人承担，他不承担法律责任。例如当货物发生毁损或灭失时，除非他本人有过失，否则他不承担赔偿责任，被代理人可直接向负有责任的承运人或第三人进行索赔。若他在文件或数据上出现过错，造成损失，则要承担相应的法律责任。

货代作为代理人，它应对下列情况承担法律责任：

（1）因不履行职责或自身过错给被代理人造成损失。

（2）与第三人恶意串通损害被代理人利益，与第三人承担连带责任。

（3）明知代理事项违法仍予以代理的，与被代理人承担连带责任。

（4）擅自将代理事项转委托他人代理，应对转委托行为向被代理人承担责任。

（5）从事无权代理行为，如果事后被代理人不予追认，对被代理人不发生效力，应由货代自行承担责任。

2. 以当事人身份

随着国际货运代理业务的进一步发展，国际货运代理人的法律地位从纯粹代理人的角色，逐渐演变成目前当事人。在接受了收、发货人的委托后，以自己的名义与第三人签订合同，签发单据给收、发货人，收取运费，赚取运费差价。例如可以以仓储经营人身份、无船承运人身份、多式联运经营人身份和第三方物流经营人身份出现，扮演“当事人”的角色，对其本身、雇员的过失和分货运代理的行为等负责，承担合同项下的法律责任。

货代作为当事人，对下列情况不承担法律责任：

（1）由于货主的疏忽或过失造成货物损失的。

（2）货主或其代理在装卸、仓储或其他作业时的过失造成货物损失的。

（3）货物的自然特征或潜在缺陷造成货物损失的。

（4）自然灾害、意外事故和不可抗力造成货物损失的等。

图 1.1 所示是国际货运代理人作为当事人与托运人、承运人之间的关系。

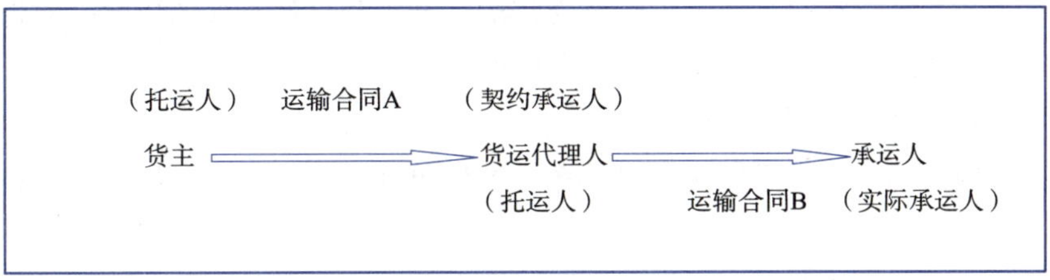

图 1.1　国际货运代理人作为当事人与托运人、承运人的关系

3. 以中介人身份

国际货运代理人不仅可以以代理人身份、当事人身份从事国际货代业务工作，同时也可以作为发货人和收货人的“中介人”，签订中介合同。既代表货方，保护货方的利益，又协调承运人进行承运工作，以中介人的身份赚取佣金。

（二）国际货运代理企业的业务范围

国际货运代理企业的业务范围应以在工商行政管理部门登记的经营范围为准，为客户提供的是运输服务。

国际货运代理企业可以作为代理人或当事人从事下列经营活动：

（1）揽货、订舱（含租船、包机、包舱）、托运、仓储、包装。

（2）货物的监装、监卸、集装箱拆箱、分拨、中转及相关的短途运输服务。

（3）报关、报检、保险。

（4）缮制并签发有关单证、交付运费、结算及交付杂费。

（5）国际展品、私人物品及过境货物运输代理。

（6）国际多式联运、集运（含集装箱拼箱）。

（7）国际快递（不含私人信函）。

（8）咨询及其他国际货运代理业务。

（9）第三方国际物流服务、无船承运业务等。

（三）国际货运代理人应具备的业务素质

国际货运代理人作为承托双方之间的桥梁，既要考虑委托人的利益，也要考虑第三人的利益。货运代理企业不仅要对委托的客户诚实守信，更应该对各种运输方式、运输工具、货物等有全面的了解，只有这样才能充分发挥出自己的优势。因此，作为国际货运代理人应具备以下业务素质：

1. 具备良好的资信

资信包括资本和信誉两个方面。目前，国际货运班轮代理可分为非资产型和资产型两种。其中，非资产型班轮代理主要以提供单证服务、业务管理、专业技能和物流技术服务为主；而资产型班轮代理则以拥有仓储设施与集装箱运输工具为依托向客户提供全方位的物流服务。但无论是哪一种，都需要有一定的专业基础知识和技能以及信息与业务关系网络，并本着平等互利、诚实守信原则，处理好与委托人的关系，树立为客户服务的思想，做到接待热情，不断提高服务质量。

2. 了解有关法律、法规与政策

由于各国政治、法律、金融货币制度不同，政策、法令、规定不一，贸易、运输习惯和经营做法也有不同。很多国家的对外贸易政策受政治、经济和自然条件的影响，对进出口货物有着不同的规定，因此，国际货运代理人应对此有所了解。

3. 精通国际货运相关业务知识

国际海运代理人不仅要熟悉国际贸易实务、外贸单证等相关知识，同时还要精通海关以及检验检疫等基础知识。

（1）了解国际班轮航线的现状和构成，即知线。

（2）了解装卸港口情况，即知港。

（3）了解船舶情况，具备一定的船舶知识，即知船。

（4）了解货物对运输的要求，即知货。

（5）了解运价市场，即知价。

（6）了解业务操作规程，即知规程。

（7）掌握外贸单证的使用。

（8）掌握报关报检程序以及单证的使用。

（9）掌握关于保险的基本知识。

（10）掌握承运人的运输责任和风险。

（11）提高物流管理能力和水平。

二、国际货运代理的行业组织

国际货运代理行业组织是一种自律性的非政府组织，世界上最具行业代表性的国际货运代理行业组织是国际货运代理协会联合会。中国国际货运代理协会是全国性的行业组织，我国有很多地方设立了国际货运代理协会。

（一）国际货运代理协会联合会（FIATA）

国际货运代理协会联合会是一个非政府、非营利性行业组织，于1926年5月31日在奥地利维也纳成立，总部设在瑞士的苏黎世。

该联合会的宗旨是保障和提高国际货运代理的全球利益，工作目标是：团结全世界的货运代理行业；以顾问或专家身份参加国际性组织，处理国际运输业务，代表、促进和保护运输业的合法利益；通过发布信息和分发出版物等方式，让贸易界、工业界和公众熟悉货运代理人提供的服务；提高制定和推广货运代理单据、标准交易条件，改进和提高货运代理的服务质量，协助货运代理人进行职业培训，处理责任保险问题，提供电子商务工具。

（二）中国国际货运代理协会（CIFA）

为了维护国际货运代理行业的经营秩序、保护国际货运代理人的合法权益、促进我国国际货运代理行业的健康发展，2000 年 9 月 6 日，中国国际货运代理协会在北京成立，2000 年 11 月 1 日在民政部获准登记，业务指导部门是国家商务部，CIFA 是 FIATA 的国家级会员。

中国国际货运代理协会自成立以来，为规范国际货运代理业经营秩序、维护国际货运代理企业的合法权益做了大量工作：通过向有关主管部门反映情况，转达国际货运代理企业的意见和呼声，积极配合政府部门加强行业管理；制定了《中国国际货运代理协会标准交易条款》，规范了国际代理业务当事人的权利、义务关系；制定了行业的诚信公约；组织了全国国际货运代理行业从业人员资格考试，取得了良好效果；召开了国际货运代理责任险研讨会、国际货运代理法律问题研讨会、WTO 与国际货运代理关系研讨会等会议，普及了国际货运代理业务和法律知识，加强了国际货运代理人之间的业务交流。

三、无船承运人

（一）无船承运人的概念

无船承运人是指以承运人身份接受货主（托运人）的货物，同时以托运人身份委托班轮公司完成国际海上货物运输，根据自己为货主设计的运输路线和选择区段承运人来开展全程运输，签发经过备案的无船承运人提单。在此，它购买的是公共承运人的运输服务，再以转卖的形式将这些服务提供给货主或其他运输服务需求方。

（二）无船承运人的特征

（1）无船承运人本身不拥有船舶，也不经营船舶。

（2）无船承运人具有“双重”身份，对货主（托运人）来说，它是承运人（契约承运人）；对船公司来说，他把货物给了船公司运输，自己是托运人，船公司是承运人（实际承运人）。

（3）他与货主签订纸质运输合同，签发无船承运人提单给货主；与船公司又签订实际运输合同，船公司签发海运提单给他。

（4）货主给无船承运人运费，无船承运人再给实际承运人即船公司运费，在此，他相当于赚取运费差价。如果船公司没有收到运费，不能找货主要运费，只能找无船承运人要运费，这是合同的相对性原理。

（5）无船承运人对运输合同（契约合同）承担全程运输的责任，即货物在运输中遇到毁损、灭失等，由无船承运人承担责任。

另外，在我国正式确立无船承运人制度后，《国际货物运输代理业管理规定》中的国际货代企业就不再包括无船承运人业务的企业了，由交通运输部负责主管无船承运人业务。

（三）无船承运人的业务范围

我国的无船承运人业务主要有：

（1）作为承运人与货物托运人订立运输合同，签发货运单据（提单、运单），并对从接受货物地点到目的地交付货物地点的运输负责。

（2）作为总承运人组织货物全程运输，制订全程运输计划，并组织各项活动的实施。

（3）根据托运人要求及货物的具体情况，与实际承运人洽定运输工具（订舱）。

（4）从托运人手中接受货物，组织安排或代办到出口港的运输，订立运输合同（以本人的名义），并把货物交给已订舱的海运承运人。在上述交接过程中，代货主办理报关、检验和理货等手续。

（5）办理货物储存和出库业务。

（6）在目的港从海运承运人手中接受货物后，向收货人交付货物。

对于货主来讲，将货物交给无船承运人运输，比交给传统意义上的承运人运输在手续上要简便得多，而且可省去委托货运代理人这一环节。

（四）无船承运人的经营资质查询

如果货主要委托国际货代企业从事无船承运业务，就必须委托有经营资质的无船承运人的企业，那我们怎么知道它是否能从事无船承运业务呢？那就必须访问交通运输部网站，从政务公开栏目查询无船承运人经营者公告，查询它是否具有经营资质。

（五）国际货运代理人与无船承运人的区别（见表 1.1）

表 1.1　国际货运代理人与无船承运人的区别

主要内容	国际货运代理人（传统）	无船承运人
与托运人的关系	委托人与被委托人	托运人与承运人
与收货人的关系	没关系	提单签发人与持有人
法律地位的确定	委托方的代理人	承运人
费用计收	佣金	收运费或赚取差价
提单拥有	不拥有自己的提单	可以签发提单
业务范围	进出口货运业务	进出口货运业务和承担责任
运输合同	代表委托方订立	与托运人订立
法律适用	货运法规	货运和运输法规
法律关系	委托关系	双重身份
主管部门	商务部	交通运输部
注册程序	在商务部备案，缴纳注册资金（海运代理至少 500 万元人民币）	向交通运输部提出申请，提单备案；缴纳 80 万元人民币保证金，每增一个分支机构加 20 万元人民币

任务实训

（1）访问广州振捷国际货运代理有限公司网站，查看“业务介绍”，了解“产品服务”内容。

（2）分别访问中国国际货运代理协会网站和广东省国际货运代理协会网站，浏览网页内容，查看货运代理协会的主要职能、行业政策、货代培训等信息内容。

（3）访问中国国际货运代理考试中心网站，查看“双证对接”相关内容。

（4）访问交通运输部网站的相关网页，查询并判断下列 5 家货运代理企业是否具备无船承运人资格。

① 北京康捷空国际货运代理有限公司青岛分公司。

② 上海定展航运有限公司大连分公司。

③ 上海兰生物流有限公司天津分公司。

④ 新海丰物流有限公司。

⑤ 大连集龙物流有限公司。

（5）广州机电贸易公司委托广州 AA 国际货运代理公司办理一批从广州黄埔港运至美国纽约港的服装运输，机电贸易公司向 AA 货运代理公司提供了服装，AA 货运代理公司为此签发了无船承运人提单给机电公司。后来 AA 货运代理公司又以托运人的身份向 BB 船公司办理该批服装的订舱和出运手续。请分析广州机电贸易公司、AA 货运代理公司和 BB 船公司之间的法律关系。

任务二　设立国际货运代理企业

任务目标

- 了解国际货运代理企业设立的条件、申请需报送的文件资料、设立程序、组织机构和基本业务岗位。
- 掌握国际货运代理企业的备案登记查询、组织机构、岗位设置、岗位职责与要求等。

任务情景

熟悉了该公司的基本业务后，小张请教老王：设立一家国际货运代理公司应具备哪些条件？设立程序如何？该公司的组织机构和岗位设置如何？该岗位应具备哪些岗位职责与要求？该公司是否经商务部备案？

知识链接

一、国际货运代理企业的设立

（一）设立条件

（1）国际货运代理业务的申请人应当是与进出口贸易或国际货物运输有关，并有稳定货源的单位。

（2）具有至少 5 名从事国际货运代理业务 3 年以上的业务人员，其资格由业务人员原所在企业证明，或者取得外经贸部颁发的资格证书。

（3）有固定的营业场所，自有房屋、场地须提供产权证明，租赁房屋、场地须提供租赁合同。

（4）有必要的营业设施，包括一定数量的电话、传真、计算机、短途运输工具、装卸设备和包装设备等。

（5）有稳定的进出口货源市场，即在本地区进出口货物运量较大，货运代理行业具备进一步发展的条件和潜力，并且申报企业可以揽收到足够的货源。

（6）国际货物运输代理企业的注册资本应符合下列要求：经营海上国际货物运输代理业务的，最低限额为 500 万元人民币；经营航空国际货物运输代理业务的，最低限额为

300 万元人民币；经营陆路国际货物运输代理业务或者国际快递业务的，最低限额为 200 万元人民币。

（二）申请需报送的文件资料

申请货代企业需报送文件资料清单有：申请书，包括投资者名称、申请资格说明和申请的业务项目；可行性研究报告，包括基本情况、资格说明、现有条件、市场分析、业务预测、组建方案、经济预算及发展预算；投资者的企业法人营业执照（复印件）；董事会、股东会或股东大会决议；企业章程（或草案）；主要业务人员简况（包括学历、所学专业、业务简历和资格证书）；资信证明（会计事务所出具的各投资者的验资报告）、投资者出资协议；法定代表人简历；国际货运代理提单（运单）样式；企业名称预先核准函（复印件、工商管理部门出具）和国际货运代理企业申请表等。

（三）申请报批程序

（1）企业提出申请。

（2）行业主管部门对企业申请进行审核，并提出报批或不批意见。

（3）市外经贸局对企业申请审核下发呈请文件，并上报省外经贸厅。

（4）省外经贸审核后，上报国家外经贸部审批。

（5）申请人接到外经贸部同意批复后，应于 60 天内持修改的企业章程（正本）并凭市外经贸局的介绍信到外经贸部领取批准证书。

（6）申请企业持外经贸部颁发的批准证书到工商、海关、税务和外管局等部门办理有关手续。

（四）国际货代企业备案登记查询

凡经国家工商行政管理部门依法注册登记的国际货代企业以及分支机构，应当填写企业备案登记表，向商务部或商务部委托的机构办理备案登记。如果要查询国际货代企业备案信息，可以登录中华人民共和国商务部官网，进入国际货运代理企业信息管理系统（企业端）进行查询。

商务部是全国国际货代企业备案工作的主管部门，实行全国联网和属地管理原则。

二、国际货运代理企业的岗位认知

（一）国际货运代理企业的组织机构

国际货运代理企业的组织机构从我国《公司法》方面来说，有股东会、董事会、监事会和经理。但是从国际货代企业运营的角度来说，除了设置总经理、副总经理之外，有的设置了人事部、运营部、发展部和财务部等，有的设置了经营部门和职能部门。其中，职能部门由人事部、财务部和行政部门组成；经营部门由海运部、空运部、多式联运部、报关报检部、储运部和客服部组成，负责代理国际货物运输相关事项。

（二）国际货代企业的岗位设置

1. 基本业务岗位

国际货代企业根据自身业务的发展需要，可以设置不同的岗位，但是一般来说，都会设置销售岗（揽货）、操作岗、单证岗和客服岗等，当然还有一些具体的行政岗位，例如人事部、财务部、发展部等岗位。

2. 基本业务岗位之间的关系

国际货代的业务起点在销售岗，销售员可以将客服岗位、其他岗位和渠道提供的相关信息给客户并与相关的客户进行洽谈，看看有没有可能发生业务联系，从而有业务操作的可能性。如果洽谈比较顺利，最终能与客户把合同签下来。接下来就是如何执行该笔业务，具体操作将由操作岗来进行，包括订舱、托车、装箱、运输，签单、报关报检、投保险等具体业务操作。在这个过程中，单证岗负责缮制相关单据，操作岗负责具体业务操作。如果有需要与客户进行交流沟通，解决客户疑问或者矛盾，则由客服岗进行协调沟通。

（三）基本业务岗位的职责与要求（见表 1.2）

表 1.2　国际货代企业基本业务岗位的职责与要求

岗　位	岗位职责	岗位要求
销售岗	联系业务，进行电话开发及客户拜访；与客户进行沟通、协商，开拓市场；维护老客户和开发新客户	要有良好的英语听说读写能力；熟悉海运进出口流程及港口航线基本情况，有航线经营意识；具有良好的销售技巧和口才；性格外向、活泼开朗、主动大方；组织、协调、沟通等能力较强
操作岗	与船公司确认运价，对国内外报价，回复代理邮件；接受委托书，向船公司订舱，协调舱位，联络客户出货事宜，跟进工厂备货进度；安排装箱等相关事务，收集报关资料及审单（包括商检、熏蒸、产证等），订箱/查箱，确认货柜是否装船	英语听说读写熟练；了解国际贸易流程及相关单证的制作；语言表达能力强，头脑灵活，认真严谨，服务意识强，有责任心；性格活泼开朗、协调沟通能力较强；熟练使用各种办公软件
单证岗	发进舱通知书，与仓库联络并核对货物；制作成本收入往来账单；收取各式保函，制作提单等相关单据；与代理确认文件，安排电放；制作收支汇总表	熟悉国际贸易流程及相关单证制作；英语听说读写良好；品行端正，性情温和，主动、认真、细心、耐心，有责任心和担当力，服从上级指挥；有较强的学习能力及沟通能力，吃苦耐劳
客服岗	处理客户的投诉；整理、分析客户关注的资料；跟进客户，协同处理棘手问题，同时联络出货、后期电话回访	熟悉外贸及货代操作、单证部门的业务及相关知识；善于沟通，发展、维护与各大船公司及货运代理公司的良好关系；英语听说读写能力良好；品行端正，性情温和，主动、细心，有责任心和担当力，服从上级指挥

任务实训

（1）分组讨论如何设立一家国际货运代理企业，其组织机构和基本业务岗位如何设置。

（2）访问广州振捷国际货运代理有限公司，查看“人才招聘”内容，了解其招聘销售代表和客服人员的工作职责和任职资格。

（3）分别访问中国国际货运代理协会网站和广东省国际货运代理协会网站，浏览网页内容，查看“货代企业备案”信息内容。

任务三　防范国际货运代理责任风险

任务目标

- 了解国际货代责任风险产生的原因、内容和除外责任。
- 掌握如何防止与减少国际货代的责任风险。

任务情景

广州振捷国际货运代理有限公司接受了收、发货人的委托后，在经营过程中，由于自己或其代理人或雇佣人的过失导致货物的毁损或灭失，也可能是遇到自然灾害、意外事故、不可抗力等原因导致货物的毁损或灭失，在这种情况下，它该如何来防止与减少经营中的责任风险？

知识链接

国际货代在经营过程中的风险不仅来源于运输本身，而且来源于完成运输的各个环节，为了弥补国际货物运输方面所带来的风险，有必要投保自己的责任险。另外，当货运代理以承运人身份出现时，不仅有权要求合理的责任限制，而且其经营风险还可通过投保责任险获得赔偿。

一、国际货代责任风险和责任风险管理的概念

（一）国际货代责任风险的概念

国际货代责任风险是指国际货代企业在经营过程中对委托人或第三人的损失负有责任的可能性。这种损失有可能发生，也有可能不发生；既可能造成损失，也可能带来利润；损失有可能是直接损失，也有可能是间接损失。

（二）国际货代责任风险管理的概念

国际货代责任风险管理是指制定有关的预防性策略和措施，以防止或减少各种责任风险给企业带来的直接和间接的损失。它是一种管理技术，包括风险分析、风险确认、风险评估、风险控制等内容。

二、国际货代责任风险的产生原因、内容和除外责任

（一）国际货代责任风险的产生原因

一般来说，国际货代责任风险产生的原因有：

（1）货运代理本身的过失。货运代理未能履行代理义务，或在使用自有运输工具进行运输出现事故的情况下，无权向任何人追索。

（2）分包人的过失。在“背对背”签约的情况下，责任的产生往往是由于分包人的行为或遗漏，而货运代理没有任何过错，此时，从理论上讲货运代理有充分的追索权，但复杂的实际

情况却使其无法全部甚至部分地从责任人处得到赔偿，如：海运（或陆运）承运人破产。

（3）保险责任不合理。在“不同情况的保险”责任下，单证不是“背对背”的，而是规定了不同的责任限制，从而使分包人的责任小于货运代理或免责。

对于上述风险，可以通过投保责任险，从不同的渠道得到保险赔偿。

（二）国际货代责任风险的内容

国际货代投保责任险的内容，取决于因其过失或疏忽所导致的风险损失。

（1）错误与遗漏。如虽有指示但未能投保或投保类别有误；迟延报关或报关单内容缮制有误；发运到错误的目的地；选择运输工具有误；选择承运人有误；再次出口未办理退换关税和其他税务的必要手续；保留向船方、港方、国内储运部门、承运单位及有关部门追偿权的遗漏；不顾保单有关说明而产生的遗漏；所交货物违反保单说明。

（2）仓库保管中的疏忽。在港口或外地中转库（包括货运代理自己拥有的仓库，或租用、委托暂存其他单位的仓库、场地）监卸、监装和储存保管工作中代运的疏忽过失。

（3）货损货差责任不清。在与港口储运部门或内地收货单位各方接交货物时，数量短少，责任不清，最后由货运代理承担的责任。

（4）迟延或未授权发货。如部分货物未发运，港口提货不及时，未及时通知收货人提货，违反指示交货或未经授权发货，交货但未收取货款（以交货付款条件成交时。）

（三）国际货代责任风险的除外责任

虽然货运代理的责任可以通过投保责任险将风险事先转移，但并不意味着保险公司将承保所有的风险。下列情况保险公司不予理赔：

（1）在承保期间以外发生的危险或事故不予承保。

（2）索赔时间超过承保条例或法律规定的时效。

（3）保险合同或保险公司条例中所规定的除外条款以及不在承保范围内货运代理的损失。

（4）违法行为造成的后果，例如运输毒品、枪支、弹药、走私物品或一些国家禁止的物品。

（5）蓄意和故意行为，例如倒签提单、预借提单和无单放货引起的损失。

（6）战争、入侵、外敌、敌对行为（不论是否宣战）、内战、反叛、军事或武装侵占、罢工、停业、暴动、骚乱、戒严和没收、充公、征购等产生的任何后果，以及为执行任何政府、公众或地方权威的指令而造成的任何损失或损害。

（7）任何由核燃料或核燃料爆炸所致核废料产生的离子辐射或放射性污染所导致、引起或可归咎于此的任何财产灭失、摧毁、毁坏或损失及费用，不论直接或间接，还是作为其后果损失。

（8）超出保险合同关于赔偿限额规定的部分。

（9）事先未征求保险公司的意见，擅自赔付对方，亦可能从保险公司得不到赔偿或得不到全部赔偿。例如：当货物发生残损后，货运代理自认为是自己的责任，未征求保险公司的意见，自作主张赔付给对方。如事后证明不属于或不完全属货运代理的责任，保险公司将不承担或仅承担其应负责的部分损失。

当然，不同险别对除外责任的规定是不一样的。

三、防止与减少国际货运代理的责任风险

投保责任险，将风险事先进行转移，是防止或减少货运代理责任风险的最好办法之一。除此之外，货运代理尚须采取其他的必要措施，以尽量避免损失的发生，降低其责任风险。

（一）预防性措施

（1）加强对货运代理人员的培训，使他们熟悉有关标准交易条件、提单条款及相关行业术语等，并能处理索赔和进行迅速有效的追偿。

（2）使用的单证应规范、正确，字迹清楚，并且适合所需之目的。

（3）保证在国际货运代理协会标准交易条件下，其经营能够被客户及其分包人所理解和接受。

（4）雇佣的分包人——船舶所有人、仓库保管人、公路运输经营人等，应为胜任职务和可靠的，货运代理应通知他们投保足够的和全部的责任保险。

（5）经营仓储业、汽车运输业的货运代理应做好防止盗窃、失火等安全工作。

（二）挽救性措施

（1）拒接索赔并通知客户向货物保险人索赔。

（2）在协定期限内通知分包人或对他们采取行动。

（3）在征得保险人同意后，只要可能，与货主谈判，友好地进行和解。

（4）及时向保险人通知对货运代理的索赔或可能产生索赔的任何事故。

（5）及时、适当地通知有关的空运、海运、驳运、陆运承运人，包括其他的货运代理、货物拼装人、报关人及与事故 / 事件有关的保险公司，并及时提供法律上所要求的事故通知书。

（6）立即将双方有关要求与答复的书面材料的副本抄送保险公司，尚须将索赔人提出的口头要求的记录，或双方口头联系（包括口头要求与答复，或与此有关的交谈内容）的记录，提供给保险公司，并将在下述情况下发生的全部内部通信记录（或内部口头联系记录）提供给保险公司：从事导致发生此项索赔的交易时；收到索赔进行处理时，或知道该事故 / 事件已发生进行处理时。

（7）必须与保险公司和保险公司的法律代表，在索赔协商、调查或诉讼中进行合作与协助；遇到货物灭失或损失时，与保险公司（责任保险人和货物保险人）联系检验事宜；向保险人提供单证和资料；收集支持案件的证据。保险公司的费用将限于应适用的保险单内所约定的免赔额外的费用，还包括但不限于：提供证据、取得证据、出庭聆听、出庭听审、设法使证人出庭的费用。

（8）没有保险公司的允许，既不承认责任也不处理索赔。被保险人不得在没有获得保险公司书面授权的情况下，承担任何经济义务，承诺支付任何款项或任何金额。不得对某项索赔做出任何负有责任的陈述或行为，因为这将导致保险公司的拒赔，即使此项索赔或许是在保险单承保范围之内。

（9）不得在没有得到保险公司特别的书面同意的情况下，予以诉讼时效的延期。

（10）采取上述挽救措施时，尚须注意在以下情况下无权对保险公司采取法律行为：未遵照保险单所规定的全部条款与条件行事；损失金额尚未通过法律判决或仲裁员的裁决而获得解

决，损失金额尚未得到被保险人、保险人和索赔人的同意；该事故 / 事件发生超过诉讼或仲裁时效后采取的法律行为。在请求法院裁定被保险人在这一事故 / 事件中对损失是否负有责任的案件中，被保险人与索赔人均不得将保险公司列为被告或共同被告。

（11）被保险人与保险人之间发生有关承保争议时（包括：保险公司是否有责任为被保险人抗辩其索赔案），还应注意适用下述规定：

首先应尽快向保险公司提供下述情况：任何有关的文件、通信、抗辩书、向对方提供的文书副本、合同等；按时间顺序排列的、导致发生有关索赔的有关事实与有关情况，以及最了解该项索赔的人员的姓名、住址及电话号码；一份详细说明，解释该项索赔应属于承保范围的所有理由。如果将上述资料提交给保险公司仍不能解决与其之间的争议时，可采取法律手段解决。

（三）补偿性措施

一种是先征得保险公司的同意，赔付给索赔人，然后再从保险公司获得补偿，这种索赔属于补偿性保险。另一种是行使追偿权，即为保险公司向责任人进行追偿，如果这种追偿取得成功，则可从保险公司获得一定比例的赔款，当然也有可能得不到任何赔偿。

除了上面的防范措施之外，如果货运代理要从事第三方物流活动，实践中还可以采用以下一些措施，如制定第三方物流的相关法律法规，建立行业管理，建立相关的评估机构和评估体系指标，制定相关的管理程序，采取必要的一些防范措施（签订合同时应注意相关的问题、重视商品的特殊性、风险发生后尽快采取有效的补救措施等）。

任务实训

分组讨论广州振捷国际货运代理有限公司在经营过程中，哪些情况可能产生责任风险，如何防止与减少经营中的责任风险，要求做成 PPT 在课堂上进行汇报。

综合练习

一、单选题

1. 国际货运代理行业的主管部门是（　　）。
   A. 商务部　　B. 国务院
   C. 中国国际货运代理协会　　D. 省级政府部门
2. 国际货运代理企业的业务范围应在（　　）部门进行登记。
   A. 商务部　　B. 中国国际货运代理协会
   C. 工商管理部门　　D. 民政部门
3. 国际货运代理协会联合会的简称是（　　）。
   A. IMO　　B. FIATA　　C. CIFA　　D. CMI
4. 仓储经营者与货物的存货人之间是通过订立（　　）确立双方之间权利义务关系的。
   A. 仓储合同　　B. 运输合同　　C. 委托合同　　D. 保管合同
5. 国际货运行业在社会产业结构中属于（　　）。

A. 第一产业　B. 第二产业　C. 第三产业　D. 第四产业

6. 货运企业为客户提供的产品是（　　）。

A. 货物运输服务　B. 货物运输能力　C. 舱位　D. 货运总量

7. 我国无船承运人的主管部门是（　　）。

A. 商务部　B. 交通运输部

C. 海关总署　D. 中国货运代理协会

二、多选题

1. 国际货运代理人的类型有（　　）。

A. 当事人型　B. 代理人型　C. 居间人型　D. 承运人型

2. 下列（　　）属于国际货运代理的业务范围。

A. 报关报检　B. 私人信函

C. 无船承运业务　D. 咨询

3. 国际货运代理企业的基本业务岗位有（　　）。

A. 销售岗　B. 单证岗　C. 操作岗　D. 客服岗

4. 无船承运人的基本特征有（　　）。

A. 本身不拥有船舶　B. 对货主来说，它是承运人

C. 对船公司来说，它是托运人　D. 可以签发自己的提单

5. 国际货运代理责任风险产生的原因有（　　）。

A. 本身过失　B. 分包人过失

C. 保险责任不合理　D. 第三方过错

6. 国际货运代理责任风险的内容包括（　　）。

A. 错误与遗漏　B. 仓储保管中的疏忽

C. 货损货差责任不清　D. 预借提单、倒签提单

7. 国际货运代理人是指接受进出口货物(　　)的委托，以委托人的名义或以自己的名义，为委托办理国际货运及相关业务并收取服务报酬的企业。

A. 收货人　B. 发货人　C. 承运人　D. 货运代理人

三、判断题

1. FIATA 是一个非营利性的政府组织。（　　）

2. CIFA 是一个自律性的、非营利性的社会团体法人。（　　）

3. 国际货运代理人以纯粹代理人身份出现时，是以被代理人的名义从事代理活动，所产生的法律后果由被代理人承担。（　　）

4. 国际货运代理人以无船承运人身份出现时，被看作法律上的承运人，属于当人事型，经营收入来源于差价，对全程运输负责。（　　）

四、思考题

1. 如何理解国际货运代理人的概念和法律地位？

2. 简述国际货运代理人应具备哪些业务素质。

3. 简述 CIFA 的宗旨和业务范围是什么。

4. 简述国际货代企业的基本业务岗位以及它们之间的关系。

5. 简述无船承运人的概念和特征。

6. 请同学们上网查询商务部和交通运输部门相关网页，判断下列企业是否具有国际货运代理或者无船承运人资质，并完成表 1.3 所示的表格内容。

表 1.3　资质判断

序号	企业名称	商务部备案企业经营代码	无船承运业务经营者（填“是”或“否”）	无船承运业务证书编号	无船承运业务注册地
1	上海源福物流有限公司				
2	义乌市华皓国际货运有限公司				
3	广州振捷国际货运代理有限公司				
4	中国外轮代理有限公司				
5	中国远洋物流有限公司				
6	深圳市华展国际物流有限公司				

项目二

揽货业务

项目导言

本项目主要完成认识揽货、掌握揽货程序和技巧、掌握电话销售与拜访客户三个任务。在认识揽货中，主要学习揽货和托运的基本概念、揽货人员应具备的基本素质、货运代理的岗位职责和岗位要求。在掌握揽货程序和技巧中，主要学习揽货的程序和技巧、揽货应注意事项、接受客户委托后应做的工作。在掌握电话销售与客户拜访中，学习电话销售的步骤、工作内容、如何跨越电话销售的障碍，以及拜访客户的步骤、注意事项和技巧等内容。

任务一 认识揽货

任务目标

- 了解揽货和托运的概念。
- 了解国际货代企业业务部门的设置。
- 掌握揽货人员应具备的基本素质要求。
- 了解货运代理的岗位职责和岗位要求。

任务情景

小张进入广州振捷国际货运代理有限公司后，公司把他安排到了业务部。老王告诉小张，作为公司的一名业务员，应具备过硬的自身素质和业务能力，应非常熟悉公司的基本情况和业务范围。只有这样，才能成为一名合格的业务员。

知识链接

国际货代企业一切市场营销活动都以增加货源为目标，揽货成绩直接关系企业的兴衰存亡，其重要性不言而喻。另一方面，企业是个整体，揽货员就像一个冲锋陷阵的骑兵，旨在争取核心客户群。要赢得客户信任及建立长久的伙伴关系，后勤部门所发挥的作用同样重要。所以与揽货工作有关的各部门，都要像揽货部门一样，以客户为中心，并协助揽货部门的工作，“人人都是揽货员”的说法不无道理。

一、揽货、托运的概念和业务部门设置

（一）概念

揽货就是招揽货源的意思，是指国际货运代理企业通过一定的营销手段争取对货物的承运权，以期获得最好的经营效益的行为，也称为揽载。大部分情况下它是国际货运代理企业的一项职能，有时会因社会分工的需要独立成一个行业，如航空货运承揽业。

在国际货运代理行业中，托运是指托运人或其代理人委托承运人或其代理人运送货物的行为。

揽货是以国际货运代理企业为主动方，而托运是以委托人（托运人或其代理人）为主动方，这两个环节都以国际货运代理企业接单为终结。承运人为了使运输工具的载重量或舱位得到充分利用，力争做到“满仓满载”，除了自己揽货外，还委托其代理人揽货，甚至主动与货运代理公司建立关系，签订协议，留给其一定数量的舱位，争取更多的货源。货运代理人有时为了获得较低的运价或稳定的舱位，主动与承运人协作，双方签订合作协议。

（二）业务部门设置

揽货员为符合行业习惯，通常被称为业务人员或业务代表，而其所在部门称为业务部或销售部。国际货运代理公司其他部门都是为业务部服务的。当然，业务部的具体名称会因公司而异，如中远国际货运有限公司设置了市场部，并把特别运输组织方式的业务分离出来分别设置了多式联运部和拼箱部；而华运国际物流集团设置了业务部，并把具有相同特征的业务集中为另外三个部门：整箱市场部、拼箱市场部、海外部。

有的国际货运代理公司在全国各地的业务网络分布以分公司出现，如以华南、华中、华北地区来分区，有的以各省市名称冠名分公司，而城市内各区则以营业部划分揽货业务。分公司甚至营业部是独立核算，部门之间是平等的，收入是分开的，相互存在竞争。业务代表从属部门经理管理，部门经理隶属分公司经理管理，分公司经理隶属区域总监管理，集团公司总经理负责全面的工作，管理几个区域总监。

揽货员的收入一般是基本工资加业务提成。基层揽货员主要来源于大专院校的应届毕业生，而业务经理和资深揽货员主要来源于同行业。

二、揽货人员必备的自身条件

货代业务员或者说揽货员的主要任务是维护老客户和开发新客户，要经常与客户进行接触和沟通，所以揽货员必须具备特定的自身条件才能更有效地完成整个揽货工作。下面我们介绍一下作为揽货人员应具备哪些方面的基本素质。

（一）心理素质要好

揽货员要面对的问题很多，包括无情的回绝、自尊受打击、信心危机等。如果心理承受力不够强，那么很快就会崩溃，这不单指业务方面，甚至揽货员的私人生活方面，时刻都会受它的影响。

良好的心理素质是经过不断磨练得来的，业界有一个“1% 原则”，即在揽到 1% 客户的货

物之前被 99% 的客户拒绝是不可避免的。在不断的失败中却仍然自信坚强，在失败中不断地吸取经验，百折不挠地向目标逼近。客户很少自动找上门来，在竞争如此激烈的环境下，大部分客户靠揽货员主动出击得来，开发客户过程中会经常被拒绝，一次、两次、三次甚至无数次，不能灰心、不能胆怯，要大胆地介绍公司的业务范围和公司的服务优势。

揽到货后也不是万事大吉，后续工作还会遇到很多问题：出货厂家的问题、操作的问题、承运人的问题、货场的问题、拖车欠缺的问题、拖车不准时的问题、报关没报好的问题，等等，尤其当你接到几票货的时候也许这些问题会同时显现出来。揽货员要冷静面对，乱了一个环节就有可能全盘皆乱。受到委屈要及时调整好自己的心情，绝对不能把情绪带给下一个客户。

每个客户每天的问题都会不一样，揽货员要学会应变，国际运输往往时间长、距离远，只要其中一个环节出错，客户就很紧张，生怕误了交货期。他们的心情会特别烦躁，时刻会打电话来责备，揽货员是第一线的，处理好这些问题才能让客户放心。

（二）要爱岗敬业，具备良好的服务意识

揽货员具备的敬业精神可以归纳为“五心”，即信心、耐心、恒心、诚心、爱心。揽货员个人的素质就代表了公司的素质，国际货运代理行业属于服务行业，揽货员要有服务客户的素质。服务态度要好，一切以客户为中心，全心全意为客户服务。

（1）揽货员要时刻充满信心，对自己有信心，对所属公司的服务产品有信心，给予客户正面的印象，在衣着、精神状态和言行举止上都要体现出来。

（2）揽货员在工作中虽然能判断出某些客户只是来询价而无意提供货源，但还是要耐心地回答他们的问题，去解答他们的疑问。如果客户是来投诉和发脾气的，要控制自己的情绪等对方发泄完，如果是自己的责任要保证改进，如果是其他同事的责任也要有礼貌转达客户的批评或转接给负责的同事。

（3）持之以恒地关心你的客户。要获得一个客户，需要不断和潜在客户联络。有的公司要求揽货员每个月都要联络大客户，即使没有合同，相互交流也有助于今后的合作。对于已经移交给操作或客服的老客户也要经常去关心，对客户货物的跟踪要有始有终。

（4）和对方真诚地交流，让客户知道公司服务的限度，说明你的困难，不足的地方要知道如何努力才能做到，不要承诺做不到的事情。尊重客户的要求，但不是满足他所有的要求。

（5）揽货员要凭着一颗爱心热情对待客户，为客户分担困难和忧愁，然后才可能揽到业务。对潜在的业务伙伴，揽货员要热情和认真地追踪。这里的追踪是要保持不断的联系和不断的交流，不用刻意追求接单与否，而是先交朋友。优质贴心的服务、刻苦勤勉的揽货员容易得到客户的认可。

服务“十尺”定律：无论何时，跟客户距离在十尺之内就应堆起笑容，看着对方的眼睛，准备亲切问候，让客户觉得你真的很高兴来拜访。建立亲密与和谐的关系，因为每个人都喜欢跟他们觉得有好感以及有认同感的人交往，跟客户建立感情，他们就会愿意跟你谈生意。

（三）善于沟通，判断准确

揽货员要善于研究客户心理，学习社会心理学；同时要具有良好的口才，掌握与人沟通的技巧。要成为出色的揽货员，外表穿着方面也要注意自己的形象，保持仪容端庄，穿着要搭配

合理，给人舒服的感觉。

从收集的货源资料来看，揽货员要开发的客户很多，是否每个都是准客户呢？当然不是，只是其中小小的一部分才是真正会合作的，所以要学会取舍。揽货员的时间有限，要把较多的时间花在有可能合作的客户身上，要学会去筛选。

注意观察客户的肢体语言，如客户耐心听你讲，或突然向你要一个较低的价格，表示他在考虑与你合作。此时不要错失良机，也不要操之过急，你可以说："我们约个时间喝茶。"或"这个价我同经理商量后我们再约。"如果客户忙于其他事没有停下来的迹象或他双腿抖动显得有点不耐烦，你可能要先告辞了。

（四）树立专业人士的形象

揽货员对本企业所提供的国际货运代理服务范围、质量、过程、后勤服务等必须熟悉，本企业的历史、规模、组织、人事、财务及营业政策等必须熟悉，以便解答客户可能询问的问题。

每个揽货员必须努力装备自己并掌握必要的相关专业知识，如国际货运代理知识、国际贸易知识、货代英语知识、国际贸易地理知识等，以应对各方面的需要，为企业带来更多的商机及提高企业的效益。比如帮助客户理解单证，解释单据，甚至帮助客户做单据。因为并不是所有的外贸人员都了解单证，他们能卖出产品给外国客户，但未必了解外贸必需的单据。这时揽货员就是他们的老师，要给他们解释需要什么单据。

三、货运代理的岗位职责和岗位要求

在前面我们学习过，国际货代公司中货运代理的基本岗位有业务员岗、操作岗、单证岗和客服岗等，下面简单介绍一下广州振捷国际货运代理公司业务员岗和客服岗的岗位职责和岗位要求。

（一）业务员岗

岗位职责：

（1）负责国际海运、空运等物流相关业务的销售工作。

（2）整合开发现有公司客户，开拓潜在客户和业务，增进销售量。

（3）接受客户委托，安排订舱、运输、货物跟踪、报关等事宜。

（4）联系船公司或货运代理公司安排订舱、提单签发等工作。

（5）监督维护客户的需求及跟踪、反馈客户的反应。

（6）定期拜访客户、更新客户资料，跟踪潜在客户和业务，推进业务发展。

（7）维护客户关系，妥善处理客户投诉、纠纷。

岗位要求：

（1）责任心强，为人诚实正直，能吃苦耐劳，能承受压力挑战自我。

（2）工作作风细致严谨，爱岗敬业，对工作有热情。

（3）形象好、气质佳、性格活泼开朗、健谈，有很好的沟通交际能力。

（4）具备良好的自我学习能力和敏锐的市场观察力。

（5）有国际货代销售工作经历者优先录用。

（6）大专以上学历，英语水平良好，熟悉办公软件操作。

（二）客服岗

岗位职责：

（1）分析处理问题件及索赔。

（2）与客户及服务商进行沟通，了解问题所在，并反馈给部门主管。

（3）解答客户问题，满足客户需求。

岗位要求：

（1）大专以上学历，35 岁以下女性。

（2）有一定的英文基础和文字功底。

（3）思维清晰、灵活，能随机应变。

（4）性格开朗，热情大方，工作细心、负责。

（5）有同行客户服务工作经验及会当地语言者优先考虑。

任务实训

（1）每两位学生为一组，一个扮演货代公司客户，一个扮演货代公司的业务员。请揽货业务员首先自我介绍，然后向客户介绍一下公司的基本情况、业务范围。

（2）上网查询三家以上国际货代公司对货运代理业务员岗、操作岗、单证岗和客服岗的岗位职责和岗位要求，总结并列出货代企业对揽货人员最为关键的个人素质和业务素质要求。

任务二 掌握揽货程序和技巧

任务目标

掌握揽货程序和技巧、揽货应注意事项以及接受客户委托后揽货员应做的工作。

任务情景

小张慢慢地熟悉了公司的业务情况后，小张请教老王：作为公司的一名业务员，在维护老客户和开发新客户方面有哪些方法和技巧？在与客户接触时应注意哪些事项？接受客户委托后应做哪些工作？

知识链接

一、揽货的程序

国际货运代理企业的揽货程序一般有确定开发新客户的目标、接触前的准备、电话预约、业务洽谈、签订合约和售后服务等六个步骤，下面逐一进行介绍。

（一）确定开发新客户的目标

开发新客户就是寻找潜在客户（客户包括现有客户、未来客户和潜在客户），也就是我们说的抓货源，货源的目标很广，有同行、外贸工厂、国际贸易公司等，任何能提供货源的委托人都是揽货目标。外贸工厂、国际贸易公司本身是货主，业界称之为直接客户，简称直客；而同行则是间接客户，拥有较多的同行客户是因为国际货运代理企业在某运输线路有较大的价格优势，如A货代将揽得的货物给同行B货代，则B称为A的拼装人。寻找新客户是揽货程序的开始，也是决定揽货成败的关键所在。

例如，广州捷达货运代理有限公司在内地和香港间的陆运上有绝对的价格优势，2016年拥有大约200多家同行客户和少量的直客，公司业务人员日常主要是跟单、回复询价，新客户主要来自老客户引荐，大大降低了揽货成本。

（二）接触前的准备

1. 与客户初次电话沟通

通过一定的方式（电话、E-mail、微信等）和有意向的客户交流，了解其货运要求后，马上电话联络客户。联络过程中要学会绕过守门人找出货运决策关键人，以提高交易概率。可以这样提问："请问谁在负责进出口货运？"

2. 进一步了解客户要求

了解客户要求是很重要的一个环节，向关键负责人介绍公司服务流程和谈论出运要求，不用把时间浪费在无关人员或说不清楚的下属人员身上，应具体询问如下细节：货物的目的或来源国家、出货时间、是否指定货；数量、品名、价值、包装，是否危险品（注意危险品级别）或特种货物，监管证件要求以及特殊保管要求；运输方式（海运、空运、汽运、铁运等）；时限要求，特别是国际速递要问清楚；操作质量要求（货差率、货损率、接货及时性、包装等）；财务要求（付款方式、保险、发票、代收款等）。

当客户问到一些业务员不明白的具体操作问题，要根据对方语气来判断客户的耐性，耐性较好的可以请他稍等；耐性较差的跟他说待会回复他，记得请客户留下电话、姓氏等联系方式。一放下电话马上请教相关部门人员或资深业务员，在尽可能短的时间内回复。如果客户没有时间在电话里谈论以上细节，把这些内容留到见面时谈。

3. 客户询价与揽货员报价

业务员不但要求报价准，对市场行情也要随时了解，对于自己没有的价格要善于向同行询价。报价方式按对象分为：直客报价、同行报价（CO-LO Rates）、网络报价。按环节分为：分项报价与全包价（有的称多式联运报价）。分项报价对各环节如海运、空运、驳船、拖车、报关、报检、仓储、保险等分别计费；全包价中分整箱价和散货价。按公司价格管理层次分为：底价（或称成本价）、对外标准报价、合同客户报价。各种服务的底价管理是由业务主管负责，有的公司也专设市场价格员来负责；特殊价格或同行报价就需要由这些负责人来决定，普通揽货员无权决定。

报价内容包括运杂费、船期或航班、运价走势等。不同的客户，报价方式不同，价格也会不同，报价必须慎重，同时需要灵活发挥，看情况报价，注意客户的出价并存档。合适的报价是从竞争对手中“抢”客户的重要手段之一。业务员在回应客户的询价时，对市场价、公司底价、报价方式及佣金给付方式要相当清楚。大部分公司都会给不同等级业务员一个谈价的幅度，第一次报价要留有余地，可以是试探性的，为面谈做好铺垫。

4. 营销环境调查

正式约见客户前，揽货员要做许多功课。准备工作包括：收集对方资料，如公司的营业情况、需要及货运委托特性等，并建立档案；收集竞争对手特别是对方以前的国际货运代理的信息并建立竞争者档案，制订访问计划。揽货员必须学会准确预测市场未来发展方向，这样才能做出最切合客户需要的决定，发掘合作的商机，做到知己知彼，有的放矢。

（三）电话预约

初步了解后，应试探性地预约有合作机会的客户，如对方同意，就立即确定见面时间、地点。约定时间应该在双方都方便的基础上，尽量主随客便，以客户为尊。见面必须准时。如对方同意见面，但没有确定具体时间，应保持联系尽快拜访。

打电话是为了安排一次约会，而不是完成这次交易，不要在电话中传递太多的信息，应该保留一些关键问题，见面时再进行充分的揽货陈述。

（四）业务洽谈

业务洽谈是整个揽货工作的核心内容，直接关系到揽货的成败。因此每位揽货员都应高度重视洽谈的技巧和艺术性。揽货员应根据客户的具体情况作出具体分析，灵活机动地搞好洽谈。

首先，揽货员在同客户的商谈中要善于把握谈话的气氛，及时调整自己，注意得体的称呼、穿着，以及礼貌的举止和交谈距离。融洽的谈话就算成功了一半，幽默的揽货员往往比较受欢迎。

揽货员要善于倾听，注意对方肢体语言，如表情、姿势，适时地给予回应。通过交谈可以知道客户关心的是什么，这是得到客户信息的重要途径。揽货员要善于把握关键点，如优惠的运价、通关能力、良好的服务、信用等。

最后，要懂得必要的言辞，不要浪费在不必要的谈话上。不易于应付的客户实际上并不热衷与你合作，但也不要轻言放弃，一次的面谈并不能说明一切，每隔一段时间就应找机会和客户电话沟通或登门拜访，感情投入有助于客户在将来需要的时候想到你。客户主动表示有兴趣的例子是甚为稀少的，揽货员通常需要向准客户提出交易，才有望成功。假如在揽货过程中，揽货员没有抓住客户意愿，错过交易机会，所做的一切工作便白费了。

（五）签订合约

客户跟进就是与客户反复接触，多次短时面谈。经过一番询价还盘之后，在双方意见趋于一致的情况下，揽货员应及时把握机会，与客户签订服务合作协议。国际货运代理企业接单就是接受客户委托，签订国际货代服务协议书。接单是揽货的目的，也意味着国际货运代理操作的开始。国际货代服务协议书也是一份客户服务方案计划书，包括航线要求、时限要求、运价要求、通关要求、拖车要求等。与客户签订合约是整个揽货工作中最重要的环节，合作关系建立在双赢的基础上并适当留有余地，这样便于与客户保持良好的合作关系，最终从客户揽取更多的货物。

国际货代服务协议书格式是多种多样的，大部分是一份货物托运单（空运常常直接用空运单来代替），也有比较正式地签订一份委托运输代理合同。这就是委托方提出的“要约”，一经被委托方面确认，意味着“承诺”，双方之间的契约关系成立。因此委托书应有委托单位签字盖章，使之成为有效的法律文件。

进口货物委托人同货运代理人签订《海运进口货物国内港口货运委托代理合同》，委托人可直接向代理人签订长期或临时委托代理合同。长期委托的委托期可以为一年、两年或三年，如终止委托代理合同，须根据合同规定提前一定期限以书面形式通知代理人。临时委托以合同注明的委托事项和有效期为准。双方义务履行完毕，有关费用均已结清，合同即视为终止。

凡是委托人已委托某货运代理公司为国内某港口货运代理的，委托人应通知有关单位，对同一委托事项或同一时期，不得另行委托其他单位做同样的货运代理业务。双方委托代理关系建立，货运代理人即表示接受委托，开始开展货物的进出口代理业务。代理人在港口办理进出口货物的代理业务，委托人必须提供有关单位资料，作为代理人办理代理的依据。

（六）售后服务

揽货员填好货物托运单后，接着填写工作流程单（Job Order），详细记录客户的要求，然后传递给后续部门，即是把客户的托运单转为内部工作单的工作。揽货的售后服务是指从接受客户委托开始直至在目的地交付收货人并完成所有委托事项为止，所有与货物运输相关服务的总称。它是揽货工作的“后勤工作”，也是国际货物运输代理企业履行服务合同、提供国际货代服务产品最重要的内容之一。缔结服务合约只是表明客户接受服务的开始，售后服务质量决定了客户的满意度。售后服务质量的高低直接影响到客户与本企业未来的合作，直接关系到客户对本企业的支持程度。

二、揽货的技巧

（一）端正态度

目前，我国国际货运代理市场逐渐成熟，许多进出口公司都有自己的合作伙伴。要介入已有合作伙伴的企业进行揽货的可能性并不是很大，但是作为揽货的业务员，还是要端正态度，进行有效的揽货业务跟踪，态度要热情、认真。因此，对潜在客户要保持不断的联系，不断地进行交流，这样才能取得良好的效果，获得客户的信任。对潜在的客户更要端正态度、不断交流，取得更好的揽货效果。

（二）体现优势

每个货运代理企业都要建立起自己的优势，揽货业务员要充分利用这些优势发展客户。它的优势可以体现在服务水平、运价水平等许多方面。对于经营外贸业务量比较大的企业来说，在运价方面主要希望的是稳定，以便于核算成本。因此外贸公司的业务员不会刻意追求运费的高低，因为在之前就预估了运费，如果货运水平比较高，则价格不一定是决定因素。当然，价格也经常起很大的作用，特别是一些小公司在做出口业务时，把货运价格压得很低，但不能以此作为普遍现象。

如果业务员有比较强的业务能力，能帮助客户了解、解释单据，甚至帮助客户做单据，就可能提高客户的效率与效益，也就能得到更好的揽货效果。因此需要业务员具有很好的业务知识和能力。

如果货代企业与相关部门具有良好的关系，在办理相关手续时快捷、准确，也可能带来比低费用更好的效果。

（三）为顾客着想

有人说：“有些货代送了一趟名片，然后就消失了。这样不好，如果你想获得一个客户，需要在你的客户和潜在客户名单中不断联系，建立你的客户群、客户信息和服务优势。经常给他们打电话和访问，虽然没有合同，但是相互交流也会帮助今后的合作。”货代性质本来就是服务行业，因此为客户着想会获得很好的效果。

（四）与承运人等保持良好的关系

货代企业从事的国际货运代理业务需要船公司、航空公司、铁路部门、海港企业、仓储企业和保险公司等的支持，并完成运输、仓储和物流活动。因此，与承运人等保持联系是货代揽货成功的基本条件，也能为客户提供更好、更全面的货运代理服务。

（五）提供其他增值服务

国际货运代理企业本身提供相关的货运服务，但是如果能在货运服务以外提供其他增值的服务，就能为客户开拓业务，并为自己带来业务。

三、揽货的注意事项

（一）充分了解合作伙伴和目的国货运法律

国际货运代理企业离不开承运人、仓库、堆场、货运站、码头、机场、车站、保险公司、报关行、拖车行、控箱公司等相关企业的协作，对以上各相关企业的操作程序要了然于胸，同时对目的国货运法律也要熟悉 ，以应对客户的各种问题。如美国国内道路限重很严格，各州之间的法律规定均有不同（约 15 ~ 17 吨不等），故对五金、瓷砖、石制品等重量货的揽收要特别小心。通常小柜不可超过 17 吨，以免遭每次 2 000 ~ 3 000 美元的交通罚款。

对合作伙伴的适时价格也要充分了解，以便向客户报出正确的价格。如码头的费用，如客户要外拖，就要加上拖车行的拖车费，普通车与转关车的价格也不一样；船公司的海运费和航空公司的空运费也是在随时波动着。海运方面要掌握发货港到各大洲及客户常用港口的运杂费、各主要船公司的船期；空运方面要掌握发货空港到各大洲及客户常用空港的运杂费、各主要航空公司的航班时刻；陆运方面要掌握各大城市的公里数和拖箱费及港口装箱费；对于所有的运输方式、报关费、报检费、文件费、修箱、洗箱、租箱、仓储等都必须有所了解，国际货运代理企业的揽货员应常备一份各种运杂费清单。

要掌握承运人发货时刻表，如航空公司的航班时刻、船公司的船期（特别是头程开船时间和次程开船时间等），国际货运代理企业在不同的港口码头发货，相应的大船公司也有所不同。

（二）建立服务优势，掌握报价技巧，协助商务人员签约

国际货运代理企业要具有相对优势，如建立所在地区最优惠的服务价格是企业迈向成功的基石：有的公司中南美线和欧地线价格优惠；有的是马来西亚航线优惠。国际货运代理企业在优势产品方面拥有较多的同行客户，从而降低了揽货成本和操作成本。每个揽货员要了解本公司优势产品的价格结构及特点，并及时向合作伙伴索取适时报价，学会用优先权或优惠价来吸引新客户和稳定老客户，灵活应用揽货佣金。

揽货员要以不同线路的行情价及竞争对手的报价做基础参照，再根据客户的货量来决定全盘抛出还是留有余地；留意旺季运价上调和爆舱，注意承运人要求的最低运量。在开展揽货业务时，可着重强调以下优势：

1. 运价优势路线

价格的差距取决于揽货量和客户关系。国际货运代理企业同承运人的合作协议往往规定揽货量与运价的对应关系，国际货运代理企业以此获取优惠运价。另一情形，因为承运人给熟客优惠，所以许多货代常常会夸口："某某大船公司的业务员是朋友，所以拿到好价格。"随着国际货运代理行业竞争的加剧，单靠承运的运价承诺已经不能满足客户要求，许多国际货运代理企业谋求以优化运输组合来取得某线路的运价优势，在中转点、货运站、拖车等所有的环节上争取最好的价格。

2. 时间优势

除了价格优势外，时间优势也是值得揽货员向客户介绍的核心竞争力。

例如，深圳华运国际物流集团与马来西亚德利航运公司结成了策略联盟，德利航运是深圳国际货运市场上唯一直航东马来西亚的船公司，而深圳往东马来西亚的货量很大。虽然中国海运、赫伯罗特股份公司等船公司也有往东马来西亚的相同港口的航线，但是要经巴生港转船，在接驳二程船时如错过船期，就得延迟一水船，因为该航线为周班船，即要推迟一周。深圳华运国际物流集团作为德利航运公司的总代理，虽然价格比别的公司稍高，但却占有船期快、服务好的时间优势。

3. 质量优势

服务质量优势对于有特殊服务要求的货物（危险品、贵重货物、活动物等）尤其重要，对某类货物运输处理的优势可以赢得客户。国际货代服务质量可以体现在公司处理化工品、危险品货物得心应手、效率高，客户也放心，等等。

4. 地区优势

国际货运代理企业往往在创业所在地或公司总部所在地有良好的客户关系网络和业务网络，使得从这些地区发出的货物处理效率高、费用低，从而构成了地区优势。

（三）资料收集及时齐全，准确传递给操作员

要了解客户的全部关键要求，对常规的服务一定要问清楚，如是否代理报关、报检、保险、拖车、仓储等；要及时收集齐全货代单证，特别要注意报关、报检中的监管证件是否提前准备好了，同时要认真核实单证资料的准确性，以免造成改单，增加额外费用；向操作员传递客户的有关资料。华运国际物流集团揽货员将客户所提供的资料填写在公司规定的一张业务流程卡上传递给操作员，上面的内容包括：起运港、目的港、船名、截关日、箱型箱量、价格及其他服务要求等。

（四）建立客户档案，协助客服人员做好客户关系管理

建立客户档案并非是客户服务人员的事，甚至在一些中小型企业不设客户服务部，而是由业务部本身来管理客户关系。客户历史档案有助于揽货员在第一时间对客户的要求做出响应，以最快、最好的服务满足客户。

（五）做好业务报告，协助财务人员保证运杂费回款

国际货运代理企业通常要求业务部定期做业务报告给公司管理层，让公司管理决策人及时了解客户的动向和指导开拓市场。业务报告中包含了业务量和应收服务款项的统计，清楚、正确地列出每一票业务所有服务项目及费用和客户支付情况，分列出已付账款（开了发票给客户）和应收账款。客户当月应收账款由单证员同相关单位（特别注意境外合作单位）开来的发票及订舱单核对。单证员做好清单后，交由主管并通知相关揽货员其客户本月应收金额的具体情况。在操作就要完成时，揽货员要通知财务部开发票、核对发票，协助财务部及时收回服务款。

四、接受客户委托后揽货员应做的工作

（一）详细了解客户的需求

如是否需要提供短途运输服务，是否需要代理报关报检服务，是否需要代理保险服务，是否需要安排仓储，是否需要代刷唛头，是否需要“门到门”服务等，只有真正了解了客户的需求，再根据本企业的资源和实力，才能尽量满足客户的各种需求，为企业争得更多的利益。

（二）要求客户准确填写托运单

当客户要求托运货物时，货代要请客户填写托运单。

托运单是货代与客户之间的第一份最原始的单据。托运单是指由托运人根据买卖合同或信用证的有关内容，为承运人或其代理人办理货物运输的书面凭证，也是客户向货代提出服务需求的书面请求。托运单一经双方签认，双方之间的关系就成立。

托运单一般由货代企业印制并提供，也有客户自己印制的。但是内容都是一样的，在此不再赘述。

有些揽货员由于急于揽到客户的货，没有要求客户认真填写托运单，甚至仅凭客户的一个电话就立即帮客户向船公司订舱，最后往往在出现麻烦时无法脱身。

（三）与本公司的操作人员沟通好

一般在揽货员揽到货后，后面的订舱、安排拖车、报关报检、制单等程序都由操作人员来完成。因此，揽货员在接受客户的委托后，要与本企业的操作人员沟通、衔接好。

通常在一些国际货运代理企业里，揽货员将揽到的货物交给操作人员时要填写一份业务联系单作为交接的凭证。该凭证是一份内部流转的单证，其内容除了客户托运单上的基本内容外，还有装货时间、装货地点、联系人、报关行、应收费用和应付费用等详细内容，各企业的业务联系单内容大同小异。揽货员将业务联系单交给操作人员后，并不表示自己的工作到此为止，揽货员还应该不断地与操作人员沟通，以便完成各个环节的操作。

（四）做好对各个环节的跟踪

揽货员不是将货物交给操作人员后就完成工作了，还应该做好对各个环节的跟踪。一般来说，揽货员是第一个与客户接触的，与客户最熟悉，而且与客户沟通最方便。操作人员在订舱、安排拖车、转载货物、安排报检和报关、制作提单的过程中一定还会遇到很多意想不到的问题，所以揽货员要主动跟踪每一个环节，将货物在装运过程中每一个环节上出现的问题通报给客户，让客户放心。最后，揽货员还要在收取客户费用的环节上协助财务部门将费用安全收回。

（五）做好“运后服务”工作

国际货运代理的“运后服务”工作是从接受客户委托开始，直至货物在目的港卸货交付收货人为止，所有与货物运输相关的服务的总称。它是揽货工作的最后一环，也是国际货运代理企业履行合约、为客户提供服务的最重要的内容之一。

通常，客户向国际货运代理办理托运手续，签订了合约，只是表明客户与企业合作的开始，客户对企业的服务是否满意还要看“运后服务”质量的高低。“运后服务”质量的高低直接影响到客户与企业的未来合作，直接关系到客户对企业的支持程度。

因此，揽货员应与客户保持密切的联系，协调好客户与本企业的操作人员、港口、海关、检验检疫部门、报关行以及集装箱拖车车队的关系，使货物在每一个运输环节中的操作都能有条不紊地运行。

此外，还应在货物到达目的地之前及时通知收货人提前办理有关清关、提货或中转手续，使收货人能及时、顺利地提取货物。只有货物安全、准确、及时地交付给了收货人，客户才有兴趣和信心继续下一次的合作。同时，收货人的满意又会进一步坚定客户支持企业的信心。因此，在制订揽货策略时，要优先注意提高“运后服务”的水平。

在国际货运代理市场竞争日趋白热化的今天，良好的“运后服务”往往能赢得客户的信任，增进揽货人员与客户之间的感情，稳定老客户，增加新客户，提高揽货员的揽货能力，提高企业的竞争能力。

任务实训

广州机电贸易公司有一批货物从广州黄埔港运至美国的纽约港，现正在寻找国际货运代理公司帮忙运输。

（1）如果你是该公司的业务员，请你谈谈如何揽到该项业务。

（2）如果你是该公司的操作员，请你分别向中国远洋、中外运两家船公司打电话进行询价，并列出询价的内容。（例如相关航线业务员姓名和电话；基本费用多少，附加费用包括哪些及各自金额；船舶基本情况，如船期；是否中转，若中转，则确定中转港口等。）

任务三　掌握电话销售与拜访客户

任务目标

- 掌握揽货业务中的电话销售工作步骤、工作内容和销售障碍。
- 掌握拜访客户的步骤和技巧。

任务情景

小张作为公司的业务员，经理没有让他跟踪老客户，而是让他去开发新客户。所以他每天埋头打电话去开发新客户。入职培训中经理鼓励大家要有信心，可是现实哪有那么容易。小张平均每天打 60 个电话，其中态度较好肯听他介绍的客户只有一两个，多数人毫不客气地吼道："不需要！不需要！我们已经有很好的合作伙伴了，你不要再来骚扰我们。"有的甚至连听也不听就直接挂电话。小张深受打击，心里非常难受，甚至想放弃。经过几天的思考，小张觉得还是要继续干下去，所以又找老员工老王，请教他关于揽货业务中的电话销售与客户拜访技巧。

知识链接

揽货员开发客户的方式有人员揽货、广告宣传、销售促进、公共关系等，下面介绍关于人员揽货中的电话销售和拜访客户的基本步骤和方法。

一、电话销售

随着经济和互联网技术的高速发展，货代企业开展业务的方式也越来越多元化，其中，电话销售已经成为目前社会货代企业开发客户最主要的方式之一。电话销售是一项非常具有挑战性的工作，销售员必须具有热情、自信、抗挫、执着的心态，同时也要不断自我反省与总结，积累经验。

（一）电话销售的步骤

电话销售一般经过话前准备、开场白、探寻需求、推荐产品、聆听记录、约见客户和道谢七个步骤，如表 2.1 所示。

表 2.1　电话销售的步骤和工作内容

步　骤	工作内容
话前准备	在打每一个电话之前，尽量多地了解客户的情况，如客户公司的业务、经营情况、企业动态等，做好充分的准备，明确电话拜访的目的，准备要提出的问题，准备聆听，调整状态，时刻保持热情的态度
开场白	字字推敲开场白，尽量做到简单明了、突出重点。要能够吸引客户，引起客户兴趣，尽量制造一点悬念，激发客户的好奇心或进行利益诱导，如开展优惠活动、送赠品等，不要一开口就先把客户问蒙了、问烦了，既然你先打电话给客户，那就请你首先自我介绍一下，再去有礼貌地问对方；态度要礼貌、客气、谦虚
探寻需求	客户的需求是销售的核心。揽货员在前期调查客户背景后应对客户需求心中有数，电话沟通过程中再精准了解这些需求
推荐产品	了解了客户需求后，要及时向客户推荐产品。揽货员要表示已了解客户情况和需求，讲述自己的服务是如何满足客户需求的，一定要确认是否得到客户的认可
聆听记录	耐心仔细地聆听客户的意见，关注客户感兴趣的要点，记录电话访问的内容
约见客户	想办法约见客户。如果客户同意约见，立即跟客户确定好时间、地点、对接人等信息;若客户不同意约见，揽货员可转移话题，约定下次电话拜访的时间等
道　谢	不管是否约见成功以及谈话的过程是否如你所愿，都要道谢

（二）如何跨越电话销售障碍

跨越电话销售障碍是揽货员顺利开展电话销售的前提。

当今社会的生活节奏越来越快，许多人都不愿意把时间浪费在与无谓的人的沟通上，因此揽货员经常会碰到电话打到总台或者秘书那边就被截住的情况，我们把这种现象叫作“电话过滤”。作为一个优秀的电话销售人员，必须跨越“电话过滤”的障碍，将电话打到决策者那里。

跨越电话销售障碍的技巧一般有以下几种：

1. 与助手搞好关系

这是首选的策略。更多的时候障碍就是他们的助手，他们是目标人物的左右手，很可能帮你解除困难，因此必须与他们建立良好的关系并耐心地解释你的意图，以及你想与决策者见面或谈话的原因。

（1）在电话中保持笑意。即使在电话里也要让对方感受到你的笑意，所有的电话营销人员都会告诉你：“必须永远在电话里保持友好、热情和诚意，因为这样有利于发展你们的谈话。”

（2）请他帮助你。询问来电者的目的是助手平日工作的一部分，因此永远不要说“这是私人电话”或“我想直接跟他谈”，不如讲“你肯定可以帮我安排一个最佳的时机与他通话吧！”

（3）创建良好的人际关系。在电话交谈中尝试表达你所销售的产品对对方公司非常有用。在说服和引起对方兴趣的同时，可以乘机要求对方安排你与决策者交谈或见面。这是创建良好关系的最佳方法，但要注意避免过多地恭维对方，以免给人造成没有诚意的印象。

2. 懂得应付对方的反对

（1）即使你已用尽全力，助手仍然坚决拒绝。这种情况下，应当找到适当的论据来驳斥对方。当对方说“留下你的电话号码，待会儿我们回复。”或“经理在开会，我不知道什么时候结束。”时，千万别相信，这些借口对销售者来说是最有效的“路障”。应问清楚适合的时间，什么时候才能找到经理，如果对方的回答还是借口就别留下姓名，晚点再来电。如果秘书说“经理没有时间”或“他在开会”，则应该立即回答“什么时候才能打电话找到他？”“我们暂且定下会谈时间，然后迟点再确认，经理不同意的话也可以取消。”若对方要你发一份传真过去，建议你采取 E-mail 的形式。发 E-mail 可以得知经理的电子邮箱，这是非常有用的，因为这样能不经过滤地直接收到信息，只要他感兴趣就可立即回电话。因此你下次再致电助手时可以对他说，经理在 E-mail 中说了可以直接与他通电话。

（2）把你的宣传小册子寄来。当对方说：“寄你的产品目录来吧！”别答应得太快了。你可以要求亲自带到公司进行介绍，也可以在寄到后再致电一次，确定会谈时间。如果对方再要求你寄什么，应该坚决拒绝，只需讲你想知道负责人的名字，而他很可能会对你的产品感兴趣，这样就可以寄给他一份资料。这样做，一是知道负责人的姓名，二是可以稍后再通电话，与之定下会谈时间。

（3）没有预算。如果对方说“我们的购买计划已被搁置”或“今年的预算已耗尽了”，那你就一定要知道新的预算什么时候产生，然后记下日期，到时候再致电，即使是 3~6 个月以后。这样你就拥有了比竞争者更有利的战略性信息：那家公司什么时候会对你的产品最感兴趣。

（4）了解顾客的其他需要。当对方说“我不需要”时，你说：“我知道这一点，但在这方面，你对哪些产品感兴趣？”如此尝试，多获取有用的资料。

3. 向秘书施压

如果你已经按秘书的要求发了传真或寄了小册子，便可以向对方施压以取得会谈的机会。

可对对方说“我已按你的要求寄了小册子，现在让我跟你谈一谈吧"，这样有 50% 的概率可以越过障碍。如果秘书仍然拒绝，就对他说你要发传真给他老板，让老板确认是否真的不想了解有关产品的资料。最后你也可以说：“由于你的拒绝，贵公司很可能会花更多的钱购买产品，品质却不如我推介的。”

4. 应用专家的计策

以上所有的技巧都有可能无效，在这种情况下，需要改变策略。

（1）换时间。秘书不在时，你便有很大的概率联系到经理本人，如早上 7:30—8:30 或星期六早上。

（2）直接与总经理联系。真的有问题时也可直接致电总经理的秘书处理，这样会遇到较少的阻碍，但通常许多销售员都不敢尝试这种方法。

（3）隐藏致电的真正意图，打电话时应把真正的目的隐藏起来，告诉对方别的理由。例如，想购买某种商品、询问资料或应聘某职位等，然后再在谈话过程中透露你的真正意图。

电话销售过程中肯定会四处碰壁、困难重重，但只要你坚持下去，坚信自己可以完成这项工作，那就一定可以战胜困难。只要持之以恒地做下去，电话打得多了，问题见得多了，就知道如何处理了，同时要经常自省和总结，如此你将成为电话销售界的“精英”。

二、拜访客户

揽货业务人员拜访客户，特别是新客户和初访时，客户往往避而不见或者在面谈两三分钟后就表露出不耐烦的神情，这是因为什么呢?

我们不妨先自问以下几个问题。

（1）是否明确知道初次拜访客户的主要目的？

（2）在拜访客户前，你做了哪些细致的准备工作？

（3）你是否通过别人了解过客户的情况？

（4）初次见到客户时，你说的前三句话是什么?

（5）在与客户面谈的过程中，是你说的话多，还是客户说的话多？

（一）拜访客户的步骤

拜访客户一般有事前准备、见面、需求探寻、产品介绍与展示、缔结业务关系五大步骤，如表 2.2 所示。

表 2.2　拜访客户各步骤的注意事项

步　骤	注意事项
事前准备	形象、外表，即你的穿衣打扮；精神，即你的感染力；公文包，即专业度的外在表现；信心，即成功的必要前提。这些都可能关系到约见客户后的成败
见　面	良好的开端有助于达到预期的好效果，开口的前三句话决定了谈判的进展
需求探寻	要把握住拜访的目的，不可过于发散，要尽快把话题绕到客户出货需求上
产品介绍与展示	先口头介绍公司的营业情况和航线优势，如果客户条件允许，最好配合相关展示，这样可以达到事半功倍的效果
缔结业务关系	若发觉客户有意向，一定要趁热打铁，争取直接拿下订单。这时可以跟客户说：“如果您近期有出货，我们可以先合作一单试试看。”

（二）拜访技巧

以下设计了陌生拜访和二次拜访两个模块来探讨客户拜访技巧。

1. 陌生拜访

陌生拜访时，揽货员可扮演学生或听众的角色，让客户担任导师和演讲者的角色。

（1）前期准备。揽货员需要做的前期准备工作涉及本公司及货代行业基础知识和业务技能、本公司及其他公司的产品知识、本次客户的相关信息、本公司的销售方针、广泛的知识、丰富的语题、名片、电话号码簿等。

（2）打招呼。在客户未开口之前，揽货员应以亲切的口吻向客户打招呼，如："赵经理早上（下午）好"。

（3）自我介绍。揽货员进行自我介绍时应介绍公司名称及自己的姓名，并将名片双手递上。在与客户交换名片后，应对客户抽时间见面表达谢意。如："这是我的名片，谢谢您能抽时间让我见到您。"

（4）破冰。破冰即营造良好的气氛以拉近彼此之间的距离，缓和客户因陌生人来访产生的紧张情绪，如："赵经理，我是您部门的 Linda 介绍来的，听她说，您是一个很有魄力的领导。"

（5）巧妙运用询问术，让客户"说说说"。设计好问题漏斗，即通过询问客户来达到探寻客户需求的真正目的，这是揽货员应具备的最基本的销售技巧。在询问客户时，问题范围要由宽到窄，逐渐进行深度探寻。如"赵经理，您能不能介绍一下贵公司今年总体的商品销售趋势和情况？""贵公司在物流方面有哪些重点需求？""关于贵公司对 ×× 物流产品的需求情况，您能介绍一下吗？"

（6）结束拜访时，约定下次拜访的内容和时间。在结束初次拜访时，揽货员应该再次确认一下本次来访的主要目的是否达到，然后向客户阐述下次拜访的目的并约定下次拜访的时间。如"赵经理，今天我跟您约定的时间已经到了，很高兴从您这里听到了这么多宝贵的信息，真的很感谢您！您今天所谈到的内容一是关于……二是关于……三是关于……对吗？"或"赵经理，今天很感谢您用这么长的时间给我提供了这么多宝贵的信息，根据您今天所谈到的内容，我会好好做一个供货计划方案，下周二上午将方案带过来让您审阅，您看可以吗？"

2. 二次拜访

揽货员的角色是专家型方案的提供者或问题解决者，客户的角色则是不断挑刺儿、不断认同的业界权威人物。

（1）前期的准备工作。前期的准备工作包括整理上次拜访时客户提供的相关信息；做一套完整的解决方案或应对方案；熟练掌握本公司的产品知识；预约上司或者航线经理。

（2）电话预先约定及确认。如"赵经理，您好！我是 ×× 公司的 Leo，上次与您谈得很愉快，我们约好今天上午向您汇报方案，我九点准时到您的办公室，您看可以吗？"

（3）进门打招呼。揽货员第二次见到客户时，仍然要在客户未开口之前，以热情的口吻像老熟人一样向客户打招呼，如"赵经理，上午好啊！"

（4）再次破冰。再度营造良好的会谈气氛，重新拉近彼此之间的距离，让客户对你的来访产生一种愉悦的心情，如"赵经理，您的办公室今天新换了一幅风景画，真不错啊！"

（5）介绍解决方法和产品特点。程序包括:①根据客户的信息，确认客户的每一个需求点;②总结客户的需求应该通过什么方式来满足；③介绍每一个解决方法和产品的重点、特点；④就每一个解决方法和产品所带来的功能征得客户的同意，并保证能满足他的需求；⑤总结。

若客户无意中发出如下信息，就意味着你已经成功了：①客户的面部表情：频频点头、定神凝视、不寻常的改变；②客户的肢体语言：身体往前、由封闭式的坐姿转为开放式坐姿、记笔记；③客户的语气言辞："这个主意不错。"

任务实训

（1）两位同学为一组，一位扮演揽货员，另一位扮演货主，由揽货员向货主进行电话销售。请每组同学按照电话销售的步骤和工作内容拟定一份电话销售的"台词"，并进行实操演练。

（2）假设你是揽货员，即将拜访货主，请你按照拜访客户的注意事项拟定一份拜访客户的计划。

综合练习

一、多项选择题

1. 揽货人员应具备下列哪些基本素质？（　　）

A. 心理素质要好　　B. 爱岗敬业，具有良好的服务素质

C. 善于沟通，判断准确　　D. 树立专业人士的形象

2. 揽货员接触客户之前应做下列哪些工作？（　　）

A. 与客户初次电话沟通　　B. 进一步了解客户的需求

C. 客户询价与揽货员报价　　D. 营销环境调查

3. 揽货技巧包括（　　）。

A. 端正态度　　B. 体现优势

C. 为顾客着想　　D. 与承运人保持良好的关系

4. 跨越电话销售障碍的技巧有（　　）。

A. 与助手搞好关系　　B. 懂得应付对方的反对

C. 向秘书施压　　D. 应用专家的计谋

二、思考题

1. 简述揽货人员应具备哪些方面的基本素质。
2. 简述揽货的基本程序和技巧。
3. 简述揽货人员在进行揽货时应注意哪些问题。
4. 简述揽货员接受客户委托后应做哪些工作。
5. 简述电话销售的基本步骤和工作内容有哪些。
6. 简述拜访客户的基本步骤和技巧。

三、根据任务二的任务实训，请你向中国远洋、中外运两家船公司打电话进行询价的情况

请你设计两份向广州机电贸易公司的报价单，请注意报价单的格式和内容，要求派代表上讲台来阐述一下报价单的内容。表 2.3 是报价单基本格式，内容可以增加或减少。

表 2.3　报价单基本格式

To …

尊敬的…：

您好！

第一部分，说明报价的原因，可以是应对方要求报价，也可以是自己主动报价。

第二部分，服务价格目录：

CIF …

（1）海运费，例如：

船公司	运价	航期	直航 / 中转	全程
COSCO	2 500 美元 /20 尺货柜	三装四开	直航	500 km

（2）拖车（集卡）费或场装费用。

（3）报关报检、保险费。

（4）制单费。

（5）其他货主要求的服务项目。

第三部分，结尾。注明未尽事项、联络方式等。

署名：

日期：

项目三

国际海运货运代理业务操作 ----->>>

项目导言 >>>

本项目主要讲授国际货运代理人在国际海运业务操作中应掌握的相关知识与技能。下面简单介绍该项目的基本操作程序。

1. 签订委托书

当货运代理公司揽到货物以后，双方会进行磋商，最终签订委托代理合同（即货运代理委托书），明确双方的权利、义务和责任，明确国际货运代理公司具体做哪些工作、费用多少以及如何计收费用等。国际货运代理委托书是国际货运代理公司工作的依据。

2. 订舱

订舱是指货运代理公司接受委托后，根据货主提供的有关贸易合同或信用证条款的规定，向船公司或其代理在其所营运或代理的船舶的截单期前去预订舱位。船方一旦接受订舱，就会着手编制订舱清单，然后分送集装箱码头堆场，进行提取空箱、装箱、重箱集港和货物交接等相关工作。在订舱时，货运代理人会填制“场站收据”联单、预配清单等单据。

3. 办理保险

投保一般是在货物离开发货人仓库之前进行办理，所以国际货代公司完成订舱后，他会马上负责办理货物的海运保险手续，当然出口方也可以自己办理投保手续。

4. 提空箱、装箱及重箱集港

货物完成投保后，货运代理公司和运输部门取得联系，由运输部门带好打印好的各种单据，例如提空箱通知单，在空箱堆场提取空箱后到场地装箱、封箱、把重箱提回，于截港前进入港区。

5. 办理报关报检

货运代理公司应该在检验检疫局规定的时间内进行申报，取得《出境货物通关单》。然后凭该单配合海关审单、查验、纳税，办理货物放行手续。2018 年开始，实行关检业务融合了。

6. 缮制提单

货运代理公司凭盖有海关放行章的装货单向港口办理货物装船事宜，货物装船后，由货运代理公司凭经集装箱码头堆场签署的场站收据，在支付预付费用后，负责向承运人或其代理人换取已装船的清洁提单。发货人取得已装船的清洁提单后，就可以去银行办理结汇手续。

7. 计算运费与放货

国际货运代理公司与托运人（发货人）结算相关的费用，签发与交接提单。当货物到达收货人所在地后，收货人凭已装船的清洁提单去船公司处换取提货单，提取货物。至此，货运代理的义务已经基本结束，业务单据进行存档。但是当货物到达目的地，收货人发现货物有毁损、灭失等损坏时，他可以向有关责任方进行索赔，关于索赔的内容，我们在任务三办理保险中介绍。

任务一　签订委托书

任务目标

- 学会正确填写委托书。
- 学会审核委托书和预配集装箱。

任务情景

广州振捷国际货运代理有限公司（以下简称“振捷国际货代公司”）与广州机电贸易公司（以下简称“机电贸易公司”）签订了国际货运代理合同，振捷国际货代公司发了一份委托书给机电贸易公司，机电贸易公司按照他与买方签订的国际货物买卖合同以及买方开具的信用证，填写好委托书发给了振捷国际货代公司，经过审核，振捷国际货代公司认为委托书的填写没有问题，于是根据货物基本情况进行了预配集装箱，以便于向船公司进行订舱。

知识链接

一、客户委托

当货代揽货成功后，双方会签订一份委托代理合同，即货主要填写一份委托书，一是明确双方的权利、义务和责任，二是明确货代为货主具体做哪些工作，例如订舱、办理报关报检、投保险等，以及费用多少和如何计收费用等，委托书就构成了这单业务的委托凭证。

委托书通常在有着长期合作关系的公司之间应用比较广泛，如果双方不是长期的合作关系，则会签订国际货运代理合同，同时也会签订委托书。委托书一般没有固定格式，而是每个公司根据自己的习惯采用不同的格式，委托书格式见表 3.1。

委托书的主要内容一般包括：

（1）委托方：出口方或货物托运人，一般是信用证当中的受益人。

（2）受托方：国际货运代理企业。

（3）收货人：进口方，一般是信用证当中开证申请人。

（4）通知人：提单中的通知方。

表 3.1　委托书格式

<table>
<tr><td colspan="2">Shipper（经营人、发货人、托运人）：</td><td colspan="5" rowspan="2">委托单位（签章）：</td></tr>
<tr><td colspan="2">Consignee（收货人）：</td></tr>
<tr><td colspan="2" rowspan="3">Notify（通知人）：
Same as consignee</td><td colspan="3">贸易方式：</td><td colspan="2">贸易国别 / 地区：</td></tr>
<tr><td colspan="5">价格条款：（　　）CIF，（　　）C&F，（　　）FOB</td></tr>
<tr><td colspan="2">可否分批：</td><td colspan="3">可否转船：</td></tr>
<tr><td>装货港：</td><td>目的地（注明州名、国名）：</td><td colspan="2">装运期限：</td><td colspan="3">运杂费：（　　）预付
（　　）到付</td></tr>
<tr><td>Shipping Mark（唛头）</td><td>Cargo Description（货物规格及货物名称）</td><td>件数 / 外包装</td><td>毛重（千克）</td><td>净重（千克）</td><td>单价 USD</td><td>总价 USD</td></tr>
<tr><td colspan="4">预订船期：</td><td colspan="3">总体积：</td></tr>
<tr><td colspan="4">随附单证：</td><td colspan="3">每件尺码（米）　长　宽　高
每件重量　千克</td></tr>
</table>

（5）装运期：进出口合同中规定的装运期限。

（6）货物描述：商品的相关情况描述。

（7）发货地 / 目的地：国际海运的启运港口和目的港口。

（8）转船 / 分批：按信用证要求填写“允许”或“不允许”。

（9）集装箱说明：集装箱的数量、规格以及是否冷藏等。

（10）货物的启运地：指集装箱的装箱地点。

（11）货物启运时间：指该批货物装箱拖箱的时间。

（12）联系方式：委托人的电话，联系姓名，以便于相互之间的联系。

（13）货物的重量和数量，如货物净重、毛重以及包装件数和包装体积等。

（14）运费支付：运费是预付还是到付。

（15）委托人签字盖章：合同生效。

二、审核委托书

货代业务员接到客户委托书后，必须仔细审核委托书的内容，例如：装运港、卸货港、目的港；海运费以及支付方式（预付还是到付）；装运期、结汇期，分批或者转船运输；船公司要求及箱型、箱量；货物描述（唛头）；托运人、收货人和通知人；提单类型；签字盖章等。

上述内容必须完整、准确无误，但凡有一条缺失或者错误，就会给后面的操作人员带来麻烦。如果发货人有特殊要求，例如要求出具船龄证、船籍证等，一定要及时提出来，否则将会给日后签发提单时造成不利影响。另外，货主必须明确指示货代出具提单的类型，即是货代公司签发的货代单，还是班轮公司签发的班轮提单。班轮提单和货代单的区别在于发货人一栏的填写上，货代单填写的是委托人的名称，而班轮提单通常填写的是货代公司的名称，这样做的目的是不让货主与船公司发生直接联系，保障货代的生存空间和利益。

三、预配集装箱

对于客户委托货代装箱的情况，审核委托书如果没有问题，货代应该根据货物基本情况（例如货物的品名、性质、毛重和尺码）判断需要的集装箱箱型和数量，以便在订舱时向承运人申领空箱。如果审核发现委托书有问题，则要把问题及时反馈给客户。

预配集装箱时，应满足所选用的集装箱的种类、尺寸、大小等特性适合货物装载和运输的基本要求。

集装箱有 10 英尺①、20 英尺、30 英尺和 40 英尺四种基本类型。20 英尺的集装箱称为标准集装箱，一般用于装载重货，40 英尺的集装箱一般用于装轻货。关于集装箱的基础知识我们将在下一任务中学习。

在此先简单介绍一下预配集装箱的基本步骤以及注意事项。

（一）预配集装箱的基本步骤

第一步，计算货物的密度。密度等于货物的单位重量除以货物的单位体积，计算货物的密度其实是看货物是重货还是轻货，因为同样的重量，密度不同，体积就会不一样，体积不一样，需要的集装箱数量就会不一样。一般我们把 1 $米^3$ 的货物等于 1 吨来计算（也可以说是每一吨货物在正常堆装时实际所占的容积）。如果 1 $米^3$ 的货物重量大于 1 吨，则该货物为重货，需要的集装箱数量就会少点；如果 1 $米^3$ 的货物重量少于 1 吨，则该货物为轻货，需要的集装箱数量就会多点。

第二步，计算或者查询集装箱的单位容重。集装箱的容重是指集装箱单位容积的重量，是集装箱最大载货重量与集装箱的有效容积之比。其实就是我们平时说的集装箱装货的有效利用率，一般取箱容积有效利用率为 80%。

第三步，计算所需集装箱数量。如果货物的密度大于集装箱的单位容重，即为重货，则用货物的重量除以集装箱的最大载重量，计算结果则为所需集装箱的数量个数；如果货物密度小于集装箱的单位容量，即为轻货，则用货物的体积除以集装箱的有效容积，计算结果则为所需集装箱的数量个数。

① 1 英尺 =0.304 8 米

例如：现有纸板箱包装的电气制品，共 750 箱，体积为 117.3 m^3，重量为 20.33 t，试计算需要多少个 20 英尺的杂货集装箱。

（1）计算货物密度。货物密度 =203 300 kg ÷ 117.3 m^3=173.3 kg/m^3。

（2）查表确定集装箱的单位容重。集装箱的单位容重是指集装箱的最大载货重量与其容积的比。假设通过查集装箱的单位容重表可知 20 英尺杂货集装箱的单位容重为 820.4 kg/m^3，大于 173.3 kg/m^3。

（3）确定货物是重货还是轻货。由于货物的密度小于箱的单位容重，可知该货为轻货。

（4）计算所需的集装箱数。根据集装箱单位容重表，可知集装箱的容积为 33.2 m^3，取箱容积有效利用率为 80%，则有效容积为 33.2 m^3 × 80%=26.54 m^3。由于货物为轻货，故所需的集装箱数应等于货物的体积与集装箱有效容积的比，即 117.3 ÷ 26.54=4.4（个）。由此可见该票货物需要 5 个 20 英尺杂货集装箱。

（二）预配集装箱的注意事项

（1）装载拼箱货物的集装箱应轻重搭配，尽量使集装箱的装载量和容积都能满载。积载后的重心应尽量接近箱子的中心，以免装卸过程中发生倾斜和翻滚。

（2）包装混装货物不会互相引起货损。

（3）不能把不同卸货港的货物混装在一个集装箱内。

（4）不同种类的包装，例如木夹板包装货物与袋装货物或纤维板箱装货物之间若没有保护性的隔板，就不能装在一起。

任务实训

（1）上网查询国际海运货代委托书，了解其所填写的内容。对于这些内容，你认为必须要进行审核的有哪些？

（2）假设有一份国际货运代理合同或者委托书，你能否判断需要哪种类型的集装箱，以及该种集装箱的数量需要多少？

任务二 订舱

任务目标

- 熟悉世界最大的三条航线、我国近远洋航线、十大知名港口。
- 了解班轮运输的概念和全球主要的国际班轮公司。
- 熟练掌握班轮运输船期表的查询。
- 了解集装箱的基础知识，熟练掌握集装箱运输货物装箱和交接方式。
- 了解订舱的含义和订舱前的准备工作。
- 领会订舱应考虑的因素。
- 熟练掌握订舱步骤和订舱单确认。

任务情景

振捷国际货代公司根据货物基本情况进行预配集装箱，然后向中远集装箱运输有限公司办理了订舱手续，确定了船名、船期、集装箱号、提单号等。在此，振捷国际货代公司在办理订舱时，必须要了解：全球主要的国际班轮公司和船舶的种类；该货物出口到目的国的航线以及该航线上的港口；集装箱整箱和拼箱的操作；船期表查询、订舱线上操作、订舱的步骤与订舱单确认。

知识链接

一、认识航线与港口

（一）海洋与运河

1. 海洋

地球表面的海洋面积约三亿多平方千米，占地表总面积的71%，为陆地面积的两倍多。海洋的中心部分称为洋，约占海洋面积的89%，其水温、含盐度不受大陆影响。地球上的海洋被大陆分割成四大块，即太平洋、大西洋、印度洋和北冰洋。

2. 运河

运河是人工开凿的水道，在国际航运中，运河与海峡一样起着非常重要的作用，运河往往是航行中的咽喉地带，它们把许多重要海区和航线联系起来。运河还能大大缩短航程，提高航行的经济效率。世界上最著名的国际运河有：苏伊士运河、巴拿马运河、基尔运河。

3. 海峡

世界上最主要的海峡有：

（1）亚洲的主要海峡有：马六甲海峡、龙目海峡、望加锡海峡和曼德海峡等。

（2）欧洲的主要海峡有：黑海海峡、直布罗陀海峡和英吉利海峡等。

（3）北美洲主要海峡有：胡安·德富卡海峡。

（4）南美洲海峡主要有：麦哲伦海峡。

（二）海运航线

船舶在两个或多个港口之间从事货物运输的线路叫做航线。下面我们简单介绍一下世界上规模最大的三条航线和我国近远洋航线情况。

1. 世界上规模最大的三条航线

（1）远东—北美航线，也叫做太平洋航线，该航线实际上可以分为两条航线，一是远东—北美西航线，主要由远东—加利福尼亚航线和远东—西雅图、温哥华航线组成，其涉及的港口主要有亚洲的高雄、釜山、上海、香港、东京、神户、横滨等港口，和北美西岸的长滩、洛杉机、西雅图、塔科马、奥克兰港和温哥华港、涉及亚洲的中国、韩国、日本，以及北美的美国和加拿大东部地区。二是远东—北美东航线，主要有纽约港、新泽西港、查尔斯顿港和新奥尔良港。

（2）远东—欧洲、地中海航线，也叫做欧地线，该航线由远东—欧洲航线和远东—地中海航线组成。远东—欧洲航线主要港口有荷兰的鹿特丹港、德国的汉堡港和不来梅港、比利时的安特卫普港和英国的费利克斯托港。远东—地中海航线主要有位于西班牙南部的阿尔赫西拉斯、意大利的焦亚陶罗，以及位于地中海的中央、马耳他岛的南端的马尔萨什洛克港。

（3）北美—欧洲、地中海航线，也叫做跨大西洋航线。该航线实际包括三条航线：北美东岸、海湾—欧洲航线，北美东岸、海湾—地中海航线和北美西岸—欧洲、地中海航线等。

2. 我国近远洋航线

（1）东行航线：向东到日本和美洲大陆的航线，我国主要出口的商品是煤炭、纺织品、农副产品等，进口的主要是钢铁、机械设备、粮食等。

（2）南行航线：向南到东南亚和大洋洲的航线，我国主要出口的商品是纺织品、轻工产品、钢材等，进口的主要是橡胶、土特产、矿石等。

（3）西行航线：向西到中南半岛、孟加拉湾、波斯湾、红海航线。

（4）中国到欧洲航线：到西欧、北欧、波罗的海航线，我国主要出口的商品是机械、冶金、电器等，进口的主要是纺织品、机械、农副产品等。

（5）中国到地中海、非洲航线：到红海、东非、西非、地中海、黑海航线。

（6）北行航线：主要到韩国、朝鲜、俄罗斯远东航线。

（三）海运港口

港口是位于江、河、湖、海或者水库沿岸，具有一定的设备和条件，供船舶往来停靠、办理客货运输或者其他专门海运业务的场所。下面简单介绍一下世界十大知名港口、我国基本港口、亚洲和欧洲主要港口。

1. 世界十大知名港口

（1）鹿特丹。鹿特丹港位于欧洲莱茵河的出海口，濒临多佛尔海峡，有“欧洲门户”之称。年吞吐能力超过了 3 亿吨，是世界第一大港。它吐纳欧盟 30% 的外贸货物，主要有石油、煤炭、粮食和矿砂等，是世界最大的石油进口港。港口不淤不冻，占地面积大，可供 600 艘船只同时作业，可靠泊 54.5 万吨的超级油轮。

（2）安特卫普港。安特卫普港是比利时最大的海港，位于斯海尔德河的下游，距北海 88 千米，有 300 多条航线通往世界各大洲，可同时停靠万吨以上船舶 400 艘，年吞吐量超过 1 亿吨。

（3）汉堡港。汉堡港位于易北河下游，距河口 110 千米，是一个河海兼用的开放式潮汐港。10 万吨级船舶可长驱直入。共有 700 多个泊位，是世界泊位最多的港口。装卸设备先进，管理现代化，仓储面积充裕，被认为是欧洲转运最快的港口。年吞吐量 5 000 万吨以上。

（4）纽约港。纽约港位于美国东岸的哈德逊河河口，是美国第一大港。港口条件优良，水深、潮差小、冬季不冻。共有集装箱泊位 37 个，拥有世界上最大的集装箱泊位。年吞吐量约 1.5 亿吨。

（5）新奥尔良港。新奥尔良港位于美国密西西比河入海口附近，是世界上最大的河海两用港，是美国重要的粮食、煤炭出口港。

（6）神户港。神户港位于大阪湾北岸，是日本第一大港。现有杂货、集装箱等泊位 270 个，年吞吐量超过 1.5 亿。

（7）横滨港。横滨港位于日本东京湾西南岸，为日本第二大贸易港，现有泊位 200 多个。年吞吐量超过 1 亿吨。

（8）新加坡港。新加坡港位于新加坡的南岸，濒临新加坡海峡，处于赤道无风带，风浪和潮差小，是世界著名的自由港。港区泊位可停靠35万吨油轮，吞吐量和集装箱装卸量都居世界前列。

（9）香港维多利亚港。香港维多利亚港位于我国珠江口东侧，港湾在九龙半岛与香港岛之间。香港处于东西方交通的枢纽，是我国进出口贸易中转的要道，又是一个自由港，港湾装卸效率高，有航线通往100多个国家和地区，近年来集装箱吞吐量多次居世界首位。

（10）上海港。上海港是我国最大的国际通航港口，是我国沿海的主要枢纽港，也是我国对外开放、参与国际经济大循环的重要口岸。上海港位于长江入海口南岸，共有100多个泊位。

2. 我国基本港口

目前，我国已形成以大连、天津、青岛、上海、宁波、厦门、深圳、广州、香港、高雄、基隆等为核心的港口群分布。将全国港口划分为环渤海港口群、长江三角洲港口群、东南沿海港口群、珠江三角洲港口群、西南沿海港口群等五大区域。

3. 亚洲主要港口

亚洲主要港口有:千叶、名古屋、横滨、大阪、川崎、北九州、神户、东京、釜山、仁川、巴生、马尼拉、科伦坡、达曼、法奥、多哈、迪拜、伊斯坦布尔、重庆、宜昌、江阴、南京、武汉、九江、东莞、梧州、大连、天津、青岛、上海、厦门、广州、深圳、香港等。

4. 欧洲主要港口

欧洲主要港口有：伦敦、菲利克斯托、利物浦、鹿特丹、阿姆斯特丹、安特卫普、马赛、斯德哥尔摩、哥本哈根、巴塞罗那、热那亚、威尼斯、汉堡、不来梅等。

二、认识班轮运输

（一）国际海上货物运输的特点

水路货物运输，主要是利用船舶进行货物运输的一种运输方式。水路货物运输包括江河货物运输和海上货物运输，海上货物运输又可分为沿海货物运输和国际海上货物运输。

现代国际海上货物运输发展的特征主要表现在运输船舶的专业化、大型化和高速化。专业化运输船有油船、液化气船、化学品船、滚装船以及集装箱船等类型。

从技术性能来看，水路货物运输的运输能力最大，货物运输能力几乎不受限制，从主要经济指标来看，由于水路货物运输的航道主要利用的是天然水域，除了建设港口和购置船舶外，水域航道几乎不需要投资，因此，相对于其他运输方式而言，水路货物运输成本最低。同时，水路货物运输还能节省能源。

但是，水路货物运输受自然条件的影响很大。水路货物运输的速度较慢，又由于水路货物运输的运输距离长，因此运输时间也长。受运输条件的限制，水路货物运输的安全性和准确性相对较差。

水路货物运输最适于承担运量大、运距长、对运输时间要求不太紧、货物的运费承担能力相对较低的货运任务。

目前，在国际货物运输中，运用最广泛的就是水路货物运输，其运量占国际货物运输总量的80%以上。

（二）班轮运输的概念和特点

1. 班轮运输的概念

班轮运输是指船舶按照固定的航线、固定的港口以及事先公布的船期表航行，并按事先公布的费率收取运费来从事客货运输业务。它主要是用于零星成交、批次较多、到港分散的货物运输，对于停靠的港口，无论货物数量多少，一般都可以接受托运。

2. 班轮运输的特点

（1）“四固定”：固定船期、固定航线、固定停靠港口和相对固定的运费费率。

（2）“一负责”：船方负责货物的装卸，装卸费已包括在运费中，不计算滞期费和速遣费。

（3）班轮公司和货主一般不订立书面合同，双方的权利、义务和责任豁免以船方签发的提单条款为依据。

（三）全球主要的国际班轮公司

目前，全球主要的国际班轮公司有：

1. 马士基航运公司

马士基航运公司是马士基集团核心的班轮运输机构，也是世界领先的集装箱运输公司。它的船队由692艘集装箱船舶组成。总部设在丹麦哥本哈根市的埃斯普拉纳登，在世界135个国家设有350家分支机构，共有6.7万名雇员，是世界上第一大航运公司。

2. 地中海航运公司

地中海航运公司总部在瑞士的日内瓦，是世界上第二大航运公司，业务网络遍布世界各地。在全世界有350个机构，在215个码头停靠。

3. 中远集运

中远集装箱运输有限公司简称“中远集运”，是全球领先的综合集装箱航运服务供应商之一，客户遍及全球。拥有4 750艘全集装箱船，经营80多条国际航线。

4. 法国达飞海运集团

法国达飞海运集团是法国第一、世界第四的集装箱运输公司，总部在法国马赛，在全球有481艘集装箱船舶。

5. 赫伯罗特

赫伯罗特是目前世界前五的船公司，致力于全球化的集装箱服务，在100多个国家拥有500家分支机构、超过249艘集装箱船舶。

6. 长荣海运

长荣海运的服务网络遍布全球80多个国家，服务点达到240多处，拥有192艘集装箱船舶。

除了这六家国际班轮公司外，还有NOE、阳明海运、太平船务和现代商船这四家。

（四）班轮船期表

1. 班轮船期表的概念

班轮船期表（Liner Schedule）就是班轮航行靠泊的时间表，简单地说就像我们坐汽车、火车和飞机的时间表，在什么时间和什么地点出发、到什么时间和什么地点停靠等。班轮船期表是班轮运输营运组织工作中的一项重要内容。各个班轮公司根据自己的实际情况，编制公布的船期表会有所不同，一般来说，近洋班轮航线编制公布的船期表比远洋航线编制公布的船期表准确。

2. 班轮船期表的作用

公布班轮船期表有多方面的作用：首先是为了招揽航线途经港口的货载，既为满足货主的需要，又体现海运服务的质量；其次是有利于船舶、港口和货物的及时衔接，以便船舶有可能在挂靠港口的短暂时间内取得尽可能高的工作效率；再次是有利于提高船公司航线经营的计划质量。

3. 班轮船期表的内容

班轮船期表的主要内容包括航线、船名、航次、编号、始发港、中途港、终点港、到达和驶离的时间、其他有关的注意事项等。国际海上货运代理人不但应了解班轮船期表的内容，还应了解在哪里可以查找到船期表。

4. 班轮船期表的查询方法

船期一般由船公司根据市场情况制定并对外公布，以便于下游产业链安排出货的时间。实际情况下，船期有可能受到一些因素的影响而发生变化。影响船期的因素很多，例如自然灾害、意外事故、不可抗力、市场供求关系以及船公司的原因等。

船期的查询方法有：可以直接在船公司网站查询，也可以直接给船公司打电话或发传真进行查询。表 3.2 是连云港 2021 年 1 月份出口集装箱班轮船期表（韩国线）。

表 3.2　连云港 2021 年 1 月份出口集装箱班轮船期表（韩国线）——节选

船　名	航 次	船东	离港日期	挂　港	每周班期
达通青岛　OSG ALPHA	578E	达通	03/JAN	釜山（周五抵港）（不接冻柜）	周二班
	1202E		10/JAN		
	1203E		17/JAN		
中外运京都　LANTAU BAY	1201E	海丰&外运	07/JAN	釜山（周二抵港）	周六班
海丰联茂　FORMOSA CONTAINER NO.4	1203E		14/JAN		
中外运京都　LANTAU BAY	1203E		21/JAN		
海丰联茂　FORMOSA CONTAINER NO.4	1205E		28/JAN		
向兴　XIANG XING	8327E	中海	06/JAN	釜山接转仁川	周五班
	8328E		13/JAN		
	8329E		20/JAN		
韩进维拉克鲁斯　MATHIS	0059E	韩进	07/JAN	釜山（3 天）光阳（4 天）	周六班
	0060E		14/JAN		
	0061E		21/JAN		

资料来源：连云港大智国际物流有限公司网，2021-1-10。

（五）船舶的种类

海上货物运输船舶的种类繁多，货物运输船舶按照其用途不同，可分为干货船和液体船两大类。

1. 干货船（Dry Cargo Ship）

根据所装货物及船舶结构、设备不同，可分为：

（1）杂货船（General Cargo Ship）。杂货船一般是指定期航行于货运繁忙的航线，以装运零星杂货为主的船舶。这种船航行速度较快，船上配有足够的起吊设备，船舶构造中有多层甲板把船舱分隔成多层货舱，以适应装载不同货物的需要。 杂货船应用广泛，在世界商船队中吨位总数居首位。杂货船通常据货源具体情况及货运需要航行于各港口，设有固定的船期和航线。

（2）干散货船（Bulk Cargo Ship）。干散货船是用以装载无包装如谷物、煤、矿砂、盐、水泥等大宗货物的船舶。依所装货物的种类不同，又可分为粮谷船（Grain Ship）、煤船（Collier）和矿砂船（Ore Ship）。这种船大都为单甲板，舱内不设支柱，但设有隔板，用以防止在风浪中运行时舱内货物错位。

（3）冷藏船（Refrigerated Ship）。冷藏船是专门用于装载冷冻易腐货物的船舶。船上设有冷藏系统，能调节多种温度以适应各舱货物对不同温度的需要。

（4）集装箱船（Container Ship）。集装箱船又称为吊上吊下船，由于集装箱船航速较快，大多数船舶本身没有起吊设备，需要依靠码头上的起吊设备进行装卸。集装箱船可分为部分集装箱船、全集装箱船和可变换集装箱船三种。

• 部分集装箱船（Partial Container Ship）。仅以船的中央部位作为集装箱的专用舱位，其他舱位仍装普通杂货。

• 全集装箱船（Full Container Ship）。专门用以装运集装箱的船舶。它与一般杂货船不同，其货舱内有格栅式货架，装有垂直导轨，便于集装箱沿导轨放下，四角有格栅制约，可防倾倒。集装箱船的舱内可堆放 3 ~ 9 层集装箱，甲板上还可堆放 7 ~ 9 层，目前我国沿海大港大多数都能靠泊 1.4 万标准箱的集装箱船。

• 可变换集装箱船(Convertible Container Ship)。其货舱内装载集装箱的结构为可拆装式的，因此，它既可装运集装箱，必要时也可装运普通杂货。

（5）滚装船（Roll On/Roll off Ship）。又称滚上滚下船，主要用来运送汽车和集装箱。这种船本身无须装卸设备，一般在船侧或船首、尾有开口斜坡连接码头，装卸货物时，或者是汽车，或者是集装箱（装在拖车上的）直接开进或开出船舱。这种船的优点是不依赖码头上的装卸设备，装卸速度快，可加速船舶周转。

（6）载驳船（Barge-carrying Ship），又称子母船，是指在大船上搭载驳船，驳船内装载货物的船舶。载驳船的主要优点是不受港口水深限制，不需要占用码头泊位，装卸货物均在锚地进行，装卸效率高。目前较常用的载驳船有拉希型（Lighter Aboard Ship，缩写为 LASH）和西比型（Sea-bee）两种。

（7）木材船（Timber Ship）。木材船是专门用于装载木材或原木的船舶。这种船舱口大，舱内无梁柱及其他妨碍装卸的设备。船舱及甲板上均可装载木材。为防甲板上的木材被海浪冲出舷外，在船舷两侧一般设置不低于一米的舷墙。

（8）牲畜运输船（Livestock Ship）。牲畜运输船是专门用来装运活牲畜的船舶。这种船舶内设有喂食口、清扫口和排水口等装置。

2. 液体船（Wet Cargo Ship）

液体船是主要用来装运液体货物的船舶。液体船根据所装货物种类不同，又可分为油轮、液化天然气船、液化石油气船和化学品船。

（1）油轮（Oil Tanker）。油轮主要装运液态石油类货物。它的特点是机舱都设在船尾，船壳被分隔成数个贮油舱，有油管贯通各油舱。油舱大多采用纵向式结构，并没有纵向舱壁，在未装满货时也能保持船舶的平稳性。

（2）液化天然气船（Liquefied Natural Gas Carrier）。液化天然气船专门用来运输经过 -162℃低温液化的天然气（主要成分是甲烷）。

（3）液化石油气船（Liquefied Petroleum Gas Carrier）。液化石油气船主要运输以丙烷和丁烷为主要成份的石油碳氢化合物或两者混合气，包括丙烯和丁烯，还有一些化工产品，近年来乙烯也列入其运输范围。这些船的工作温度一般在 -45℃以下，采用管道进行装卸。

（4）化学品船（Chemical Ship）。化学品船建造或改装用于运载各种有毒的、易燃的、易挥发或有腐蚀性化学物质的货船。液体化学品船多为双层底和双重舷侧，货舱设有分隔并装有专用的货泵和管系。货舱内壁和管系采用不锈钢或抗腐蚀涂料。

三、认识集装箱运输

（一）集装箱的定义、标准和特点

1. 集装箱的定义

集装箱是指具有一定强度、刚度和规格，专供周转使用的大型装货容器，因其外形像一只箱子，而得名集装箱。香港地区称之为“货箱”，台湾地区称之为“货柜”。

国际标准化组织（ISO）对集装箱的定义：集装箱是一种运输设备；具有足够的强度，可长期反复使用；为便于商品运送而专门设计的，采用一种或者多种运输方式运输时，无须中途换装；便于机械操作，能够快速装卸和搬运，特别是从一种运输方式转移到另一种运输方式时。

2. 集装箱的标准

国际上通用的标准箱主要有 8 英尺 ×8 英尺 ×20 英尺（简称 20 英尺箱）和 8 英尺 ×8 英尺 ×40 英尺（简称 40 英尺箱）。为了计算上的方便，以 20 英尺箱为集装箱计算单位，即 1 个 20 英尺箱为 1 个 TEU，1 个 40 英尺箱为 1 个 FEU，2 个 TEU。20 英尺箱的设计总重为 24 吨，载货重量为 22 吨，一般限制在 18 ~ 20 吨；40 英尺箱的设计总重约 30.5 吨，载货重量为 26 吨，一般限制在 20 ~ 22 吨。

3. 集装箱运输的特点

集装箱运输具有下列特点：简化包装，大量节约包装费用；提高货运质量，减少货损货差；提高装卸效率，加速车船周转；简化货运手续，降低货运成本；适于组织多式联运；高投资的运输方式。

（二）集装箱的种类

随着集装箱运输的发展，为适应装载不同种类货物的需要，出现了不同种类的集装箱。这些集装箱不仅外观不同，而且结构、强度、尺寸等也不相同。根据集装箱的用途不同可分为以下几种：

（1）干货集装箱。也称杂货集装箱，这是一种通用集装箱，用以装载除液体货物、需要调节温度货物及特种货物以外的一般件杂货。这种集装箱使用范围极广。

（2）开顶集装箱。也称敞顶集装箱，这是一种没有刚性箱顶的集装箱，但有可折式顶梁支撑的帆布、塑料布或者涂塑布制成的顶篷，其他构件与干货集装箱类似。开顶集装箱适用于装载较高的大型货物和需吊装的重货。

（3）冷藏集装箱。这是专为运输要求保持一定温度的冷冻货或者低温货而设计的集装箱。它分为带有冷冻机的内藏式机械冷藏集装箱和没有冷冻机的外置式机械冷藏集装箱，适用装载肉类、水果等货物。冷藏集装箱造价较高，营运费用较高，使用中应注意冷藏装置的技术状态及箱内货物所需的温度。

（4）台架式集装箱。是没有箱顶和侧壁，甚至有的连端壁也去掉而只有底板和四个角柱的集装箱。台架式集装箱有很多类型，其主要特点是：为了保持其纵向强度，箱底较厚；箱底的强度比普通集装箱大，而其内部高度则比一般集装箱低；在下侧梁和角柱上设有系环，可把装载的货物系紧。台架式集装箱没有水密性，怕水湿的货物不能装运，适合装载形状不一的货物。

（5）平台式集装箱。是仅有底板而无上部结构的一种集装箱。该集装箱装卸作业方便，适用于装载长、重大件。

（6）通风集装箱。它一般在侧壁或端壁上设有通风孔，适用于装载不需要冷冻而需通风、防止汗湿的货物，如水果、蔬菜等。如将通风孔关闭，可作为杂货集装箱使用。

（7）动物集装箱。是一种专供装运牲畜的集装箱，为了实现良好的通风，箱壁用金属丝网制造，侧壁下方设有清扫口和排水口，并设有喂食装置。

（8）罐式集装箱。是一种专供装运液体货而设置的集装箱，如酒类、油类及液态化工品等货物，它由罐体和箱体框架两部分组成，装货时货物由罐顶部装货孔进入，卸货时，则由排货孔流出或从顶部装货孔吸出。

（9）汽车集装箱。是专门为装运小型轿车而设计制造的集装箱，其结构特点是无侧壁，仅设有框架的箱底，可装载一层或者两层小轿车。

（三）集装箱的标记

为了便于集装箱在流通和使用中的识别和管理，便于单据编制和信息传输，国际标准化组织 1995 年通过了《集装箱的代号、识别和标记》，该标准明确规定了集装箱标记的内容、标记字体的尺寸和标记的位置。

集装箱的标记分为必要标记、自选标记和通行标记三类，每一类标记又分为识别标记和作业标记。

1. 必要标记

（1）识别标记。识别标记的作用主要是方便确定集装箱的基本信息。集装箱的基本信息由箱主代号、设备识别号、集装箱顺序号和核对数字组成，这些信息统称为集装箱箱号。

① 箱主代号。箱主代号是指集装箱所有者的代号，由三位大写字母组成。例如，中远集团自有箱主代号为“COS”。

② 设备识别号。设备识别号是紧接箱主代号的第四个字母，用来表示集装箱的类型。常见的是“U”,表示海运集装箱。此外,“J”表示可拆卸的集装箱,“Z”表示集装箱的拖车和底盘车。

③ 集装箱顺序号。又称箱号，由 6 位阿拉伯数字组成。如果不足 6 位，则在前面加“0”，如“006785”。

④ 核对数字。核对数字是用来核对箱主代号和顺序号记录是否准确的依据。它位于箱号最后，以一位阿拉伯数字加一个方框表示。核对数字是由箱主代号与设备标识号的四位字母和顺序号的六位数字通过换算而得。计算比较烦琐，在此，不再叙述。

（2）作业标记。作业标记主要用于提供每一个集装箱在相关作业操作时的重要信息，主要由重量体积标记、空陆水联运集装箱标记、登箱顶触电警告标记和超高标记组成。

① 重量体积标记。GROSS 表示最大总重，是集装箱自重和最大允许载货重量之和；TARE 是集装箱的自重；NET 表示净重，是装货的重量限制；CUBE 是箱内的容积。重量单位用千克（KG）和磅（LB）同时标记，体积单位用立方米和立方英尺同时标记。

② 空陆水联运集装箱标记。它的集装箱自重较轻，结构较弱，强度仅能堆码两层，因此，国际标准化组织规定了特殊标记。

这种标记表示在陆地上堆码时，只允许在箱上堆码两层；在海上运输时，不准在甲板上堆码；在舱内堆码时，只能堆装一层。

③ 登箱顶触电警告标记。凡装有登顶梯子的集装箱应设登箱顶触电警告标记，该标记为黄色底三角形，一般设在罐式集装箱上和登顶集装箱的扶梯处，以警告登顶者有触电危险。

④ 超高标记。凡是高度超过 2.6 米的集装箱均应设此标记，该标记是在黄色底色上标出黑色数字，四周加黑框。每个集装箱应设两个超高标记，一般位于侧壁的右下方，粘贴位置应在距离箱顶部超过 1.2 米、距离右侧不超过 0.6 米的内侧。

2. 自选标记

自选标记同样有识别标记和作业标记之分。

（1）识别标记。

① G（General）：通用集装箱。

② V（Ventilated）：通风集装箱。

③ B（Bulk）：散装集装箱。

④ S（Sample）：以货物命名的集装箱。

⑤ R（Reefer）：冷藏集装箱。

⑥ H（Heated）：隔热集装箱。

⑦ U（Up）：敞顶集装箱。

⑧ P（Platform）：平台集装箱。

⑨ T（Tank）：罐式集装箱。

⑩ A（Air）：空陆水联运集装箱。

（2）作业标记。作业标记主要是国际铁路联盟标记。各国的铁路都有各自的规章制度，在欧洲铁路上运输集装箱时，必须有该标志。

3. 通行标记

集装箱上面除了有上述必备标记与自选标记外，还必须拥有一些允许其在各国之间通行的牌照，称为通行标记。集装箱在运输中必须贴上各国规定的通行标记，否则，必须办理必要的证明手续。主要的通行标记有安全合格牌照、集装箱批准牌照、防虫处理板和检验合格证。

（四）集装箱选择、检查和货物装载方法

1. 集装箱的选择与检查

在进行集装箱货物装箱前，首先应根据所运输的货物种类、包装、性质和其运输要求，选择合适的集装箱。

（1）集装箱应具备的基本条件。要能够起到运输中保护货物等作用，集装箱应符合以下基本条件：符合 ISO 标准；四柱、六面、八角完好无损；箱子各焊接部位牢固；箱子内部清洁、干燥、无味、无尘；不漏水、漏光；具有合格检验证书。

（2）集装箱的选择。在国际海上集装箱运输中，集装箱种类、尺寸等规格各异，选择何种集装箱要根据货物的情况以及航线上所经港口的条件和运输路线的环境来决定。选用集装箱时，主要考虑的是根据货物的不同类型、性质、形状、包装、体积、重量，以及运输要求采用合适的箱子。首先要考虑的是货物是否装得下，其次再考虑在经济上是否合理，与货物所要求的运输条件是否符合。

（3）集装箱的检查。集装箱在装载货物之前，都必须经过严格检查。一只有缺陷的集装箱，轻则导致货损，重则在运输、装卸过程中造成箱毁人亡事故。所以，对集装箱的检查是货物安全运输的基本条件之一。发货人、承运人、收货人以及其他关系人在互相交接时，除对集装箱本身进行检查外，还应以设备交接单等书面形式确认箱子交接时的状态。

通常，对集装箱的检查应做到：

① 外部检查：对箱子进行六面察看，看其外部是否有损伤、变形、破口等异样情况。

② 内部检查：对箱子的内侧进行六面察看，看其是否漏水、漏光、有无污点和水迹等。

③ 箱门检查：门的四周是否水密，门锁是否完整，箱门能否 270° 开启。

④ 清洁检查：箱子内有无残留物、污染、锈蚀异味、水湿。如不符合要求，应予以清扫、甚至更换。

⑤ 附属件的检查：附属件的强度、数量是否满足相关规定和运输要求，如板架式集装箱的支援、平板集装箱、敞篷集装箱上不延伸用加强结构等状态的检查。

2. 货物装箱的一般方法

货物在装入集装箱内时应注意的事项有：

（1）在不同件杂货混装在同一箱内时，应根据货物的性质、重量、外包装的强度、货物的特性等情况，将货区分开。将包装牢固、重件货装在箱子底部，包装不牢、轻件货装在箱子上部。

（2）货物在箱子内的重量分布应均衡。如箱子某一部位装载的负荷过重，则有可能使箱子

底部结构发生弯曲或脱开的危险。在吊机和其他机械作业时，箱子会发生倾斜，致使作业不能进行。此外，在陆上运输时，如有上述情况，拖车前后轮的负荷因差异过大，也会在行驶中发生故障。

（3）在进行货物堆码时，应根据货物的包装强度，决定货物的堆码层数。另外，为使箱内下层货物不致被压坏，应在货物堆码之间垫入缓冲材料。

（4）货物与货物之间，也应加隔板或隔垫材料，避免货物相互擦伤、沾湿。

（5）货物的装载要严密整齐，货物之间不应留有空隙，这样不仅可充分利用箱内容积，也可以防止货物互相碰撞而造成损坏。

（6）在目的地掏箱时，由于对靠箱口附近的货物没有采取系固措施，曾发生过货物倒塌，造成货物损坏和人身伤亡的事故。因此，在装箱完毕，关箱前应采取措施，防止箱口附近货物的倒塌。

（7）应使用清洁、干燥的垫料（胶合板、草席、缓冲材料、隔垫板），若使用潮湿的垫料，就容易发生货损事故。

（8）应根据货物的不同类型、性质、包装，选用不同规格的集装箱，选用的箱子应符合国际标准，经过严格的检查，并具有检验部门颁发的合格证书。

（五）集装箱货物的交接

1. 货物交接的主要当事人

在集装箱货物运输中，交接的主要当事人有：

（1）集装箱堆场：Container Yard，简称 CY，在这里仅指集装箱码头里的堆场。

（2）门：Door，简称 DR，指工厂或仓库的大门，有些人将 Door 写作 House。

（3）集装箱货运站：Container Freight Station，简称 CFS，指拼箱货运站或中转站，主要是为了拼箱货服务的。例如，对于出口货物，负责从发货人处接货，把流向一致的货物拼装在以个集装箱中；对于进口货，负责拆箱并交给收货人。

集装箱货运站一般设在港口内或港口附近。

2. 货物交接的两种方法

集装箱运输是将散件货物（Break Bulk Cargo）汇成一个运输单元（集装箱），使用船舶等运输工具进行运输的方式，它可以分为整箱和拼箱两种方法。

（1）整箱货。

整箱货 [Full Container(Cargo) Load，FCL] 是指由货方负责装箱和计数，填写装箱单，并加封志的集装箱货物，通常只有一个发货人和一个收货人，所以承运人不知道集装箱里面是什么货物。

国际公约或各国海商法没有整箱货交接的特别规定，而承运人通常根据提单正面和背面的印刷条款以及提单正面的附加条款（如：said to contain:S.T.C；shipper’s load and count and seal，S.L&C&S 等“不知条款”），承担在箱体完好和封志完整的状况下接收并在相同的状况下交付整箱货的责任。在目前的海上货运实践中，班轮公司主要从事整箱货的货运业务。

（2）拼箱货。

拼箱货 [Less than Container(Cargo) Load，LCL] 是指由承运人在集装箱货运站负责装箱和计数，填写装箱单，并加封志的集装箱货物，通常每一票货物的数量较少，因此装载拼箱货的集装箱内的货物会涉及多个发货人和多个收货人。

承运人负责在箱内每件货物外表状况明显良好的情况下接收并在相同的状况下交付拼箱货。在目前的货运实践中，主要由拼箱集运公司从事拼箱货的货运业务。货主不知道自己的货物装在哪里，因为是由承运人装的货物。货运代理人主要从事拼箱货的货运业务。

3. 集装箱货物交接的地点与方式

（1）集装箱货物的交接地点。

货物运输中的交接地点是指根据运输合同，承运人与货方交接货物、划分责任风险和费用的地点。由于国际公约或各国法律通常制定了强制性的法律规范，因此承运人不能通过合同的方式减轻自己的责任，而有关费用问题，则可以由双方当事人另行约定。在集装箱运输中，根据实际需要，货物的交接地点并不固定。

目前集装箱运输中货物的交接地点主要有工厂仓库、船上、集装箱堆场、集装箱货运站等。总结起来有门（Door）、场（Container Yard，CY）、站（Station）三个地点进行交货。

（2）集装箱货物的交接方式。

根据集装箱货物的交接地点不同，理论上可以通过排列组合的方法得到集装箱货物的交接方式为 16 种。在不同的交接方式中，集装箱运输经营人与货方承担的责任、义务不同，集装箱运输经营人的运输组织的内容、范围也不同。要注意的是，由于海上集装箱运输中货物的交接地点在船边或吊钩的情况比较少，所以很多书中都没有写出船边或吊钩交接的情况。理论上有 16 种交接方式，但是我国只列出了 9 种交接方式。

了解集装箱货物的交接方式，可以使我们知道在集装箱运输中承运人与货方就有关货物交接的风险、责任、费用分担等划分问题。

在这里需注意，门、场是整箱交整箱接；站是拼箱交拼箱接。例如 CY/CY，表示整箱交整箱接；DR/CFS，表示整箱交拼箱接。

目前，海运集装箱货物交接的主要方式为：CY/CY，这是班轮公司通常采用的交接方式，CFS/CFS，这是集拼经营人通常采用的交接方式。

四、认识订舱

（一）订舱及相关概念

订舱是指货运代理公司接受委托后，根据货主提供的有关贸易合同或信用证条款的规定，向船公司或其代理在其所营运或代理的船舶的截单期前去预订舱位。

截单期是指船舶接受订舱的最后期限。超过截单期如果还有舱位，船公司如果同意再次接受订舱，称为“加载”。截单期一般在预订装船日期前几天，以便于企业安排报关报检、装箱、集港和制单等工作。

船期表及船公司所公布的各种航运信息是订舱配载的重要参考资料，货运代理必须按照委托书要求的船期、船公司、箱型、装货与交货方式办理。

订舱时，货运代理会填制场站收据。场站收据格式见表 3.3。

表 3.3　场站收据格式

Shipper（发货人）			委托号： Forwarding agents B/L No.（编号）		第一联
Consignee （收货人）			集装箱货物托运单 船代留底		
Notify Party （通知人）					
Pre carriage by（前程运输）		Place of Receipt（收货地点）			
Ocean Vessel（船名）	Voy. No.（航次）	Port of Loading（装货港）			
Port of Discharge(卸货港)		Place of Delivery（交货地点）	Final Destination for Merchant's Reference （目的地）		

Container No.（集装箱号）	Seal No.（封志号）Marks & Nos.（标记与号码）	No. of containers Or Pkgs.（箱数或件数）	Kind Packages: Description of Goods（包装种类与货名）	Gross Weight 毛重（千克）	Measurement 尺码（立方米）
TOTAL NUMBER OF CONTAINERS OR PACKAGES (IN WORDS) 集装箱数或件数合计（大写）					

FREIGHT & CHARGES（运费与附加费）	Revenue Tons（运费吨）	Rtae（运费率）Per（每）	Prepaid（运费预付）	Collect（到付）

Ex Rate:（**兑换率**）	Prepaid at（预付地点）	Payable at（到付地点）	Place of Issue（签发地点） BOOKING（订舱确认）APPROVED BY
	Total Prepaid（预付总额）	No.of Original B(s)/L （正本提单份数）	货值金额：

Service Type on Receiving □-CY, □-CFS, □-DOOR	Service Type on Delivery □-CY, □-CFS, □-DOORS	Reeter Temperature Required（冷藏温度）	°F	°C
TYPE OF GOODS（种类）	□Ordinary,（普通） □Reefer,（冷藏） □Dangerous,（危险品） □Auto.（裸装车辆） □Liquid,（液体） □Live Animal,（活动物） □Bulk,（散货） □ ________	危险品	Glass: Property: IMDG Code Page: UN NO.	

发货人或代理人名称地址：			联系人：	电话：
可否转船：	可否分批	装　期：	备注	装箱场站名称：
效期：		制单日期：		
运费由　　　　　支付，如预付运费托收承兑，请填准银行账号				

（续表）

▽ Shipper（发货人） Consignee （收货人） Notify Party （通知人）	委托号： Forwarding agents B/L No.（编号） **装 货 单** **场 站 收 据 副 本**	第二联
Pre carriage by（前程运输） Place of Receipt(收货地点) Ocean Vessel（船名） Voy. No.（航次） Port of Loading(装货港)	Received by the Carrier the Total number of containers or other packages or units stated below to be transported subject to the terms and conditions of the Carrier's regular form of Bill of Lading (for Combined Transport or port to Port Shipment) which shall be deemed to be incorporated herein.. Date（日期）： 场 站 章	
Port of Discharge(卸货港) Place of Delivery（交货地点）	Final Destination for Merchant's Reference （目的地）	

Container No.（集装箱号）	Seal No.（封志号）Marks & Nos.（标记与号码）	No. of containers Or Pkgs.（箱数或件数）	Kind Packages: Description of Goods（包装种类与货名）	Gross Weight 毛重（千克）	Measurement 尺码（立方米）
TOTAL NUMBER OF CONTAINERS OR PACKAGES (IN WORDS) 集装箱数或件数合计（大写）					
Container No.（箱号） Seal No.（封志号） Pkgs.（件数）			Container No.（箱号） Seal No.（封志号） Pkgs.（件数）		
			Received（实收）	By Terminal clerk/Tally clerk（场站员/理货员签字）	
FREIGHT & CHARGES	Prepaid at（预付地点）	Payable at（到付地点）	Place of Issue（签发地点）	BOOKING（订舱确认） APPROVED BY	
	Total Prepaid（预付总额）	No.of Original B(s)/L（正本提单份数）	货值金额：		

Service Type on Receiving	Service Type on Delivery	Reeter Temperature Required（冷藏温度）	°F	°C
□-CY, □-CFS, □-DOOR	□-CY, □-CFS, □-DOORS			

TYPE OF GOODS（种类）	□Ordinary,（普通）	□Reefer,（冷藏）	□Dangerous,（危险品）	□Auto.（裸装车辆）	危险品：Glass: Property: IMDG Code Page: UN NO.
	□Liquid,（液体）	□Live Animal,（活动物）	□Bulk,（散货）	□ ________	

发货人或代理人名称地址：			联系人：	电话：
可否转船：	可否分批	装 期：	备注	装箱场站名称：
效期：		制单日期：		
运费由	支付，如预付运费托收承兑，请填准银行账号			

（续表）

▽

Shipper（发货人）

Consignee （收货人）

Notify Party （通知人）

委托号：

Forwarding agents

B/L No.（编号）

场站收据副本
大副本

第三联

COPY OF DOCK RECEIPT（FOR CHIEF OFFICER）

Received by the Carrier the Total number of containers or other packages or units stated below to be transported subject to the terms and conditions of the Carrier's regular form of Bill of Lading (for Combined Transport or port to Port Shipment) which shall be deemed to be incorporated herein..

Date（日期）:

场 站 章

Pre carriage by（前程运输）　　Place of Receipt（收货地点）

Ocean Vessel（船名）　　Voy. No.（航次）　　Port of Loading（装货港）

Port of Discharge(卸货港)　　Place of Delivery（交货地点）　　Final Destination for Merchant's Reference （目的地）

Container No.（集装箱号）	Seal No.（封志号）Marks & Nos.（标记与号码）	No. of containers Or Pkgs.（箱数或件数）	Kind Packages: Description of Goods（包装种类与货名）	Gross Weight 毛重（千克）	Measurement 尺码（立方米）

TOTAL NUMBER OF CONTAINERS OR PACKAGES (IN WORDS) 集装箱数或件数合计（大写）	

Container No.（箱号）　Seal No.（封志号）　Pkgs.（件数）　Container No.（箱号）　Seal No.（封志号）　Pkgs.（件数）

Received（实收）	By Terminal clerk/Tally clerk（场站员/理货员签字）

FREIGHT & CHARGES	Prepaid at（预付地点）	Payable at（到付地点）	Place of Issue（签发地点）　BOOKING（订舱确认）APPROVED BY
	Total Prepaid（预付总额）	No.of Original B(s)/L（正本提单份数）	货值金额：

Service Type on Receiving □-CY, □-CFS, □-DOOR	Service Type on Delivery □-CY, □-CFS, □-DOORS	Reeter Temperature Required（冷藏温度）	°F	°C

TYPE OF GOODS（种类）	□Ordinary,（普通）　□Reefer,（冷藏）　□Dangerous,（危险品）　□Auto.（裸装车辆）	危险品	Glass: Property:
	□Liquid,（液体）　□Live Animal,（活动物）　□Bulk,（散货）　□ ________		IMDG Code Page: UN NO.

发货人或代理人名称地址：			联系人：	电话：
可否转船：	可否分批	装　期：	备注	装箱场站名称：
效期：		制单日期：		
运费由　　　　支付，如预付运费托收承兑，请填准银行账号				

（续表）

▽

委托号：

Forwarding agents

B/L No.（编号）

Shipper（发货人）

Consignee （收货人）

场站收据

DOCK RECEIPT

第四联

Notify Party （通知人）

Received by the Carrier the Total number of containers or other packages or units stated below to be transported subject to the terms and conditions of the Carrier's regular form of Bill of Lading (for Combined Transport or port to Port Shipment) which shall be deemed to be incorporated herein..

Date（日期）：

Pre carriage by（前程运输） Place of Receipt（收货地点）

Ocean Vessel（船名） Voy. No.（航次） Port of Loading（装货港）

场 站 章

Port of Discharge(卸货港) Place of Delivery（交货地点） Final Destination for Merchant's Reference （目的地）

Container No.（集装箱号）	Seal No.（封志号）Marks & Nos.（标记与号码）	No. of containers Or Pkgs.（箱数或件数）	Kind Packages: Description of Goods（包装种类与货名）	Gross Weight 毛重（千克）	Measurement 尺码（立方米）

TOTAL NUMBER OF CONTAINERS OR PACKAGES (IN WORDS) 集装箱数或件数合计（大写）	

Container No.（箱号）	Seal No.（封志号）	Pkgs.（件数）	Container No.（箱号）	Seal No.（封志号）	Pkgs.（件数）

Received（实收）	By Terminal clerk/Tally clerk（场站员/理货员签字）

FREIGHT & CHARGES	Prepaid at（预付地点）	Payable at（到付地点）	Place of Issue（签发地点）	BOOKING（订舱确认）APPROVED BY
	Total Prepaid（预付总额）	No.of Original B(s)/L（正本提单份数）	货值金额：	

Service Type on Receiving □-CY, □-CFS, □-DOOR	Service Type on Delivery □-CY, □-CFS, □-DOORS	Reeter Temperature Required（冷藏温度）	°F	°C

TYPE OF GOODS（种类）	□Ordinary,（普通） □Reefer,（冷藏） □Dangerous,（危险品） □Auto.（裸装车辆） □Liquid,（液体） □Live Animal,（活动物） □Bulk,（散货） □ ________	危险品	Glass: Property: IMDG Code Page: UN NO.

发货人或代理人名称地址：			联系人：	电话：
可否转船：	可否分批	装 期：	备注	装箱场站名称：
效期：		制单日期：		
运费由 支付，如预付运费托收承兑，请填准银行账号				

（二）订舱的方法、订舱前的准备和订舱单内容

1. 订舱的方法

订舱的方法有两种：一是货代人员可以直接向船公司订舱；二是可以通过船舶代理进行订舱。

2. 订舱前的准备

在向船公司进行订舱时，操作人员应认真审核出口货物托运单，设计好运输线路，落实好船期和运价，落实好箱型和箱量，认真填写订舱单等。

3. 订舱单的内容

订舱单的内容与托运单的内容基本上是一样的。一般包括：发货人 / 托运人、收货人及通知人、起运港 / 装货港及目的港、预配船名 / 航次、预配箱型及箱量、货物名称及重量、运费及运费条款、放货方式和签名盖章等九项内容。表 3.4 是订舱单的格式。

表 3.4　订舱单格式

<table>
<tr><td colspan="2">Shipper（托运人）</td><td colspan="3">MOC-NV00844（无船承运人编号）</td></tr>
<tr><td colspan="2">Consignee（收货人）</td><td colspan="3" rowspan="2"></td></tr>
<tr><td colspan="2">Notify Party（通知人）</td></tr>
<tr><td>Place of receipt（收货地点）</td><td>Port of loading（起运港）</td><td>Pre-carriage</td><td colspan="2">Number of original BS/L</td></tr>
<tr><td></td><td></td><td></td><td colspan="2"></td></tr>
<tr><td>Ocean vessel（船名）</td><td>Port of discharge（卸货港）</td><td>Place of Delivery(目的地)</td><td colspan="2">Freight payable at</td></tr>
<tr><td></td><td></td><td></td><td colspan="2"></td></tr>
<tr><td colspan="5">PARTICULARS FURNISHED BY SHIPPER</td></tr>
<tr><td>Marks & Numbers（唛头和号码）</td><td>No.Of packages（件数）</td><td>Type of package & description of goods（包装种类及货名）</td><td>Gross WT.(KGS)（毛重）</td><td>Measurement（m³）体积（立方米）</td></tr>
<tr><td></td><td></td><td></td><td></td><td></td></tr>
<tr><td colspan="5">Charges to be（费用支付方式）:
Confirmation on Charges（费用确认）:</td></tr>
<tr><td colspan="5">Equipment Required: __X 20’ __X 40GP __X 40HQ __X 40HQ LCL 散货__CBM

REMARK:</td></tr>
</table>

（三）订舱应考虑的因素

操作人员在决定向哪家船公司订舱时，应该综合考虑如下因素：

（1）承运人。选择合适的承运人是发货人或货运代理人应首先考虑的因素，不仅要参考承运人的运费价格、船期、服务等情况，更应着重考察承运人的实力和信誉。一定要防止只重视运费价格而忽视承运人实力和信誉的做法，以免一旦出现问题，发生即便是承运人的责任其也无力承担的情况。

（2）船期。班轮的船期是固定的，船期的选择主要考虑货物是否能和船期相衔接，既要防止订妥舱位，到了装船期货物没有备妥，即船妥货不妥，造成空舱，缴纳空舱费，也要防止货备妥而订不上舱位，即货妥船不妥的情况，造成无法及时装运，甚至影响信用证结算。

（3）运费率。是发货人比较关注的因素，直接关系到发货人的运输费用，通常应该向几家船公司询问，争取最优惠的运价。

（4）航线、停靠港口、是否转船。查询船公司航线情况，选择停靠港口，以确定是否能满足发货人的运输要求，更重要的是考虑是直达还是需要转船。在其他条件相近的情况下，应该优先选择直达，尽量避免选用转船，因为转船一方面货物在途时间要延长，另一方面也容易产生货损货差或丢失的情况。

（5）装货港。应该尽量选择离货物产地较近的装货港，以降低国内运输费用。

（6）集装箱数量、规格。应综合考虑集装箱货物的毛重及其包装规格、港口设备、运输动力的局限、集装箱限重和容积等因素来确定集装箱的毛重及其规格。货物不可能占据箱内的全部空间，另外，装卸港所在国家交通管理部门都有要求，所以在订舱配载时对这些要有所考虑。

（7）集装箱种类。主要是按照货物的特性，选择相应类别的集装箱，比如，是需要干箱还是冷冻箱，是需要开口集装箱还是罐装集装箱，是一般货物的普通集装箱还是危险品集装箱等。

（8）有无温度要求。凡是对于冷冻箱运输的货物，都需要在租船订舱时向承运人确定准确的冷冻温度，并由承运人落实能否满足运输过程中的温度控制需要，以免因为没有明确冷冻温度或是温度设定不准确而使货物质量受到影响，更严重者或造成货物的腐烂变质。

（9）目的港。是属于基本港还是非基本港，在其他条件相似的情况下，应优先选择基本港，如果是非基本港，费用肯定要比基本港高，而且时间上也不如基本港有保障。

（10）货物是否属于危险品。应该确定运输的货物是否属于危险品管理范围，如果是危险品，在订舱时，应选择适合于危险品运输的集装箱，并告知承运人，以便其在集装箱集港时，提前通知航口码头堆场，按危险品规定堆放。

（11）班轮运行准确率。这是班轮服务质量的重要考核指标，运行准确率直接影响进口商的收货时间的准确性，特别是对于一些季节性很强的商品，班轮运行准确率尤为重要。

（12）舱位紧张程度，这决定了订舱的时间。比如某港口某段时间去欧洲航线舱位十分紧张，一般都是提前两个月订舱。如果不了解这个信息，还是按照平常的船期情况与进口商谈判确定船期，那么等与进口商谈定合同后，工厂准备货物，再去联系订舱，很有可能就订不上舱位。这种情况在实际业务中是很容易发生的，因此一定要及时了解航线舱位的情况，以便及时调整货物的装运期和生产准备时间。

（13）信用证结算的情况。明确信用证中是否订立了某些需要承运人配合完成的特殊条款，如果有，一定要在订舱时提前与船公司沟通，以得到船公司的认可与确认。比如，需要出具特定的船龄证、船籍证，要求在提单上显示运费、显示 FOB 值等。

实际业务中，班轮订舱时应防止因为考虑因素不周、航线安排不合理，造成运费负担增加，或订舱舱位不足，或航期不合理，时间过于紧张，容易在运作过程产生差错，在办理订舱时一定要将各因素考虑周全，这也是货运代理应具备的基本技能。

（四）订舱步骤和订舱单的确认

1. 订舱的步骤

（1）货运代理接受发货人订舱委托。

（2）货运代理缮制货物托运单，也称“订舱委托书”，随同商业发票、装箱单等其他必要单证一同传给货代公司或其代理公司办理订舱。在实际业务中，很多船公司也接受出口货物装货单替代货物托运单作为订舱委托书。

（3）船公司或其代理公司根据船期具体情况，决定是否接受订舱。如接受订舱则在托运单上写上与 B/L 号码一致的编号，填上船名、航次；如果是集装箱货物，给出集装箱号码，并签署，即表示已确认托运人的订舱，同时把配舱回单，即订舱单、装货单等与托运人有关的单据退还给托运人。

2. 订舱单的确认

订舱单是承运人或其代理人在接受发货人或货物托运人或其货运代理的订舱时，根据发货人或其货运代理的口头或书面申请货物托运的情况，据以安排货物或集装箱运输而制订的单证。

船公司接受订舱后，会进行审核，经审核如果可以接受订舱，则发出订舱确认书。在发出订舱确认书之前，货代企业也要对订舱单的订舱号、船名 / 航次、箱型 / 箱量、收货地 / 装货港、卸货港 / 目的地、开舱时间 / 截关时间、提箱单换领地点、空箱提取地点 / 重箱返回地点等内容进行审核，经审核符合要求，则签订订舱确认书，订舱确认书一经承运人确认，便作为承、托双方订舱的凭证。

任务实训

（1）上网查询广州南沙港、宁波舟山港和深圳盐田港三个港口的基本情况。

（2）上网查询青岛、深圳、上海这三个城市分别有哪些港口。

（3）访问中外运集装箱运输有限公司网站，分别查询日本航线、澳洲航线、韩国航线、菲律宾航线、越南航线、列出各航线途经港口和画出各航线路线图。

（4）2021 年 4 月，广州机电贸易公司从广州黄埔港口由中外运集装箱运输有限公司运送一批机械产品到韩国的釜山港口，请设计该产品运输的海运航线并列出途经的主要港口。

（5）请登录表 3.5 所示船公司网址，浏览网页信息，然后填写完整，并发给老师。

表 3.5　填写信息

序号	公司名称	LOGO	公司网址	经营业务	注　册　地
1	东方海外				
2	中外运集装箱运输有限公司				
3	中远海运集装箱运输有限公司				
4	马士基（中国）				

（6）访问长荣海运股份有限公司网站，在网站首页单击“船期表→点对点查询”进入查询界面，查询 2021 年 6 月从上海到新加坡的船期并截图发给老师。

（7）登录中远海运集装箱运输有限公司电子商务系统，查询一个月内从深圳盐田港到美国纽约港的船期表并截图发给老师。

（8）在国际海上集装箱货物运输中，集装箱在装载货物之前，都必须进行严格检查。如果国际货运代理人不能亲自办理集装箱检查，则需要委托集卡（拖车）司机代为检查。国际货运代理人应将现场检查集装箱空箱的哪些操作事宜告知集卡司机?

（9）广州某公司出口一批货物给美国纽约一家公司，装运条件是 CY/CY。货物到达港口后，该公司凭已装船的清洁提单换取提货单提取货物后，发现箱内有 30 箱的货物包装破裂且货物损坏了，该公司经办理有关凭证后，向船公司提出索赔。

请问：船公司是否赔偿?为什么?

（10）访问易舱网官网，注册为会员，尝试代表你的公司进行线上订舱操作。

（11）访问中外运集装箱运输有限公司官网，注册为会员，尝试代表你的公司进行船期表查询和线上订舱操作。

（12）上网查询订舱委托书模板格式，了解订舱委托书内容，根据订舱委托书，模拟集装箱货物托运单的填制。

任务三　办理保险

任务目标

- 掌握海上货物运输的承保范围。
- 掌握海上货物运输保险的险别与条款。
- 掌握海上货物运输保险的投保程序。
- 熟练掌握共同海损分摊的计算、保险金额和保险费的计算、保险单的填制以及保险索赔的相关内容。

任务情景

振捷国际货代公司向中远集装箱运输有限公司办理了订舱手续后，在货物装运之前，根据其与机电贸易公司签订的委托书对该批货物保险的要求，向中国人民保险公司广州分公司办理了该批货物的投保手续。在此，振捷国际货代公司在填制保险单时，要根据海上货物运输可能遇到的风险、损失，来投保哪些基本险和附加险？保险金额和保险费如何计算？货物在运输中毁损或灭失了，如何向保险公司进行索赔？

知识链接

本任务包括海上货物运输保险的承保范围、海上货物运输保险的险别与条款、投保程序、保险单填制及索赔四项内容。

一、海上货物运输保险的承保范围

国际货物运输要经过很多环节和长距离的运输，一般采用海运。海运的风险很大，货物在整个运输过程中，难免会遇到自然灾害、意外事故、不可抗力等情况导致货物遭受部分损失或全部损失，所以一般要投保国际货物运输保险。海运货物运输保险的承保范围包括风险、损失和费用。

（一）海运货物保险承保的风险

海运货物运输保险中的风险包括两类：一类是海上风险；一类是外来风险。

1. 海上风险

海上风险又称海难，是指海上发生的自然灾害和意外事故。

（1）自然灾害。自然灾害是指由于自然界的变异而产生的具有破坏力量的现象，是不以人的意志为转移的，如雷电、暴风雨、海啸、洪水等。

（2）意外事故。意外事故是指由于偶然的、难以预料的原因造成的事故，如船舶搁浅、触礁、沉没、互撞，或与流冰或其他固体物（如与码头）碰撞，以及失火、爆炸等原因造成的事故。

按照国际保险市场的一般解释，海上风险并非局限于海上发生的灾害和事故。那些与海上航行有关的发生在陆上或与海陆、海河或驳船相连接之处的灾害和事故，如地震、洪水、火灾等，也属于海上风险。对货物原有的缺陷、发货人的故意损坏、商品的特征、货物的自然耗损以及运输迟延等原因导致的损失不包括在海上风险范围之内。

2. 外来风险

外来风险是指由海上风险以外的其他外来原因引起的风险，包括一般外来风险和特殊外来风险。一般外来风险包括偷窃、雨淋、短量、渗透、破碎、串味、受潮、受热、钩损和锈损等，特殊外来风险包括战争、罢工、拒收、交货不到等。

（二）海运货物保险承保的损失

海运货物保险承保的损失是指货物在海运过程中，由于承保范围内的海上风险或外来风险所造成的损失或灭失，简称海损。海损按照损失的程度可以分为全部损失和部分损失。

1. 全部损失

全部损失是指被保险货物在运输过程中遭遇风险而导致货物实际全部灭失或推定全部灭

失，简称全损。全损又分为实际全损和推定全损。

（1）实际全损又称绝对全损，是指被保险货物完全灭失或已经失去使用价值或原有用途。如 100 米^3 的棉花发生火灾全部烧成灰烬，水泥被水浸泡后完全结成硬块等。

构成保险标的实际全损情况有下面几种：被保险货物的实体已完全灭失；被保险货物遭受严重损害，已丧失原有用途和价值；被保险人对被保险货物的所有权已无可挽回地被完全剥夺；载货船舶失踪并达到一定期限（一般为 6 个月）仍杳无音讯，如船舶全部沉入海底、船只被盗、货物被占、货物被海水浸湿已完全失去使用价值等，都可以看作实际全损。

（2）推定全损是指货物发生事故后，实际全损已经不可避免，或者为了避免发生实际全损所需要支出的费用与继续将货物运抵目的地的费用之和超过了保险价值。在这种情况下，被保险人可以要求保险人按照保险金额予以全部赔偿。但是残损的货物必须交给保险公司处理。这种做法，在法律上称为“委付”。

委付是指被保险人在保险标的发生推定全损时，将货物的一切权利、义务都转移给保险人，然后要求保险人按全损给予赔偿的一种做法。委付的条件是：要将被保险货物全部进行委付，不得附带任何条件。委付经保险人同意后才能生效，但保险人应当在合理时间内将接受委付或不接受委付的决定通知被保险人。委付一经保险人接受，不得撤回。但当被保险人要求做推定全损赔偿时，必须向保险人发出“委付通知”，经保险人同意后才能做全部损失处理。

例如，汽车运往销售地销售，每辆售价 10 000 美元。途中船舶遇险，导致货物遭受严重损失。若要修理汽车，所需要的修理费用，再加上继续运往目的地费用，每辆车将超过 10 000 美元。此时，被保险人有权要求保险公司按投保金额予以全部赔偿，并将残损汽车交保险公司处理。

2. 部分损失

部分损失是指货物的损失没有达到上述全部损失的程度。按照损失产生的原因不同，部分损失可以分为共同海损和单独海损。

（1）共同海损。共同海损是载货船舶在海运途中遇到灾害、事故，威胁到船、货的共同安全，为了解除这种威胁，维护船、货的共同安全或使航程得以继续完成，由船方有意识地、合理地采取措施而做出的某些特殊牺牲（如抛货）或某些额外的费用支出（如雇佣拖轮拖拉搁浅的船舶）。共同海损的构成条件：

① 船方在采取紧急措施时，必须确有危及船、货的共同危险存在，且危险是不可避免地发生的，而不是主观臆测的。

② 共同海损的危险必须是危及船、货双方的共同安全的，采取的措施是为了解除船、货的共同危险。若是仅为了维护船舶一方或货物一方的利益而采取措施所造成的损失，则不能看作是共同海损。

③ 共同海损的牺牲必须是有意识的、合理的行为所导致的，其支出的费用是额外的，且做出的牺牲和支出的费用是有效果的。无效果，则无报酬。

④ 共同海损的损失必须是共同海损措施的直接后果，即损失是由解除危险的措施造成的，而不是由风险本身造成的。

共同海损的牺牲和费用的支出都是为了船、货和运费免于损失，因而应该由全体受益人，即船方、货方和运费收入方按照最后获救的价值的多少，共同按比例来分摊，这种分摊叫做共同海损分摊。然后各方再向各自的保险人进行索赔，共同海损分摊涉及的因素比较多，一般由专门的海损理算机构进行理算。

（2）单独海损。单独海损是指被保险货物受损后，未达到全部损失的程度，仅为部分损失，而这部分损失不属于共同海损，它只涉及船舶或货物所有人单方面的利益损失，并不涉及其他方；同时仅指保险标的本身的损失，不包括由此而引起的费用损失。例如，载货船舶在海上航行遇到风浪，海水入舱造成部分货物受损；又如某公司装运 100 箱货物出口，在运输途中，有 10 箱货被船上水管流出的热水浸泡损坏。这些情况都属于单独海损。

（3）共同海损和单独海损的区别和联系。

共同海损和单独海损的区别表现为：

① 在损失的构成上，共同海损既包括货物牺牲，也包括因采取共同海损措施而引起的费用的损失；单独海损仅指货物本身的损失，不包括费用损失。

② 在损失的原因上，共同海损是为了解除或减轻承保风险而人为采取合理措施造成的；而单独海损是由于承保风险直接造成的船货损失。

③ 在损失的承担上，共同海损的损失是由受益人按获救财产价值的大小比例来分摊；而单独海损的损失由受损方自己承担。

共同海损和单独海损的联系表现为：一般来说，单独海损先发生，进而引起共同海损，在采取共同海损措施之前的部分损失，一般被列为单独海损。

（三）海运货物保险承保的费用

海运货物保险中的费用是为抢救受损货物，以及为防止损失进一步扩大而形成的费用，又称为海上费用，一般由保险人支付。海上费用包括施救费用和救助费用两种。

1. 施救费用

施救费用是指被保险货物在遭遇承保责任范围内的灾害事故时，被保险人或其代理人、雇佣人或受让人，为了避免或减少货物的损失，采取各种抢救措施所支出的合理费用。

2. 救助费用

救助费用是指被保险货物遭遇承保范围内的灾害事故时，由保险人和被保险人以外的第三者采取救助措施并获得成功，由被救助方给予救助方的一种报酬。救助费用一般被列为共同海损的费用项目，因为通常它是在船、货双方遭遇共同危险的情况下，为了共同安全，由其他船舶前来救助而支出的费用。在我国，中国贸促会、海事仲裁委员会制定有“海上救助契约格式”，这个格式采取的是“无效果、无报酬”的原则。

3. 施救费用和救助费用的区别

（1）采取行为的主体不同。施救是由被保险人或代理人采取的行为；救助是保险人和被保险人以外的第三人采取的行为。

（2）给付报酬的原则不同：施救不论有无效果，都要赔偿；救助必须有效果才会有报酬。

（3）保险人的赔偿责任不同：施救可以在保险货物本身的保额以外再赔一个保额，而保险人对救助费用的赔偿责任以不超过获救财产的价值为限，即救助费用与保险货物本身损失的赔偿金额两者相加，不得超过货物的保险价值。

（4）救助行为一般总是与共同海损联系在一起，而施救行为并非如此。

二、海上货物运输保险的险别与条款

海洋货物运输保险的险别，按照能否单独投保，可以分为基本险和附加险。基本险可以单独投保，附加险不能单独投保，只有在投保一种基本险的基础上才能加保附加险。

（一）基本险

基本险也称主险，包括平安险、水渍险和一切险。

1. 平安险

平安险按其英文意思是“不负责单独海损”，仅对全部损失和共同海损负责赔偿，平安险的承保责任范围有：

（1）被保险货物在运输途中由于恶劣气候、雷电、海啸、地震、洪水等自然灾害所造成整批货物的实际全损或推定全损。

（2）由于运输工具遭受搁浅、触礁、沉没、与流冰或其他物体碰撞，以及失火、爆炸等意外事故造成货物的全部或部分损失。

（3）在运输工具已经发生搁浅、触礁、沉没、焚毁等意外事故的情况下，货物在此前又在海上遭受恶劣气候、雷电、海啸等自然灾害所造成的部分损失。

（4）在装卸或转运时由于一件、数件或整箱货物落海造成的全部或部分损失。

（5）被保险人对遭受承保责任范围内危险的货物采取抢救，防止或减少货损的措施而支付的合理费用，但以不超过该批被救货物的保险金额为限。

（6）运输工具遭遇海难后，在避难港口由于卸货所引起的损失，以及在中途港、避难港由于卸货、仓储及运送货物所产生的特别费用。

（7）共同海损的牺牲、分摊和救助费用。

（8）运输契约订有“船舶互撞责任”条款，根据该条款规定应由货方偿还船方损失。

2. 水渍险

水渍险的承保责任范围除平安险所承保的全部责任外，还包括被保险货物在运输途中，由于恶劣气候、雷电、海啸、地震、洪水等自然灾害所造成的部分损失。

3. 一切险

一切险的承保责任范围除包括上面的平安险和水渍险的各种责任外，还负责被保险货物在运输中由于一般外来风险所造成的全部或部分损失，如偷窃、破损、受潮受热、淡水雨淋、短量和包装破裂等。一切险不能和一般附加险一起投保，因为一切险中包括一般附加险。但是一切险可以和特殊附加险一起投保，例如一切险加保战争险或罢工险等。而平安险和水渍险可以加保一般附加险或特殊附加险。

上述三种基本险别，被保险人可以从中选择一种进行投保。险别不同，保险责任的范围也不同。一切险的保险范围和责任最大，水渍险次之，平安险最小，因此，其保险费率也相对应地由高到低。

（二）附加险

附加险可分为一般附加险和特殊附加险两类。

1. 一般附加险

一般附加险是指由于一般外来风险所造成的全部或部分损失，包括：偷窃、提货不着险；淡水雨淋险；短量险；混杂、玷污险；渗透险；破损、破碎险；串味险；钩损险；受潮、受热险。

2. 特殊附加险

特殊附加险包括：战争险；罢工险；舱面险；进口关税险；拒收险；黄曲霉素险；交货不到险和货物出口到中国香港（包括九龙）或中国澳门存仓火险责任扩展条款。

（三）海洋货物运输保险承保责任的起讫期限

1. 基本险的责任起讫期限

平安险、水渍险和一切险的承保责任的起讫期限采用“仓至仓条款”。即从被保险货物远离保险单上载明的启运港发货人的仓库开始，包括正常运输过程中的海上、陆上、内河和驳船运输在内，一直到货物运达保险单所载明的目的港收货人的仓库为止。该条款中所说的“远离”，是指货物一经离开发货人仓库，保险责任即开始；所指“到达”，是指货物一经进入收货人仓库，保险责任即终止，对在仓库内发生的损失不负责赔偿。

如果货到目的港后，因港口泊位拥挤或提单迟到等无法控制的原因，不能及时运到收货人仓库，则保险有效期可延长 60 天。60 天届满时，不论被保险货物有没有进入收货人的仓库，保险责任均告终止；如果货物在 60 天内运达收货人仓库，则以运达时间为保险责任终止的时间。若收货人收货后，并不运往仓库，就对货物进行分配、转运，则保险责任终止于分配、转运之时。

2. 海运战争险的责任起讫期限

海运战争险的承保责任的起讫期限采用“岸到岸条款”，其责任起讫期限仅限于水上危险。它规定保险责任从货物装上保险单上所载明的启运港的海轮或驳船时开始，直到卸离保险单上所载明的目的港海轮或驳船为止。如果货物不卸离海轮或驳船，则保险责任最长延至货物抵达目的港之日午夜起算，满 15 天为止。如果在中途港转船，则不论货物在当地卸载与否，保险责任以海轮抵达该港或卸货地点的当日午夜起算，满 15 天为止，待货物再装上续运的海轮时，保险公司仍继续负责。

3. 罢工险的责任起讫期限

罢工险的责任起讫期限采用“仓至仓条款”。

4. 扩展保险期限

被保险人可以要求扩展保险期限。例如，我们对某些内陆国家的出口业务，如在港口卸货转运内陆，无法按保险条款规定的保险期限在卸货后 60 天内到达目的地时，即可以申请扩展。经保险公司出具证明予以延长，但是需加收一定的保险费。但在办理扩展责任时必须注意，在买卖合同的保险条款中对扩展期限和扩展地点应作具体明确的规定。对于没有铁路、公路、内河等正常运输线路的地区，除非事先征得保险公司的同意，一般不能规定扩展保险责任，对于散装货一般也不办理扩展保险责任。

（四）保险公司的除外责任

不论是平安险、水渍险或一切险，根据保险公司保险条款的规定，对于下列各项损失和费用，保险公司不负责赔偿：

（1）被保险人的故意行为或过失行为所造成的损失。

（2）属于发货人责任所引起的损失。

（3）被保险货物的自然耗损、本质缺陷、特征以及市场价格跌落所引起的损失或费用。

（4）在保险责任开始前，被保险货物已存在的品质不良或数量短差所造成的损失。

（5）属于海洋运输货物战争险条款和货物运输罢工险条款规定的责任范围和除外责任。

（6）运输迟延所引起的损失或费用。

三、投保程序

货物在海上运输中可能会遇到海上风险，导致货物损失。为了分摊损失，必须对海上运输的货物进行投保险。一般按照下列程序办理投保：

（一）投保程序

1. 确定保险金额

（1）出口货物的保险金额。

一般按照货物的发票 CIF 价另加 10% 的预期利润作为保险金额。在实际工作中，如果已经有了成本价，要计算 CIF 价格，可先计算出运费与成本之和，得出成本加运费价 CFR，然后再根据 CIF=CFR /[1-（1+ 加成率）× 保险费率] 求出 CIF 价。

例如：某公司出口一批商品到欧洲某港口，原报 CFR 欧洲某港口，总金额为 10 000 美元，投保一切险及战争险，一切险费率为 0.6%，战争险费率为 0.04%，保险加成率为 10%，则改报 CIF 价格为：

CIF=10 000/[1-（1+10%）×（0.6%+0.04%）]=10 070.90（美元）

如果出口时按 CFR 成交，买方要求卖方按照 CIF 价格加成 10% 代办投保，可用下列公式直接从 CFR 价格计算保险金额：

保险金额 =CFR/[1-（1+ 加成率）× 保险费率]×（1+ 加成率）

按上例，该批货物的保险金额是：

保险金额 =10000/[1-（1+10%）×(0.6%+0.04%)]×(1+10%)=11 077.99（美元）

（2）进口货物的保险金额。

我国进口货物一般按照进口货物的 CIF 价格为准，通常不再加成。如果按照 CFR 或 FOB 价格成交，则按照预约保险合同适用的特约保险率、平均保险费率和平均运费率直接计算保险金额。

按 CFR 进口时：保险金额 =CFR 货价 ×（1+ 特约保险费率）

按 FOB 进口时：保险金额 =FOB 货价 ×（1+ 平均运费率 + 特约保险费率）

2. 选择投保险别

保险金额确定后，在具体填写保险单前，要选择投保险别。选择投保险别要考虑货物的性质、包装、用途、运输工具、运输线路等。例如，冷藏货物要投保冷藏货物险。

保险险别必须明确、具体、合理，在双方达成协议时就得确定下来。

3. 填写保险单

确定保险金额和投保险别后，就可以填写保险单了，一定要在保险单上填写好货物的名称、数量、单位、保险金额、运输线路、运输工具、起运时间和投保险别等内容后，正式向保险人提出保险请求。

4. 交付保险费

保险费是根据保险金额和保险费率相乘计算出来的，保险金额在上面已经计算出来了，而保险费率是由保险人根据保险市场综合计算出来的。例如，从广州黄埔港运输一批电子器件到美国纽约港口，投保一切险加战争险，保险费率为 0.65%。

5. 领取保险单

填写保险单、交付保险费后，如果保险人同意投保人的请求，则保险合同成立，保险人向投保人签发保险单或保险凭证。

保险单是保险人与被保险人之间的一种合同，它规定了双方之间的权利和义务，是认定赔偿责任的依据。《保险法》规定，保险单必须载明保险合同的内容，否则保险单无效。在信用证交易中，保险单必须符合信用证的有关规定。最低保险金额必须是有关货物的 CIF 或 CIP 价格。保险单日期按一般规定不得迟于货运单所表示的装运日、发货日或联合运输的收妥代运日。

（二）投保时需注意的问题

1. 投保时所申报的情况必须属实

投保单中涉及的货物名称、装载的工具以及包装的性质等，因会影响到保险人对投保是否接受和按什么费率承保，所以内容必须真实。如有不实，保险人将有权按照最大诚信原则解除合同或者不负赔偿责任。

2. 投保单的内容必须同买卖合同及信用证上的有关规定相一致

由于保险单是以投保单为依据出立的，如果投保人不按照合同的规定填写投保单，保险人据此出立的保险单就会与合同的规定不符，收货人也就可以拒绝接受这种保险单。另外，在信用证付款方式下，投保的内容还应与信用证规定的内容相符，如果在货物、保险金额、险别、币种、保险单据等方面有出入的话，银行会因“单证不符”而拒绝议付。

3. 对进口货物尽可能保到内陆目的地

国际贸易中收货人的收货地点往往在内陆，但是常用的 CIF 贸易术语却只规定将货物运到目的港。如果保险也同贸易术语一样只将货物保到港口，则从港口到内陆段所发生的损失就得不到保障。尤其是保一切险时，很多损失在港口是无法发现的，只有在货物运达内陆目的地经检验后才能确定，如果只保到港口易出现扯皮现象，以保到内陆为宜。当然，有些内陆地点由于运输条件过差，保险公司明确不保。这时，收货人最好专门办理内陆运输货物保险。

4. 投保的险别和条件要符合贸易合同的规定

不符合合同规定的做法极易导致贸易纠纷，如投保的险别小于买卖合同的规定，合同要求一切险，却投保了水渍险；又如合同要求不计免赔额，但保险单有免赔额的规定。对于一些较为特殊的险别要求，如买方要求投保拒收险，其应事先与保险公司协商是否接受、保险费率多少和保险条件如何等事宜。

5. 错误和遗漏

投保后如果发现有错误和遗漏，要及时向保险公司申请更改，特别是涉及保险金额的增减、保险目的地变更、船名错报等，都应立即通知保险公司，否则可能导致不能获赔或保险合同失效。

四、保险单填制及索赔

在实际业务中，常见的保险单据主要有保险单和保险凭证两种形式，如果保险双方当事人协商修改或变更保险单条款的内容也是可以的，即所谓的批单。

（一）保险单相关的概念

1. 保险单的概念

国际货物运输保险单简称保险单，又称大保单或保单，是保险人与被保险人之间订立保险合同关系的正式凭证，反映保险人与被保险人之间的权利和义务关系，具有法律效力，对双方当事人都具有约束力。当发生保险范围内的货物损失时，它不仅是被保险人或保险权益受让人向保险公司索取赔偿或对保险公司上诉的正式文件，同时也是保险公司理赔或应诉的主要依据。

保险单是可转让的单据，也是被保险人向银行进行议付或押汇的单证之一。在 CIF 合同中，保险单是出口方必须向进口方提供的单据之一。所以在填制保险单时应认真仔细，不得涂改。特别对于以 CIF 条件成交的货物，在货物发运后向银行或是向进口方交单时一定要交付保险单的正本，并且要在保险单背面进行背书，背书的目的是说明出口方同意将保险单所载明的权益转让给被背书人。

2. 保险凭证

保险凭证又称小保单，是保险单的简化形式，它是保险人签发给被保险人、证明货物已经投保和保险合同已经生效的文件。它与保险单不同的是背面不附有保险条款。这种保险凭证具有与保险单同等的法律效力，但是缺乏完整的独立性，需要依赖其他文件，即保险当事人的权利、义务以及相关保险责任范围的约定要以保险公司的正式条款为准。因此，如果信用证明确要求保险单时，银行就不会接受保险凭证。

3. 批单

批单是保险双方当事人协商修改和变更保险单条款的一种单据，也是保险合同变更时最常用的书面单证。批单实际上是对已经签订的保险合同进行修改补充或增减内容的批注，一般由保险人出具。批单列明的变更条款内容事项，要由保险人签章，一般附贴在原保险单或保险凭证上。批单的法律效力优先于原来的保险单同类条款。凡是经过批单改过的内容都要以此批单为准；多次批单，应以最后的批改为准。批单也是保险合同的重要组成部分。在实际业务中，批单应粘贴在原保险单上，并在骑缝处盖章。

（二）保险单的填制

保险单填制时，一般包括下列主要内容：

正本份数（一般有三份正本）、发票号次、保险单号次、被保险人、唛头和号码、包装和数量、保险货物项目、保险金额、保费和费率、装载、运输工具、开航日期和起讫地点、承保险别、货损检验与理赔代理人、赔付地点、保险签发的日期和地点、签章。表 3.6 所示为中国人民保险公司保险单的格式。

表 3.6 中国人民保险公司保险单格式

PICC	中国人民保险公司 **The People's Insurance Company of China** 总公司设于北京 Head Office Beijing 一九四九年创立 Established in 1949		
货物运输保险单 CARGO TRANSPORTATION INSURANCE POLICY			
发票号（INVOICE NO.）		保单号次 POLICY NO.	
合同号（CONTRACT NO.）			
信用证号（L/C NO.）			
被保险人： INSURED:			
中国人民保险公司(以下简称本公司)根据被保险人的要求，由被保险人向本公司缴付约定的保险费，按照本保险单承保险别和背面所载条款与下列条款承保下述货物运输保险，特立本保险单。 THIS POLICY OF INSURANCE WITNESSES THAT THE PEOPLE'S INSURANCE COMPANY OF CHINA (HEREINAFTER CALLED "THE COMPANY") AT THE REQUEST OF THE INSURED AND IN CONSIDERATION OF THE AGREED PREMIUM PAID TO THE COMPANY BY THE INSURED, UNDERTAKES TO INSURE THE UNDERMENTIONED GOODS IN TRANSPORTATION SUBJECT TO THE CONDITIONS OF THIS OF THIS POLICY AS PER THE CLAUSES PRINTED OVERLEAF AND OTHER SPECIAL CLAUSES ATTACHED HEREON.			
标 记 MARKS&NOS	包装及数量 QUANTITY	保险货物项目 DESCRIPTION OF GOODS	保险金额 AMOUNT INSURED
总保险金额 TOTAL AMOUNT INSURED:	大写		
保费 PERMIUM: AS ARRANGED	启运日期 DATE OF COMMENCEMENT:	出运日期 DATE OF DELIVERY:	装载运输工具 PER CONVEYANCE:
自 FROM:	经 VIA	至 TO	
承保险别： CONDITIONS:			
COVERING ALL RISKS, INSTITUTE CARGO CLAUSES, INSTITUTE STRIKES, INSTITUTE WAR CLAUSES AND CIVIL COMMOTIONS CLAUSES.			
所保货物,如发生保险单项下可能引起索赔的损失或损坏,应立即通知本公司下述代理人查勘。如有索赔,应向本公司提交保单正本（本保险单共有份正本）及有关文件。如一份正本已用于索赔，其余正本自动失效。 IN THE EVENT OF LOSS OR DAMAGE WITCH MAY RESULT IN A CLAIM UNDER THIS POLICY, IMMEDIATE NOTICE MUST BE GIVEN TO THE COMPANY'S AGENT AS MENTIONED HEREUNDER. CLAIMS, IF ANY, ONE OF THE ORIGINAL POLICY WHICH HAS BEEN ISSUED IN ORIGINAL(S) TOGETHER WITH THE RELEVANT DOCUMENTS SHALL BE SURRENDERED TO THE COMPANY. IF ONE OF THE ORIGINAL POLICY HAS BEEN ACCOMPLISHED. THE OTHERS TO BE VOID.			
赔款偿付地点 CLAIM PAYABLE AT			**中国人民保险公司** The People's Insurance Company of China
出单日期 ING DATE			Authorized Signature

（三）索赔

被保险货物在运输途中遭受灭失、损坏等损失时，被保险人有权向保险人进行索赔，在向保险公司进行索赔时，应注意下列问题：

1. 投保时间和成交条件风险划分

（1）投保时间。对于以 CIF、CIP 等价格术语成交的货物，其保险应由出口方进行办理并支付相关的保险费，投保一般是在货物离开工厂仓库或是出口商仓库之前。在 FOB、FAS、FCA 等贸易条件下，如果进口方委托出口方代其办理保险手续，也可以代其办理，投保时间应与 CIF、CIP 等价格术语投保的时间一致。如果没有明确说明投什么险，则应该至少投保平安险。

（2）成交条件风险划分。

在 CIF 术语下，由出口方办理保险，并支付保险费用，根据《2020 年国际贸易术语解释通则》规定，风险在货物装上船时发生转移，也就是说货物装上船后的风险由进口方承担。

在 FOB、FAS、FCA、CFR 等贸易条件下，按照国际惯例应由进口方来办理保险，但是卖方把货物装船后，应及时发装船通知给买方，以便于买方及时办理货物的投保手续。特别是 CFR 价格术语，如果卖方把货物装船后，没有及时通知买方，导致买方没有投保，致使货物发生毁损或者灭失等，视为风险未发生转移，责任由卖方承担。

在实际业务操作中，进口方一般委托出口方来办理，在此出口方可以接受也可以不接受，办理保险是进口方的义务，并不能因为委托了出口方来办理保险而改变双方货物交接的风险界限划分。

注意：上述价格术语 CIF、FOB、FAS 只能适用于水运，而 CIP 和 FCA 适用于任何运输方式。在国际贸易价格术语中，有 E、F、C、D 四组价格术语，其中，F 组价格术语表示买方租船订舱，主运费未付，买方负责投保险，有的人称为“离岸”价格术语。FCA 价格术语的风险是货交承运人时发生转移，且卖方只负责装货一次，例如，如果卖方在工厂负责了装货，当货物运输到货运站或者码头，则卖方不负责卸货，更不用说再装货了。而 C 组价格术语表示卖方负责租船订舱，主运费已付；有“I”表示卖方投保险，无“I”表示买方投保险；有的人称为“到岸”价格术语。

2. 索赔时效

索赔是有时效的，我国保险业务中的索赔时效为两年，即从被保险货物在最后卸货港全部卸离海轮后起算，最多不超过 2 年。

3. 确定索赔对象

被保险货物运到目的地后，收货人在提取货物前如果发现整件短少或货物有明显的残损痕迹，应立即向承运人或有关责任方索取货损证明，以书面形式向承运人或有关单位索赔，一经通知，即说明索赔行为已经开始，从而可不受索赔时效的限制。

在此，一定要确定索赔的对象，有可能是卖方、承运人或者保险公司。

① 如果是属于原装货物数量不足、货物的品质与合同规定不符、包装不牢固导致货物受损、未在合同规定的装运期内交货等原因，根据这些情况，进口方可以凭有关机构出具的鉴定证书，并根据买卖合同有关条款的规定，向卖方提出索赔。

② 承运人签发了已装船的清洁提单，承运人在目的地交付的货物数量少于提单、运单等运输单证中所记载的货物数量，承运人在运输单证上未对所运输的货物做出保留批注时，收货人提货时发现货物发生残损、缺少，且是承运人的过失，货物的灭失或损害是由于承运人免责范围以外的责任所致的原因，根据这些情况，进口方有权凭有关机构出具的鉴定资料，并根据货物运输合同的有关条款规定，向承运人提出索赔。

③ 承保责任范围内货物的毁损或灭失。承保责任范围内，由于自然灾害或意外事故等原因使货物遭受损害的，根据这些情况，进口方可以凭有关证书、文件等向保险公司提出索赔。之后，保险公司可根据情况，在取得代位求偿权后，向有关责任人提出索赔。

总之，进口方除了根据上述货物的买卖合同、运输合同和保险合同向他们进行索赔外，进口方还可能根据其他合同，如仓储合同等，要求责任方承担相关的赔偿责任。

任务实训

（1）某货轮从广州黄埔港口运往美国纽约港，在航行过程中船舶货舱起火，大火蔓延到机舱，船长为了船、货的共同安全，下令往舱内灌水，火很快就被扑灭。但是由于主机受损，无法继续航行，于是船长雇用拖轮将船舶拖回新港修理，修好后继续航行。经清理，造成的损失有 1000 箱货被火烧毁、300 箱货被水浇湿、主机和部分甲板被火烧坏，以及拖轮费用、额外增加的燃料和船上人员的工资。请分析从损失性质来说，上述损失分别属于何种损失？

（2）轮船在航行中与流水相撞，海水涌进，舱内部分货物遭到浸泡，船长不得不将船就近行驶上浅滩，进行排水并修补裂口，而后为了浮起，又将部分货物抛入海中，共损失 30 万元，船长当即宣布为共同海损。假设船舶价值 250 万元，货主甲、乙、丙的货物价值分别为 100 万元、200 万元、300 万元，代收运费 10 万元。请分析对于这些费用，各有关方应如何进行分摊？

（3）某公司出口下列货物：①景德镇青瓷花瓶；②铁观音茶叶；③散装白糖。请你为该公司上述货物选择最合理的保险方式或保险方式组合，并说明原因。

（4）我公司以 CIF 出口一批化肥，装运前已经向保险公司投了水渍险，货物装妥后顺利开航。载货船启航后不久在海上遭受暴风雨，海水涌入舱内，致使部分化肥遭到水渍，损失价值达 1 000 美元。数日后，又发现部分化肥包装破裂，估计损失达 1 500 美元。

① 试分析，该化肥损失应该由谁承担？

② 如果投的是平安险，1 000 美元和 1 500 美元应由谁承担责任？

（5）有一批货物投了平安险，该批货物在装船过程中，有 8 件货物落海，其中 5 件全部损失，而另外 3 件货物由于打捞及时，仅造成部分损失。试分析保险公司应负责赔偿 8 件货物吗？

（6）我国某公司出口一批货物，合同性质为 CIF 纽约，货物的 CIF 价格为 2 000 美元，卖方与买方在买卖合同中未约定货物运输保险事项。该公司欲向中国人民财产保险公司依据其海洋运输保险条款投保货物保险，保险费率：一切险为 0.2%，水渍险为 0.15%，平安险为 0.1%，战争、罢工险为 0.1%。该公司业务员向国际货运代理人咨询以下事项，请解答：

① 依据保险惯例，该公司应如何确定货物的保险金额？

② 该批货物的保险金额是多少？

③ 应投保何种险别？交纳多少保险费？

（7）有一批货物从广州黄埔港口运输到美国纽约港口，合同性质为 CIF，合同总金额为 58 万美元，投保一切险，保险费率为 0.55%，加战争险，保险费率为 0.025%，保险金额按 CIF 总金额加 10% 投保，计算投保人应交付给保险人的保险费是多少。

（8）请浏览中保财产保险有限公司官网，查询海洋货物运输保险单，了解其需要填写的内容包括哪些，学会保险单的填制。

（9）我国 A 公司以 CFR 贸易术语出口一批瓷器，A 公司按期在装运港装船后，即将有关文件寄交买方，要求买方支付货款，买方按要求办理了付款手续，当买方收到货物后随来函向 A 公司索赔，理由是货物在运输途中遭遇海上风险而损毁，且买卖双方均未投保海上货物运输保险。请分析：

① A 公司是否有权拒绝买方的索赔？理由是什么？

② A 公司是否有义务投保海上货物运输保险？理由是什么？

（10）某公司以 CIF 出口货物 1 000 箱，即期信用证付款，货物装运后，凭已装船清洁提单和已投保一切险和战争险的保险单，向银行收妥付款。货到目的港后经进口人复验发现下列情况：

① 该批货物共有 10 个批号，抽查 20 箱，发现其中 2 个批号涉及 200 箱，内含沙门氏细菌，超过进口国标准。

② 收货人只实收 998 箱，短少 2 箱。

③ 有 5 箱货物外表状况良好，但箱内货物共短少 60 千克。

试分析以上情况，进口人应分别向谁索赔？并说明理由。

（11）卖方 P 公司向买方 S 公司出售机器设备，合同性质为 FOB 新加坡。卖方 P 公司在货物装船后，立即向买方 S 公司发出装船通知，S 公司已经向保险公司投保了“仓至仓条款一切险”。货到目的港后得知，P 公司在装船时，从仓库搬运货物到码头的途中，因意外事故造成 15% 的货物受损。买方 S 公司立即请求保险公司予以损害赔偿，但是遭到保险公司的拒绝。后来 S 公司又把保险单交给 P 公司，卖方 P 公司以保险单载有“仓至仓条款”为由要求保险公司予以赔偿，但是又遭到了保险公司的拒绝。

请分析在上述情况下，保险公司有无拒绝赔偿的权利？为什么？

任务四 提取空箱、装箱与重箱集港

任务目标

- 掌握集装箱货物装箱的程序以及注意事项。

- 掌握集装箱设备交接单和装箱单的填写。
- 了解集装箱装货过程中可能遇到的问题以及解决方法。
- 熟悉重箱集港后应做的工作，掌握场站收据的构成和作用。

任务情景

振捷国际货代公司向中国人民保险公司广州分公司办理了该批货物的投保手续后，根据委托书和订舱单要求，及时到广州黄埔港集装箱堆场提取了空箱，到机电贸易公司仓库进行装箱，然后把重箱返还到黄埔集装箱港码头，等待装船。在此，振捷国际货代公司必须要掌握货物装箱的程序、如何换单和提取空箱、如何填写设备交接单和装箱单，并解决装货过程中可能遇到的问题。

知识链接

一、货物装箱程序

（一）换单

国际货代公司在收到船公司的订舱确认书、完成订舱手续和出口单据准备，并办理保险手续后，就可以安排集装箱拖车，提取空箱，装载货物，再将装上货物的重箱返回集装箱堆场，然后再办理货物的报检报关，就可以准备装船了。

在集装箱堆场提取空箱时，首先得换单。

集装箱拖车公司的调度人员在接到货代公司发来的订舱确认书后，会根据确认书上写明的换单时间、地点，安排好工作人员前去办理换单事宜。

换单也叫打单，就是指集装箱拖车公司向船公司设在码头的操作部门交换其发出的订舱确认书，船公司在码头的操作部门收回订舱确认书后，再打印一份集装箱设备交接单，连同一个铅封交给集装箱拖车公司。铅封就是指在集装箱装上货物后封箱用的专用标志，每个铅封都有一个号码，即封条号。每个铅封只能使用一次，铅封锁上后，除非将它损毁，否则是无法打开的。

设备交接单一式五联，分别在集装箱出场、进场时使用，以及供堆场、拖车公司和货主留存。

设备交接单的内容与订舱确认书上的内容基本相同，都包含提取空箱地点、重箱返回地点、船名 / 航次、卸货港、目的港和箱型等，此外，设备交接单上还增加了进出场检查记录、损坏记录及代号、集装箱内外部示意图，以备集装箱检查时做记录用。集装箱设备交接单的基本格式见表 3.7。

表 3.7 集装箱设备交接单格式

EQUIPMENT INTERCHANGE RECEIPT

出场（OUT）

日期（DATE）：　　　　　　　　　　　　　0016582

用箱人 / 运箱人（CONTAINER USER/HAVLIER）			提箱地（PLACE OF DELIVERRY）
箱号（CONTAINER No.）	尺寸 / 类（SIZE/TYPE）	铅封号（SEAL No.）	船名 / 航次（VESSEL/VOYAGE No.） 营运人（CNTR OPTR） 提单号（B/L No.） 免费期限（FREE TIME PERIOD）

出场时间（TIME OUT）	出场目的 / 状态（PPS OF GATE-OUT/STAUS）	返场时间（TIME IN）	返场目的 / 状态（PPS OF GATE-IN /STATUS）

出场检查记录（INSPECTION AT THE TIME OF INTERCHANGE）

普通箱（GP CONTAINER）	冷藏箱（RF CONTAINER）	特种箱（SP CONTAINER）	发电机（GEN SET）
□ 正常 □ 异常	□ 正常 □ 异常	□ 正常 □ 异常	□ 正常 □ 异常

损坏记录及代号(DAMAGE&CODE)　BR 破损（BROKEN）　D 凹损（DENT）　M 丢失（MISSING）　DR 污箱（DIRTY）　DL 危标（DG LABEL）

左侧（LEFT SIDE）

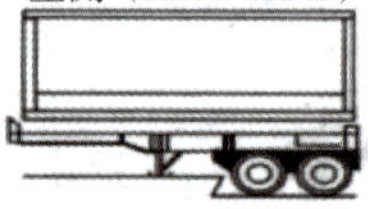

右侧（RIGHT SIDE）

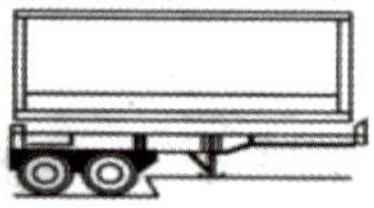

前部（FRONT）

集装箱内部（CONTAINER INSIDE）

顶部（TOP）

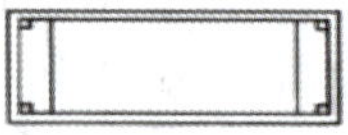

底部（FLOOR BASE）

箱门（REAR）

如有异状，请注明程度及尺寸（REMARK）

除列明者外，集装箱及设备交接时完好无损，铅封完好无损。

用箱人 / 运箱人签：（CONTAINER USER/HAULIERS SIGNATURE）	箱管员签：（CONTAINER MANAGER SIGNATURE）	场站值班签：（CLERK SIGNATURE）

设备交接单是集装箱进出港区、场站时，用箱人、运箱人与管箱人或代理人交换集装箱及其设备的凭证，兼有发放集装箱的功能。因此，它是一种交接凭证和发放凭证。用箱人、运箱人凭集装箱交接单进出港区、场站，到交接单制定的提箱地点提取空箱，并在规定的地点返回空箱。设备交接单要求做到一箱一单、箱单相符、箱单同行。

设备交接单的各个栏目分别由箱管单位（船公司或代理人）、用箱人或运箱人（货代或集卡车队）、码头堆场的经办人员填写，具体如下：

（1）箱管单位填写进出场集装箱交接单中的用箱人 / 运箱人、返回 / 收箱地点、船名 / 航次尺寸 / 类型、营运人、免费期限和进（出）场目的 / 状态。

（2）用箱人 / 运箱人填写运载工具牌号、进场集装箱交接单中的来自地点、集装箱号、提单号、封志号、货重和危险品类别。

（3）码头（站、场）经办人填写进出场日期、检查记录、出场集装箱交接单中的提箱地点、集装箱号。

集装箱交接单一式多联，分别用于进出集装箱堆场及各有关部门留存。其流转程序如下：

（1）箱管单位填制其负责的相关栏目。

（2）用箱人或运箱人到码头、堆场提箱时对照集装箱交接单检查集装箱，双方签字。码头、堆场留下箱管单位联合码头堆场联（共两联），将用箱人或运箱人联退还给用箱人或运箱人。

（3）码头、堆场将留下的管箱人联退还给管箱单位。

（二）提取空箱

换取了设备交接单后，司机就可以开车进入指定的集装箱堆场，凭集装箱设备交接单提取空箱。在提取空箱时，司机要在集装箱堆场办理提取空箱的交接手续，集装箱堆场会打印一份设备交接单交给司机。如果在换单时没有拿到铅封，此时就可以得到一个铅封。

司机在提取空箱时，要认真核对所提取空箱的箱型、尺寸是否与订舱单一致，检查集装箱箱体上的箱号是否与设备交接单一致。因为在同一个集装箱堆场，存放着不同船公司的集装箱，所以司机要弄清楚自己所提取的集装箱是不是自己所订的集装箱。

司机在提取空箱之前，应和集装箱堆场的验箱人员一起对所提取的集装箱进行认真检查，只有检查合格的情况下，才能将空箱提走，如果发现问题就得及时进行解决。在装货时，货主也会对集装箱再次进行检查，如果这时发现有问题，要更换集装箱就比较麻烦。

（三）货物装箱

集装箱运输货物的整箱装箱并不是在码头进行，而是在发货人指定的工厂或仓库进行；如果是拼箱货，一般可在货代企业仓库或集装箱货运站内进行装货。装箱之前，为了避免集装箱拖车空跑、多跑冤枉路，装错货物或耽误时间等事情的发生，应落实好装货的时间和地点，安排好集装箱拖车，一定要随时与发货人保持沟通、联系，以便于发货人做好装货准备。

司机提到合格的集装箱空箱后，就可以驶往发货人指定的装货地点进行装箱作业。如果是在发货人的工厂仓库装货，装箱作业一般由发货人自行安排；如果是在货代企业的仓库内进行，则由仓库安排装货。

由于集装箱货物在整个运输过程中可能涉及多种运输方式，特别是海上运输区段风险更大，如果货物在箱内的积载、装载位置不当，可能会造成货物的损失，甚至会造成运输和装卸机械等设备损毁，因此在将货物装入集装箱时应注意以下事项：

（1）如果装箱的货物种类较多，货物的重量、外包装的强度、货物的特性都不相同，要将重件、性质稳定、包装牢固的货物装在集装箱的底部，将轻泡货、包装不是很牢固的货物装在集装箱的上部。

（2）货物在集装箱内的重量分布应均衡。如果集装箱的某一部位负荷过重，可能会使箱底结构发生弯曲甚至脱落；如果集装箱的前部或后部负荷过重，在吊机或其他机械作业时，可能发生倾斜，造成危险。在陆上运输时，如果集装箱内货物重量分布不均衡，前后或左右的负荷相差很大，很可能会在运输途中发生事故。

（3）应根据货物包装的强度决定集装箱内堆码的层数。为了防止底层货物被压坏，也可在货物堆码之间垫入缓冲材料。

（4）如果货物是铁桶或其他硬质材料包装，为避免相互擦伤、污损，应在货物之间加隔板或隔垫材料。

（5）货物在集装箱内的堆放应严密整齐，货物之间尽量不留空隙，这样不仅可充分利用箱内容积，也可防止货物相互碰撞造成破损。

（6）在装箱完毕、关上箱门前应对靠近集装箱门口的货物采取系固措施，防止开箱时发生货物倒塌，造成货物损坏和人身伤亡事故。

（7）应使用清洁、干燥的垫料（如胶合板、草席、隔热板、缓冲器材等）。不能用来熏蒸处理的普通木板作为隔垫材料，更不能用潮湿的垫料隔热，以防止货物发生霉变。

（8）集装箱装载的重量是有限制的，各个国家对集装箱限制装载的重量标准不尽相同，一般订舱确认书上会有明确标示。集装箱超重装载严重影响装卸及运输安全，所以是绝对不许的。在装卸完毕后，一旦发现所装货物超重，必须卸下一部分，否则可能会被船公司罚款，并拒绝装运。

（9）货物装箱完毕后，应将箱门关闭好，并锁上铅封。

装箱人装箱后要编制装箱单。装箱单是记载每个集装箱内所装货物的名称、数量、尺码重量、标志和箱内货物积载情况的凭证，是集装箱运输的辅助货物舱单。每个集装箱编制一份装箱单，一式五联，其中码头、船代、承运人各一联，发货人或装箱人两联。装箱单的基本格式见表 3.8。

表 3.8　装箱单格式

ISSUER GUANGZHOU FASHION COMPANY NO.1 NANJING ROAD GUANGZHOU GUANGDONG CHINA	PACKING LIST	
TO ABC TRADING CO., LTD 388 Atlantic Ave. Brooklyn USA	INVOICE NO. 2020062001	DATE 20200620

Marks and Numbers	Description of goods	PACKAGE	G.W.	N.W.	MEAS
N/M	MEN'S JEANS	1 000 CTNS	6 KGS	5 KGS	0.06 CBM
	Total:	1 000 CTNS	6 000 KGS	5 000 KGS	60 CBM

装箱单记载的事项应与站场收据和报关单据上的相关事项一致，否则会影响正常装船和报关。对特殊货物应加注特定要求，如冷藏货物要注明对箱内温度的要求，对危险货物则要加注

标志等。

装箱单的作用主要有以下几个：

（1）装箱单是发货人向承运人提供的货物明细清单。

（2）装箱单是货物进出口报关和船舶进出报关的单据之一。

（3）装箱单是发货人、集装箱堆场、码头之间交换货物的清单。

（4）装箱单是集装箱装、卸两港编制装、卸船计划的依据。

（5）装箱单是办理集装箱报税运输手续和拆箱作业的重要凭证。

（6）当发生货损时，装箱单是集装箱所装货物情况、索理赔的原始凭证。

发货人或货运站将货物装箱并腾制装箱单后，连同装箱单货物一起送至码头集装箱堆场。集装箱堆场的业务人员在五联单上签收后，留下码头联、船代联合承运人联，将发货人、装箱人联退还给送交集装箱的发货人或集装箱货运站。发货人或集装箱货运站联除自留一份备查外，将另一份寄交给收货人或卸箱港的集装箱货运站，供拆箱时使用。集装箱堆场自留码头联，据此编制装船计划，将船代联及承运人联分送船舶代理人和船公司，据此编制积载计划和处理货运事故。

（四）重箱返回堆场

货物由发货人在其工厂或仓库装上集装箱后，一般由发货人自行铅封，再由司机经短途运输，将重箱返回船公司指定的集装箱堆场。

如果是转关的货物，货物在装箱地报关后，海关还会在集装箱上加上关封，表示货物是在海关的监督下运往集装箱堆场的，中途不得打开集装箱，不得损坏关封。

集装箱堆场会根据订舱清单，核对集装箱交接单后接收重箱。集装箱堆场在验收重箱后会再打印一份设备交接单交给司机，这份设备交接单与提取空箱时的交接单格式相同，但内容更详细，一般港口称之为重柜纸。货代或发货人将凭这份设备交接单上的内容办理报关以及缮制其他单证。

重箱在办理完有关出口手续后方能装船出运。

二、集装箱装货可能遇到的问题

集装箱货物装运过程涉及集装箱堆场、集装箱拖车公司、拖车司机、发货人、货物所在工厂或仓库、装卸人员、海关和报关员等多个单位及相关人员，任何一个环节出现问题都将影货物的装运，所以货代操作人员应认真负责地跟踪货物装运的全过程，及时解决装运过程中出现的问题。

在实践中，集装箱装箱过程中可能会遇到下列问题：

（一）因订舱确认书问题，没有及时换单

一种情况是订舱确认书经由船公司的操作人员通过传真方式传给货代企业，然后货代企业的操作人员再将此传真件传真给拖车公司，现在是可以直接发邮件或者发微信给对方。因此，可能会出现因字迹太小或传真机质量问题而导致订舱确认书模糊的情况，如果关键文字无法辨认，船公司设在码头的操作部门可能会拒绝换单。这种情况下，货代操作人员最好想办法将清晰的订舱确认书重新传送给拖车公司。有时拖车公司忘了在订舱确认书上加盖公章，也会造成不能及时换单的后果，因此，货代操作人员要督促换单人员认真核对。

另一种情况是当操作人员将船公司的订舱确认书传送给拖车公司后，拖车公司的调度员因工作繁忙或其他原因而没有及时安排人员在规定时间到船公司驻码头的办公室换取集装箱交接单，以致无法及时提取空箱，耽误装货时间。如果出现这种情况，就要求操作人员在传送订舱确认书后，一定要加强电话沟通，特别是对装货时间比较紧张的集装箱，一定要催促拖车公司的调度员立即派人前往码头换单。同时，一定要抓紧时间传送订舱确认书，给拖车公司换单留出时间。

（二）提不到空箱

拖车公司的司机开车到达堆场却提不到空箱的事也经常发生，特别是在运输旺季。这主要是船公司的原因，有可能是船公司内部缺少沟通，也有可能是空箱数量不够，还有可能是集装箱处于检修状态导致箱量减少。

在实践中，货代操作人员要督促拖车公司的司机在换单后一定要抓紧时间提取空箱，如果司机提不到空箱，要及时与货代操作人员联系，由货代再与船公司协商能否及时抽调其他堆的空箱。

（三）车辆故障

因车辆故障而导致集装箱不能准时到达装货地点而延误装货的事也经常发生。行车途中轮胎爆胎、发动机故障等事故无法预料，一旦车辆发生故障，司机应立即向货代操作人员报告，以便操作人员及时通知发货人推迟安排装卸，避免造成发货人空等的现象，若车辆故障在短时间内就能排除，可直接通知发货人，要求其推迟至适当时间再装货；若故障一时无法排除，车辆必须进厂修理，应立即通知拖车公司换车，或通知发货人更改装货时间；若在重箱返回途中车辆发生故障，则要视离集装箱堆场的截关时间还有多久进行处理，若时间很少，也应该通知拖车公司立即换车，以免耽误装船。

（四）车祸或行车故障

在运输途中，大家都不希望发生车祸或行车事故，但现实中却无法完全避免。在实践中，因集装箱拖车发生车祸或行车事故而耽误装箱的事时有发生，有可能还会造成集装箱破损、货物损坏、人员伤亡等重大事故。

如果一旦因行车事故造成集装箱破损、货物损坏，货代操作人员应积极与拖车公司、发货人、船公司、集装箱堆场沟通，尽量设法补救，将损失降到最低。若货物部分受损，要联系发货人重新安排货物装运，将损失的货物补上；若货物已无法按时装船，就要通知船公司或其代理改船名、航次，或重新订舱；若集装箱已破损，要与集装物堆场联系，更换集装箱，并协助集装箱拖车公司做好事故的处理工作及期偿事宜，集装箱拖车公司也有责任做好对司机的安全教育，尽量避免或减少行车事故的发生。

（五）因发货人的原因延误装货

（1）发货人可能因信用证上的交接日期已到而提前安排订舱，但实际上货物还没有全部制造出来，达不到规定的数量，造成集装箱进入工厂后仍需等待，因而延误了装货时间。

（2）发货人在货物装箱时发现部分质物质量有问题，如果将质量不合格的货物装箱，可能会造成收货人索赔；或是发现部分货物包装不合格，必须更换包装；或发现货物装错箱了，必须卸下后重装，造成装货时间延误。

（3）由于发货人选择的装货地点不具备装箱条件，或是因道路狭窄，集装箱车辆进不去或是因大门限高，集装箱拖车无法进门；或是因装箱地点晚上照明欠缺，无法安全装箱，造成装货延误。因此，货代操作人员在安排集装箱装货前应事先与发货人沟通好，将集装箱装运所需的基本条件告知客户，以便客户做好准备，当原先选择的场地不具备装箱条件时，应变换装货地点，以免延误装货时间。

（4）由于集装箱不适合装货，发货人拒绝装箱而延误了装货时间。原因有可能是司机提取空箱时，检查得不够仔细，在正式装货时被客户检查出有漏洞、锈迹或污迹等。例如，曾经有司机在雨天行车时没有关好集装箱门，造成箱内积水，而所装的货物比较贵重、非常怕水，导致客户因怕潮湿的箱体造成货物霉变而拒绝装箱。为了顺利装货，货代操作人员会在装箱前与司机进行沟通，将注意事项告知司机。

（5）由于发货人安排的装卸工人或装卸机械的技术问题，导致装卸速度缓慢，延误了装货时间。装货时间太长可能会影响司机的情绪，引发司机与客户的矛盾。此时，货代操作人员应多做疏通工作，如果确实等待的时间过长，超过了一定限度，应考虑向客户收取压车费用。

（6）货物装进集装箱后，如果货物需要在当地海关报关，而在报关时因单证或货物原因造成货物被海关查扣，延误了重箱进场时间。在这种情况下，货代操作人员应保持与客户、司机、报关员的联系，随时掌握集装箱的动态，以便灵活处理出现的问题。

（六）因天气原因延误装货

在司机提取空箱后，也可能因天气原因未能及时到达装货地点而延误装货时间。如遇到暴风、暴雨、大雾、雨雪、冰冻等天气，为了保证安全，一般都会推迟装货时间。货代操作人员平时要留意天气预报，在出现灾害天气时要及时与货主、拖车公司和司机联系，切勿让集装箱拖车司机冒险上路。

总之，货代操作人员要坚持对集装箱拖车进行跟踪，随时与发货人、司机紧密联系，无论出现何种问题，都要及时疏通解决，保证货物集港任务的完成。

三、重箱集港后的工作

集装箱装上货物返回集装箱堆场后，有两项工作需要做：一是操作人员要做哪些工作；二是堆场工作人员要做哪些工作。

（一）操作人员要做的工作

1. 核对集装箱号和封志号

集装箱拖车公司提取空箱后，即得到了一个集装箱的箱号，箱号也会同时打印在设备交接单上，封志号也称铅封号，铅封在换单或提取空箱时由船公司提供，每个铅封上都有一个号码。集装箱箱号和封志号会出现在海运提单等各种单证上，是放货的依据，因此在装运集装箱时，一定要反复核对，以免出错造成麻烦。

2. 安排报关或转关

如果货物已在装货地报关，重箱进入集装箱堆场后要安排办理转关手续；如果货物在口岸报关，就要安排报关手续。

报关手续如果客户能自理报关，操作人员就要通知客户抓紧办理报关。但在实践中，大部分客户都愿意委托货代代理报关，或委托专业的报关行报关。

因此，在重箱进入集装箱堆场后，货代要将整套的报关资料及时送交报关行，并督促司机将重箱交还集装箱堆场后将设备交接单交给报关行，以便报关行办理报关手续。在报关过程中货代要与报关行保持联系，及时获取海关对货物的查验或放行信息。

3. 催促客户提供完整、准确的提单补料

重箱进入集装箱堆场后，如果客户还未提供提单补料，货代操作人员要催促客户赶紧提供完整、准确的提单补料；如果客户提供了提单补料，也要立即将补料发给船公司，因为船公司要根据提单补料的内容缮制舱单、提单以及其他有关单证。如果提单补料提供不及时，将贻误单证的制作，也可能贻误集装箱装船。

4. 资料录入，准备制单

重箱进入集装箱堆场后，货代操作人员要抓紧按客户提单补料上的内容将资料录入企业的“海运管理系统”，以便准备下一步制单工作。

（二）堆场工作人员要做的工作

在集装箱进入堆场大门时，堆场工作人员除了要核查设备交接单外，还要签署场站收据。下面简单介绍一下关于场站收据概念、作用和构成。

1. 场站收据的概念

场站收据也称码头收据或港站收据，是承运人委托集装箱堆场或集装箱货运站收到集装箱整箱货或拼箱货后签发的收据。场站收据由发货人或其代理人编制，并跟随货物一起运至集装箱堆场或货运站，由接受货物的人在收据上签字后交还给发货人，证明托运的货物已收到。场站收据的作用，相当于传统运输中的大副收据，它是发货人向船公司换取提单的凭证。如果同一批货物装有几个集装箱时，场站通常先凭装箱单验收，直到最后一个集装箱验收完毕时，才由场站管理员在场站收据上签收。

接受货物的人在签署场站收据时，应仔细审核收据上所记载的内容与运来的货物实际情况是否一致，如货物的实际情况与收据记载的内容不一致，必须修改；如发现货物外表或箱子外表有损失或有异议时，则一定要在收据的备注栏内加批注，说明货物或箱子的实际情况。码头收据的签署，不仅表明承运人已收到货物，而且也明确表示承运人对收到的货物已开始负有责任。

2. 场站收据的作用

与传统件杂货运输使用的托运单证比较，场站收据是一份综合性单证，它把货物托运单（订舱单）、装货单（关单）、大副收据、理货单、配舱回单、运费通知等单证汇成一份，这对于提高集装箱货物托运效率和流转速度有很大意义。一般认为场站收据的作用有：

（1）船公司或船代确认订舱并在场站收据上加盖有报关资格的单证章后，将场站收据交给托运人或其代理人，意味着运输合同开始执行。

（2）是出口货物报关的凭证之一。

（3）是承运人已收到托运货物并对货物开始负有责任的证明。

（4）是换取海运提单或联运提单的凭证。

（5）是船公司、港口组织装卸、理货、配载的资料。

（6）是运费结算的依据。

（7）如信用证中有规定，可作为向银行结汇的单证，但其不是物权凭证。

3. 场站收据的构成

场站收据是集装箱运输的重要出口单证，港口、场站不同，其组成格式也不相同。表 3.9 是场站收据十联单构成情况。

表 3.9　场站收据的构成

序号	名称	颜色	用途	序号	名称	颜色	用途
1	集装箱货物托运单——货方留底	白色	托运人留存备查	6	大副联——场站收据副本（2）	粉红色	报关，船上留存备查
2	集装箱货物托运单——船代留底	白色	编制装船清单、积载图、预制提单	7	场站收据	淡黄色	报关，船代凭以签发提单
3	运费通知（1）	白色	计算运费	8	外理留底	白色	缮制货物流向单
4	运费通知（2）	白色	运费收取通知	9	配舱回单（1）	白色	货代缮制提单等
5	装货单——场站收据副本（1）	白色	报关并作为装货指示	10	配舱回单（2）	白色	根据回单批注修改提单
	附页：缴纳出口货物港杂费申请书	白色	港方计算港杂费				

集装箱进入堆场后，由堆场工作人员按照堆场作业程序编制集装箱配载图，并协调船公司安排装船计划，保证船到港后能够以最快的速度装船。

任务实训

（1）登录中外运集装箱运输有限公司官网，查询集装箱发放通知单和设备交接单，了解其所填写的内容，学会如何填制。

（2）分组模拟集装箱货物的装箱程序。一个是货主、一个是集装箱拖车司机、一个是集装箱堆场管理集装箱空箱人员、一个是集装箱堆场管理集装箱重箱人员。

（3）分组讨论集装箱装箱过程中可能会遇到的问题。

（4）请分组讨论重箱集港后，操作人员应做的工作。

任务五　代理报关与报检

任务目标

- 了解报关与报检的基本概念。
- 了解关检融合的三项改革内容。
- 掌握关检融合整合申报的主要内容。
- 学会进出口货物报关单的填制。

任务情景

振捷国际货代公司到广州黄埔港集装箱堆场提取空箱、装货、集港之前（或者同时），填制出境货物报检单，准备好相关的单证、单据，在规定时间内向广州黄埔检验检疫局进行申报，取得出口货物通关单。待检验检疫局放行后填制出口货物报关单，向广州黄埔海关进行申报，黄埔海关对振捷国际货代公司提交的单据进行审核，审核单据和查验货物合格后，铅封，于当天对货物予以放行。

如果机电贸易公司作为进口方，进口货物的话，就需要填制进口货物报关单，表 3.10 所示为中华人民共和国进口货物报关单格式。

表 3.10　中华人民共和国进口货物报关单

预录入编号：　　　　海关编号：　　　　页码 / 页数

<table>
<tr><td>境内收货人</td><td colspan="2">进境关别</td><td colspan="2">进口日期</td><td colspan="2">申报日期</td><td>备案号</td></tr>
<tr><td>境外发货人</td><td colspan="2">运输方式</td><td colspan="2">运输工具名称及航次号</td><td colspan="2">提运单号</td><td>货物存放地点</td></tr>
<tr><td>消费使用单位</td><td colspan="2">监管方式</td><td colspan="2">征免性质</td><td colspan="2">许可证号</td><td>启运港</td></tr>
<tr><td>合同协议号</td><td colspan="2">贸易国（地区）</td><td colspan="2">启运国（地区）</td><td colspan="2">经停港</td><td>入境口岸</td></tr>
<tr><td rowspan="2">包装种类</td><td rowspan="2">件数</td><td rowspan="2">毛重（千克）</td><td rowspan="2">净重（千克）</td><td rowspan="2">成交方式</td><td>运费</td><td>保费</td><td>杂费</td></tr>
<tr><td></td><td></td><td></td></tr>
<tr><td colspan="8">随附单证</td></tr>
<tr><td colspan="8">标记唛码及备注</td></tr>
<tr><td colspan="8">项号　商品编号　商品名称及规格型号　数量及单位　单价 / 总价 / 币制　原产国　最终目的国　境内目的地　征免</td></tr>
<tr><td colspan="8">1</td></tr>
<tr><td colspan="8">2</td></tr>
<tr><td colspan="8">特殊关系确认：　价格影响确认：　支付特许权使用费确认：　自报自缴：</td></tr>
<tr><td colspan="7">报关人员：　报关人员证号：　电话：
兹申明对以上内容承担如实申报，依法承担纳税责任。
申报单位：　申报单位（签章）</td><td>海关批注及签章</td></tr>
</table>

知识链接

一、报关报检的概念

（一）报关的概念

报关是指进出口货物的收发货人、进出境运输工具的负责人、进出境物品的所有人或其代理人，向海关办理货物、物品或运输工具进出境手续及相关事务的全过程。

《中华人民共和海关法》（以下简称《海关法》）规定，所有进出境的运输工具、货物、物品都需要办理报关手续。由于国际货物运输跨越国界，因此，货代在为客户提供国际货运代理服务时，也可能需要代其办理报关手续。

《海关法》规定，进出口货物，除另有规定外，可以由进出口货物收发货人自行办理报关手续，也可由进出口货物收发货人委托海关准予注册登记的报关企业办理报关手续，由进出口货物收发货人自行办理报关手续称为自理报关，由进出口货物收发货人委托海关准予注册登记的报关企业办理报关手续称为代理报关。无论自理报关还是代理报关，报关工作都要由报关员来完成。报关员必须依法取得报关员从业资格，并在海关注册登记。

（二）报检的概念

报检是指进出口商品的外贸关系人，包括生产单位、经营单位、进出口商品的收发货人和接运单位，按我国《商检法》《进出境动植物检疫法》《国境卫生检疫法》《食品卫生法》等法规的规定，对进出境货物向检验检疫机构申请办理检验、检疫、认定和鉴定等手续。

国家出入境检验检疫管理机构负责对出入境货物、交通运输工具、人员及事项进行检验疫，按业务内容分为进出口商品检验、进出境动植物检疫和国境卫生检疫等，具有进出口业务的企业、出境货物的生产企业、进境货物的收货人、中外合资企业、外商独资企业及其他外贸易关系人，都可以自理报检或委托代理人代理报检。

二、关检融合改革

（一）关检业务融合

2018 年 3 月，中共中央印发《深化党和国家机构改革方案》，十三届全国人大一次会议审议通过了国务院机构改革方案，明确将“将国家质量监督检验检疫总局的出入境检验检疫管理职责和队伍划入海关总署”。2018 年 4 月，海关总署印发《全国通关一体化关检业务全面融合框架方案》，明确规定将检验检疫作业纳入全国通关一体化整体框架，实现关检业务全面融合。

（二）报关报检资质整合

2018 年 4 月，海关总署对企业报关报检资质进行了优化整合，主要进行了以下三项改革：

（1）将检验检疫自理报检企业备案与海关进出口货物收发货人备案合并为海关进出口货物收发货人备案，企业备案后同时取得报关和报检资质。

（2）将检验检疫代理报检企业备案与海关报关企业（包括海关特殊监管区域双重身份企业）注册登记或者报关企业分支机构备案合并为海关报关企业注册登记和报关企业分支机构备案，企业注册登记或者企业分支机构备案后，同时取得报关和报检资质。

（3）将检验检疫报检人员备案与海关报关人员备案合并为报关人员备案，报关人员备案同时取得报关和报检资质。

国际货运代理业务员在取得报关员资质后，可以为客户代办报关报检业务。

三、关检融合整合申报的主要内容

海关总署关检业务融合的主要目的就是精简机构、简化报关报检手续、提高通关效率，核心内容是将报关报检合并为一张报关单及一套随附单证。整合主要内容如下：

（一）整合原报关、报检申报数据项

按照“依法依规、去繁就简”的原则，对海关原报关单和检验检疫原报检单申报项目进行梳理整合，通过合并共有项、删除极少使用项，将原报关、报检单合计 229 个货物申报数据项精简到 105 个，大幅减少企业申报项目。

（二）将原报关报检单整合形成一张报关单

整合后的新版报关单以原报关单 48 个项目为基础，增加部分原报检内容，形成了具有 56 个项目的新报关单打印格式。此次整合对进口、出口货物报关单和进境、出境货物备案清单的布局结构进行了优化，版式由竖版改为横版，与国际推荐的报关单样式更加接近，纸质单证全部采用普通打印方式，取消套打，不再印制空白格式单证。修改后的进口、出口货物报关单和进境、出境货物备案清单格式自 2018 年 8 月 1 日起启用，原报关单、备案清单同时废止，原入境、出境货物报检单同时停止使用。

（三）将原报关报检单据单证整合为一套随附单证

整合简化申报随附单证，对企业原报关、报检所需随附单证进行梳理，整理随附单证类别代码及申报要求，整合原报关、报检重复提交的随附单据和相关单证，形成统一的随附单证申报规范。

（四）将原报关报检参数整合为一组参数代码

对原报关、报检项目涉及的参数代码进行梳理，参照国际标准，实现现有参数代码的标准化。梳理整合后，统一了 8 个原报关、报检共有项的代码，包括国别（地区）代码、港口币制代码、运输方式代码、监管方式代码、计量单位代码、包装种类代码、集装箱规格代码。

（五）将原报关报检申报系统整合为一个申报系统

在申报项目整合的基础上，将原报关报检的申报系统进行整合，形成一个统一的申报系统，用户由“互联网 + 海关”、国际贸易“单一窗口”接入新报关单录入界面。

新系统按照整合申报内容对原有报关、报检的申报数据项、参数、随附单据等都进行了调整。

报关报检业务具有很强的政策性，业务的办理需要具有专业的知识和技能，有关详细内容请参阅报关报检的专业书籍。

任务实训

（1）登录中华人民共和国海关总署官网，进入“总署概况”“新闻发布”“互联网 + 海关”等页面，浏览页面相关内容。

（2）登入中华人民共和国广州海关官网，进入“机构概况”页面，浏览页面相关内容。

（3）访问广州粤兴报关公司网址，查看进出口货物报关单，了解其所填写的内容，学会填制。

任务六　缮制提单

任务目标

- 掌握海运提单的概念、作用和种类。
- 熟练掌握海运提单的签发、背书与填制。
- 了解装船通知的概念、作用和内容。

任务情景

振捷国际货代公司向广州黄埔海关进行了申报，海关对该批货物予以了放行，码头堆场收到放行通知后，按照预定的装船时间进行了装船，交付了相关的运费后，收到了船公司签发的全套提单并予以审核，审核合格后把全套提单交给了机电贸易公司，机电贸易公司及时到银行议付了货款，并向买方发送了装船通知。需要填制并审核海运提单，填制并发送装船通知单。

知识链接

货物按照场站计划装船完毕后，托运人把场站收据交给船长或大副，由船长或大副签发船长收据，表示船方已接收货物，船方开始对货物承担责任。等到货物全部装上船舶，则可拿船长收据去船公司换取已装船的清洁提单，下面介绍关于提单的基础知识。

一、提单的概念和作用

（一）提单的概念

我国《海商法》第 71 条规定：“提单，是指用以证明海上货物运输合同和货物已经由承运人接收或者装船，以及承运人保证据以交付货物的单证。提单中载明的向记名人交付货物，或者按照指示人的指示交付货物，或者向提单持有人交付货物的条款，构成承运人据以交付货物的保证。”

提单的合法持有人就是货物的主人，因此提单是各项货运单据中最重要的单据。

（二）提单的作用

根据法律的规定，提单具有三项主要作用：

1. 海上货物运输合同的证明（evidence of the contract of carriage）

提单是运输合同成立的证明。如果在签发提单之前，承、托双方另有约定，且该约定又不同于提单条款规定的内容，则以该约定为准。如果在签发提单之前，承、托双方并无约定，且托运人在接受提单时又未提出任何异议，这时才可将提单条款推定为合同条款的内容，从而约束承、托双方，提单才能从运输合同成立的证明转化为运输合同的本身。

当提单转让给善意的第三人（提单的受让人、收货人等）以后，承运人与第三人之间的权利、义务等就按提单条款的规定处理，即此时提单就是第三人与承运人之间的运输合同。我国《海商法》第七十八条第一款规定："承运人同收货人、提单持有人之间的权利、义务关系，依据提单规定确定。"

2. 货物已由承运人接收或装船的收据（receipt for the goods shipped）

首先，货物的原始收据不是提单，而是大副收据或者是场站收据。

"收货待运提单"是证明承运人已接管货物、具有明显的货物收据功能的单证。

"已装船提单"是在货物装船后，根据货物的原始收据——大副收据等签发的，提单上记载有证明收到货物的种类、重量、标志、外表状况的内容。此外，由于国际贸易中经常使用FOB、CFR和CIF三个传统的价格术语，在这三个传统的装运合同（shipment contract）价格术语下，是以将货物装船象征卖方将货物交付给买方，货物装船时间也意味着卖方的交货时间，因此，提单上还记载有货物装船的时间。用提单来证明货物的装船时间是非常必须的，因此作为履行贸易合同的必要条件，如果卖方未将货物按时装船，银行就不会接受该提单。

提单作为货物收据的效力，看其在托运人或收货人手中而有所不同。对托运人来说，提单只是承运人依据托运人所列提单内容收到货物的初步证据（prima facie evidence）。换言之，如果承运人有确实证据证明他在事实上未收到货物，或者在收货时实际收到的货物与提单所列的情况有差异，承运人可以通过一定方式减轻或者免除自己的赔偿责任。但对善意接受提单的收货人，提单是承运人已按托运人所列的内容收到货物的绝对证据（conclusive evidence）。承运人不能提出相反的证据否定提单内所记载的内容。

3. 承运人保证凭以交付货物的物权凭证（document of title）

承运人或其代理人在目的港交付货物时，必须向提单持有人交货。在这种情况下，即使是真正的收货人，如果不能递交正本提单，承运人也可以拒绝对其放行货物。也就是说，收货人是根据提单物权凭证的功能，在目的港以提单相交换来提取货物。

提单作为物权凭证的功能是用法律的形式予以确定的，提单的转移就意味着提单上所记载货物的转移，提单的合法受让人或提单持有人就有权要求承运人交付提单上所记载的货物。除提单中有规定外，提单的转让是不需要经承运人的同意的。

提单具有物权凭证的功能使提单所代表的"物权"可以随提单的转移而转移，提单中所规定的权利和义务也随着提单的转移而转移。即使货物在运输过程中遭受损坏或灭失，也因货物的风险已随提单的转移而转移给了提单的受让人。提单的受让人能否得到赔偿将取决于有关海上货物运输的法律、国际公约和提单条款的规定。

提单的转让是受时间上的制约的。在办理提货手续前，提单是可以转让的。但是，一旦办理了手续后，该提单就不能再转让了。

二、提单的种类

（一）按货物是否已装船为标准

1. 已装船提单（on board B/L；shipped B/L）

已装船提单指整票货物全部装船后，由承运人或其代理人向托运人签发的货物已经装船的提单，该提单上除了载明其他通常事项外，还须注明装运船舶名称和货物实际装船完毕的日期。

2. 收货待运提单（received for shipment B/L）

收货待运提单简称待装提单或待运提单，是指承运人虽已收到货物但尚未装船，应托运人要求而向其签发的提单。由于待运提单上没有明确的装船日期，而且又不注明装运船的船名，因此，在跟单信用证的支付下，银行一般不接受这种提单。

当货物装船后，承运人在待运提单上加注装运船舶的船名和装船日期，就可以使待运提单成为已装船提单。

（二）按提单收货人一栏的记载为标准

1. 记名提单（straight B/L）

记名提单指在提单“收货人”一栏内具体填上特定的收货人名称的提单。记名提单只能由提单上所指定的收货人提取货物。记名提单不得转让。

记名提单可以避免因转让而带来的风险，但也失去了其代表货物可转让流通的便利。银行一般不愿意接受记名提单作为议付的单证。

2. 不记名提单（open B/L；bearer B/L）

不记名提单指在提单“收货人”一栏内记明应向提单持有人交付货物（to the bearer 或 to the holder）或在提单“收货人”一栏内不填写任何内容（空白）的提单。不记名提单，无须背书，即可转让。也就是说，不记名提单由出让人将提单交付给受让人即可转让，谁持有提单，谁就有权提货。

3. 指示提单（order B/L）

指示提单指在提单“收货人”一栏内只填写“凭指示”（to order）或“凭某人指示”（to the Order of ××）字样的提单。指示提单除由出让人将提单交付给受让人外，还应背书，这样提单才得到了转让。

如果提单的收货人一栏只写“to order”则称托运人指示提单。在托运人未指定收货人或受让人以前，货物仍属于托运人。

如果提单的收货人一栏只填写了“to the order of ××”，则称为记名指示提单。这种情况下，由记名的指示人指定收货人或受让人。记名的指示人(“××”)可以是银行，也可以是贸易商等。

（三）按货物外表状况有无批注为标准

1. 清洁提单（clean B/L）

清洁提单指货物外表状况良好，没有任何有关货物残损、包装不良或其他有碍于结汇的批注的提单。在正常情况下，向银行办理结汇时，都应提交清洁提单。

2. 不清洁提单（unclean B/L or foul B/L）

不清洁提单指承运人在提单上加注货物及包装状况不良或存在缺陷，如水湿、油渍、污损、铁蚀等批注的提单。承运人通过批注，声明货物是在外表包装状况不良的情况下装船的，在目的港交付货物时，若发现货物损坏可归因于这些批注的范围，从而减轻或免除自己的赔偿责任。在正常情况下，银行将拒绝以不清洁提单办理结汇。

实践中，当货物及包装状况不良或存在缺陷，托运人会出具保函，并要求承运人签发清洁提单，以便能顺利结汇。由于这种做法掩盖了提单签发时的真实情况，因此承运人将会承担由此而产生的风险责任。承运人凭保函签发清洁提单的风险有：

（1）承运人不能以保函对抗善意的第三方，因此承运人要赔偿收货人的损失；然后承运人根据保函向托运人追偿赔款。

（2）如果保函具有欺骗性质，则保函在承运人与托运人之间也属于无效，承运人将独自承担，而不能向托运人追偿赔款。

（3）承运人接受了具有欺骗性质的保函后，不但要承担赔偿责任，而且还会丧失责任限制的权利。

（4）虽然承运人通常会向“保赔协会”（P&I CLUB：Protection and Indemnity）投保货物运输责任险，但如果损失早在承运人接受货物以前就已经发生，“保赔协会”是不负责任的，责任只能由承运人自负。

（5）如果承运人是在善意的情况下接受了保函，该保函也仅对托运人有效。但是，托运人经常会抗辩：货物的损坏并不是包装表面缺陷所致，而是承运人在运输过程中没有履行其应当适当、谨慎地保管和照料货物的义务所致。因此，承运人要向托运人追偿也是很困难的。

当然，实践中承运人接受保函的情况还是时有发生的，这主要是因为当事人根据商业信誉，会履行自己的保证。

（四）按不同的运输过程为标准

1. 直达提单（direct B/L）

直达提单指由承运人签发的，货物从装货港装船后，中途不经过转船而直接运抵卸货港的提单。

2. 转船提单（transhipment B/L or through B/L）

转船提单指在装货港装货的船舶不直接驶达货物的目的港，而要在中途港换装其他船舶运抵目的港，由承运人为这种货物运输所签发的提单。

3. 多式联运提单（combined transport B/L; intermodal transport B/L ; multimodal transport B/L ）

多式联运提单指货物由海路、内河、铁路、公路和航空等两种以上不同运输工具共同完成全程运输时所签发的提单，这种提单主要用于集装箱运输。多式联运提单一般由承担海运区段运输的船公司签发。

（五）按提单签发人不同为标准

1. 班轮公司所签提单（班轮提单）（liner B/L）

班轮公司所签提单指在班轮运输中，由班轮公司或其代理人所签发的提单。在集装箱班轮运输中，班轮公司通常为整箱货签发提单。

2. 无船承运人所签提单（nvocc B/L）

无船承运人所签提单指由无船承运人或其代理人所签发的提单。在集装箱班轮运输中，无船承运人通常为拼箱货签发提单，因为拼箱货是在集装箱货运站内装箱和拆箱，而货运站又大多有仓库，所以有人称其为仓 / 仓提单（house B/L）。当然，无船承运人也可以为整箱货签发提单。

（六）按签发提单时间为标准

1. 预借提单（advanced B/L）

预借提单指由于信用证规定的装运期或交单结汇期已到，而货物尚未装船或货物尚未装船完毕时，应托运人要求而由承运人或其代理人提前签发的已装船提单，即托运人为能及时结汇而从承运人处借用的已装船提单。

当托运人未能及时备妥货物，或者船期延误使船舶不能如期到港，托运人估计货物装船完毕的时间可能要超过信用证规定的装运期甚至结汇期时，就可能采取从承运人那里借出提单用以结汇的办法。但是，承运人签发预借提单要冒极大风险，因为这种做法掩盖了提单签发时的真实情况。许多国家法律的规定和判例表明，一旦货物引起损坏，承运人不但要负责赔偿，而且还要丧失享受责任限制和援用免责条款的权利。

2. 倒签提单（anti-date B/L）

倒签提单指在货物装船完毕后，应托运人的要求，由承运人或其代理人签发的提单，但是该提单上记载的签发日期早于货物实际装船完毕的日期。即托运人从承运人处得到的以早于货物实际装船完毕的日期作为提单签发日期的提单。由于倒填日期签发提单，所以称为“倒签提单”。

由于货物实际装船完毕的日期迟于信用证规定的装运日期，若仍按实际装船日期签发提单，肯定影响结汇，为了使签发提单日期与信用证规定的装运日期相吻合，以便结汇，托运人就可能要求承运人仍按信用证规定的装运日期“倒填日期”签发提单。承运人倒签提单的做法同样掩盖了真实的情况，因此也要承担由此而产生的风险责任。

3. 顺签提单（post-date B/L）

顺签提单指在货物装船完毕后，承运人或其代理人应托运人的要求而签发的提单，但是该提单上记载的签发日期晚于货物实际装船完毕的日期。即托运人从承运人处得到的以晚于该票货物实际装船完毕的日期作为提单签发日期的提单。由于顺填日期签发提单，所以称为“顺签提单”。

由于货物实际装船完毕的日期早于有关合同装运期限的规定，如果按货物实际装船日期签发提单将影响合同的履行，所以托运人就可能要求承运人按有关合同装运期限的规定“顺签日期”签发提单。承运人顺签提单的做法也掩盖了真实的情况，因此也要承担由此产生的风险责任。

（七）其他特殊提单

1. 舱面货提单（on deck B/L）

舱面货提单指将货物积载于船舶露天甲板，并在提单上记载“on deck”字样的提单，也称甲板货提单。

积载在船舱内的货物（舱内货，under deck cargo）比积载于舱面的货物所遇到的风险要小，所以承运人不得随意将货物积载于舱面运输。但是，按商业习惯允许装于舱面的货物、法律规定应装于舱面的货物、承运人与托运人协商同意装于舱面的货物可以装于舱面运输。另外，由于集装箱运输的特殊性，通常有 1/3 以上的货物要装于甲板，所以不论集装箱是否装于舱面运输，提单上一般都不记载“on deck”，商业上的这种做法已为有关各方当事人所接受。

2. 并提单（omnibus B/L）

并提单指应托运人要求，承运人将同一船舶装运的相同港口、相同货主的两票或两票以上货物合并而签发的一套提单。

托运人为节省运费，会要求承运人将属于最低运费提单的货物与其他提单的货物合在一起只签发一套提单，即将不同装货单号下的货物合起来签发相同提单号的一套提单。

3. 分提单（separate B/L ）

分提单指应托运人要求，承运人将属于同一装货单号下的货物分开，并分别签发的提单（多套提单）。

托运人为满足商业上的需要，会要求承运人为同一票多件货物分别签发提单，如有三件货物时，分别为每一件货物签发提单，这样就会签发三套提单，即将相同装货单号下的货物分开签发不同提单号的提单。

4. 交换提单（switch B/L）

交换提单指在直达运输的条件下，应托运人的要求，承运人同意在约定的中途港凭起运港签发的提单换发以该中途港为起运港的提单，并记载有“在中途港收回本提单，另换发以中途港为起运港的提单”或“Switch B/L”字样的提单。

由于商业上的原因，为满足有关装货港的要求，托运人会要求承运人签发这种提单。签发交换提单的货物在中途港不换装其他船舶，而是由承运人收回原来签发的提单，再另签一套以该中途港为起运港的提单，承运人凭后者交付货物。

5. 交接提单（memo B/L）

交接提单指由于货物转船、联运或其他原因，在不同承运人之间签发的不可转让、不是“物权凭证”的单证。交接提单只是具有货物收据和备忘录的作用。

有时由于一票货物运输会由不同的承运人来运输或承运，为了便于管理，更是为了明确不同承运人之间的责任，就需要制作交接提单。

6. 过期提单（stale B/L）

过期提单指由于出口商在取得提单后未能及时到银行议付的提单。因不及时而过期，形成过期提单，也称滞期提单。

在信用证支付方式下，根据《跟单信用证统一惯例》《UCP 600》的规定，如信用证没有规定交单的特定期限，则要求出口商在货物装船日起 21 天内到银行交单议付，也不得晚于信用证的有效期限。超过这一期限，银行将不予接受。过期提单是商业习惯的一种提单，但它在运输合同下并不是无效提单，提单持有人仍可凭其要求承运人交付货物。

三、提单的内容

提单是托运人与承运人之间运输合同的证明，也是可以转让的物权凭证，因此提单的内容涉及托运人、承运人、收货人或提单持有人等多方面关系人的权益和责任。提单的格式很多，每个船公司都有自己的提单格式，但是内容都是一样的。

（一）提单正面的内容

提单正面内容包括由制单人填写的大部分内容及正面印刷的条款，主要有以下方面：

（1）货物的品名、标志、包数或者件数、重量或者体积。

（2）承运人的名称。

（3）船舶名称。

（4）托运人的名称。

（5）收货人的名称、通知人的名称。

（6）装货港。

（7）卸货港。

（8）提单的签发日期、地点和份数。

（9）运费的支付。

（10）承运人或者其代表的签字盖章。

提单正面除了以上需要制单人填写的内容外，尚有一些印刷的条款，主要有以下几个方面：

1. 确认条款

确认条款是承运人表示在货物或集装箱外表状况良好的条件下，接受货物或集装箱，并同意承担按照提单所列的条款，将货物或集装箱从装货港或起运地运往卸货港或交货地，把货物交付给收货人的责任条款。

2. 不知条款

不知条款是承运人表示没有适当的方法对所接受的货物或集装箱进行检查，所有货物的重量、尺码、标志、品质和数量等都由托运人提供，承运人并不承担责任的条款。但是，在实践中，“不知条款”并不一定有效。

3. 承诺条款

承诺条款是承运人表示承认提单是运输合同成立的证明，承诺按照提单条款的规定承担义务和享受权利，而且也要求货主承诺接受提单条款制约的条款。由于承诺条款是承运人单方拟定的，货主接受提单就表明接受了提单条款的制约，所以该条款也称代拟条款或格式条款。

4. 签署条款

签署条款是承运人表明签发提单正本的份数，每份提单都具有相同效力，其中一份完成提货后其余各份自行失效，提取货物时必须交出经背书的一份提单以换取货物或提货单。

（二）提单背面的内容

全式提单正本的背面内容为印刷的各种条款，副本的背面一般为空白。提单正本的背面条款可以分为两类：一类是强制性条款；另一类是任意性条款。

提单背面的条款主要有以下内容：

（1）首要条款。首要条款是指用于明确提单所使用法律的条款。

（2）定义条款。定义条款是指对提单有关术语的含义和范围做出明确规定的条款。

（3）承运人责任条款。承运人责任条款是指用以明确承运人在承运货物过程中应承担责任的条款。由于提单首要条款中规定了提单所适用的法律，而有关提单的国际公约或各国的法律也都规定了承运人的责任，因此，凡是列了首要条款或类似首要条款的提单，都可以不再以明示条款将承运人的责任列于提单条款之中。

（4）承运人责任期间条款。承运人责任期间条款是指用以明确承运人对货物运输承担责任的开始和终止时间的条款。《海商法》第四十六条规定：“承运人对集装箱装运的货物的责任期间，是指从装货港接收货物时起至卸货港交付货物时止，货物处于承运人掌管之下的全部期间。

承运人对非集装箱装运的货物的责任期间，是指从货物装上船时起至卸下船时止，货物处于承运人掌管之下的全部期间。”另外，承运人还可以就非集装箱装运的货物在装船前和卸船后所承担的责任达成任何协议。

（5）承运人赔偿责任限制条款。承运人赔偿责任限制条款是指用以明确承运人对货物的灭失和损坏负有赔偿责任应支付赔偿金时，承运人对每件或每单位货物支出的最高赔偿金额的条款。

（6）特定货物条款。特定货物条款是指用以明确承运人对运输一些特定货物时应承担的责任和享有的权利，或为减轻或免除某些责任而制定的相应条款，如舱面货、活的动植物和危险货物等。

此外，提单背面还列有一些其他条款，如免费事项、索赔通知与失效等。

四、提单的缮制和注意事项

（一）提单的缮制

当货物装船完毕，就得缮制和签发提单。如果客户需要的是班轮公司的提单（船东提单），则操作人员就要及时将提单补料提供给船公司或其代理人，如果客户接受无船承运人的提单（货代提单），则操作人员就要自行缮制提单，并签发。

在提单正面需要填写的内容中，货物的品名、标志、数量、重量、体积，托运人的名称，收货人的名称，通知人的名称，装货港，卸货港，多式联运提单上的接收货物地点、交付货物地点，运费的支付方式等，均由托运人提供；承运人的名称、船舶的名称则由船公司或其代人提供。如果是集装箱运输，集装箱箱号、封志号由船公司或其代理人提供，也可由集装箱拖车公司提供。

提单的缮制方法如下：

（1）Shipper（托运人）：本栏通常填写信用证的受益人，即买卖合同中的卖方。只要信用证无相反规定，银行也接受信用证受益人外的第三方为发货人。

（2）Consignee（收货人）：这是提单中比较重要的一栏，应严格按照信用证规定填制。提单收货人按信用证的规定一般有三种填法，即记名抬头、不记名抬头和指示性抬头。

（3）Notify Party（通知人）：本栏填写内容要与信用证的规定一致。例如，信用证提单条款中规定“Bill of Lading..notify applicant”，则提单通知人栏中要填制开证人的详细名称地址。

（4）Place of Receipt（收货地）：本栏填写船公司或承运人的实际收货地点，如工厂、仓库等。在一般提单中没有此栏目，但是在多式联运提单中则有此栏。

（5）Ocean Vessel（船名）：本栏按配舱回单上的船名填写。若货物需转运，则填写第二程船名。

（6）Voyage No.（航次）：本栏按配舱回单上的航次填写。若货物需转运，则填写第二程航次号。

（7）Port of Lading（装货港）：本栏要填实际的装货港口，如有转运，填中转港名称；如无转运，填装运港名称。

（8）Port of Discharge（卸货港）：本栏要填写货物实际卸货的港口名称，如果货物转运，目的港之后加注“With Transshipment at.”。

（9）Pace of Delivery（交货地）：本栏填写最终目的地名称，如果货物的目的地就是目的港，此栏空白。

（10）BIL No.（提单号码）：本栏按配舱回单上的 D/R 号码填写。

（11）Marks（唛头）：本栏须同商业发票上的一致。如果信用证没有规定唛头，此栏目可以填写“N/M”。

（12）Nos. & Kinds of PKGS（货物包装及件数）：本栏按货物装船的实际情况填写总外包装件数。

（13）Description of Goods（货物名称）：本栏填写货物的名称即可，按照《跟单信用证统一惯例》[2007 年修订版，简称（UCP600）] 的规定，除商业发票外，在其他一切单据中，货物的描述可使用统称，即主要的商品名称，不需要详细列出商品规格，但不能与信用证中货物的描述相抵触。

（14）G.W.（货物的毛重）：本栏填写货物的毛重，须同装箱单上货物的总毛重一致。如果货物是裸装，没有毛重，只有净重，则在净重前加注“N.W”。本栏一般以千克为计量单，保留两位小数。

（15）MEAS（尺码）：本栏填写货物的体积，须同装箱单上货物的总尺码一致。本栏一般以立方米为计量单位，保留三位小数。

（16）Total Number of Containers and/or Packages（ln Words ）（物总包装件数的大写）：本栏填写货物总包装件数的英文大写，应与（12）栏一致。

（17）Freight & Charges（运费条款）：除非信用证有特别要求，一般的海运提单都不填写运费的数额，只是表明“Freight Prepaid”或“Freight to Collect”，并且要与所用的贸易术语一致。

（18）Place and Date of Issue（提单的签发地点和签发日期）：一般为承运人实际装运的地点和时间。

（19）Number of Original B (S)/ L（正本提单份数）：本栏显示的是船公司为承运此批货物所开具的正本提单的份数，一般是 1 ~ 3 份，并用大写数字（如 ONE、TWO、THREE 等）写明，如信用证对提单正本份数有规定，则应与信用证规定一致，例如，信用证规定“3/3 Marine bills of lading.”即表明船公司为信用证项下的货物开立的正本提单必须是三份，且三份正本提单都要提交银行作为单据。

（20）DATE，即 Shipped on Board the Vessel Date，Signature（已装船批注、装船日期、运日期）：根据《UCP600》的规定，如果提单上没有预先印就“已装船”（Shipped on Board）字样，则必须在提单上加注装船批注（on Board Notation），在实际业务中，提单上一般都预先印制“已装船”（Shipped on Board）字样，这种提单称为“已装船提单”，不必另行施加注“已装船”批注，提单的日期就是装船完毕的日期或装运完毕的日期。

（21）Signed for and on Behalf of the Carrier（承运人或其代理人签字、盖章）：根《UCP600》的规定，提单必须由四类人员签署证实，即承运人、承运人的代理人，船长或船长的代理人。

承运人或船长的任何签字或证实必须表明“承运人”或“船长”的身份，代理人代表承运人或船长签字或证实时也必须表明代表的委托人的名称或身份，即注明代理人是代表承运人或船长签字或证实的。

海运提单的基本格式见表 3.11。

表 3.11　海运提单基本格式

1. Shipper	B/L No.
2. Consignee	中远集装箱运输有限公司 COSCO CONTAINER LINES TLX: 33057 COSCO CN FAX: +86(021) 6545 8984 ORIGINAL
3. Notify Party (It is agreed that no responsibility shall attsch to the Carrier or his agents for failure to notify)	Port-to-Port or Combined Transport **BILL OF LADING**

4. Combined Transport *		5. Combined Transport*	
Pre - carriage by		Place of Receipt	
6. Ocean Vessel	Voy. No.	7. Port of Loading	
8. Port of Discharge		9. Combined Transport *	
		Place of Delivery	

RECEIVED in external apparent good order and condition except as other-wise noted. The total number of packages or unites stuffed in the container, the description of the goods and the weights shown in this Bill of Lading are furnished by the merchants, and which the carrier has no reasonable means of checking and is not a part of this Bill of Lading contract. The carrier has issued the number of Bills of Lading stated below, all of this tenor and date, one of the original Bills of Lading must be surrendered and endorsed or signed against the delivery of the shipment and whereupon any other original bills of Lading shall be void. The Merchants agree to be bound by the terms and conditions of this Bill of Lading as if each had personally signed this Bill of Lading.

SEE clause 4 on the back of this Bill of Lading (Terms continued on the back hereof, please read carefully).

*Applicable Only When Document Used as a Combined Transport Bill of Lading.

Marks & Nos. Container / Seal No.	No. of Containers or Packages	Description of Goods (If Dangerous Goods, See Clause 20)	Gross Weight Kgs	Measurement
		Description of Contents for Shipper's Use Only (Not part of This B/L Contract)		

10. Total Number of containers and/or packages (in words)					
Subject to Clause 7 Limitation					
11. Freight & Charges	Revenue Tons	Rate	Per	Prepaid	Collect
Declared Value Charge					

Ex. Rate:	Prepaid at	Payable at	Place and date of issue
	Total Prepaid	No . of Original B(s)/L	Signed for the Carrier, COSCO CONTAINER LINES

LADEN ON BOARD THE VESSEL			
DATE		BY	

（二）缮制提单的注意事项

提单是国际贸易中的一份非常重要的单证，所以我们在缮制提单时一定要注意以下事项：

（1）认真审核客户提供的提单补料。

（2）认真核对船名、开航日期。

（3）认真核对集装箱箱号、封志号。

（4）注意集装箱货物的交接方式。

（5）必须由客户确认以后才能签发。

五、提单的签发

（一）签发人及签署方式

有权签署提单的人包括承运人、载货船的船长以及承运人授权的代理人，在此注意，船长的代理人无法签署提单。

国际货运代理如具有无船承运人的身份，按照《国际海运条例》的规定，可以签发无船承运人提单。

签署提单的方法有手签、印模、打孔、盖章等方法。在实践中，除信用证规定必须手签提单外，一般都采用盖章的方式。

作为承运人签发的提单，提单上显示：AS　CARRIER。

作为代理人签发的提单，提单上显示：AS AGENT FOR THE CARRIER。

由船长签字的提单上，会显示：CATITAINS MASTER。

（二）签发的份数和签发日期

提单有正本和副本之分，我们通常所说的提单的份数是指正本提单的份数。正本提单具有法律效力，而副本提单不具有法律效力，只能用于日常业务，所以没有份数的限制。

为了防止提单遗失、被盗或在传递过程中发生意外而造成灭失，各国的海商法和航运习惯都允许为一票货物签发一式多份的正本提单。在实践中，一般都签发一式三份的正本提单，且在提单正面标明。这三份正本提单一份给托运人，用于向银行议付货款;一份给承运人，随货同行，用于途中检查部门进行检查货物和到目的港卸货使用；一份船公司备存，用于存档和备查等。

在提单上注明为该票货物签发了多少份正本提单，是为了让提单的合法受证人了解全套正本提单的份数，防止提单流失在外而引起纠纷，保护提单受让人的利益，也可以使接受提单结汇的银行，或者使在变更卸货港交付货物的承运人及其代理人了解用以办理结汇或者提取货物的提单是否齐全。

正本提单一般都标有“Orginal”字样，副本则标有“Copy”字样。

提单上记载的提单签发日期应该是提单上所列货物实际装船完毕的日期。在集装箱运输的实践中，为了给承运人签发提单提供方便，一般都以船舶开航之日（Sailing date）作为提单签发的日期。但是应该注意的是，开航日期（Sailing date）并不一定是“on board date”。

（三）提单背书

我们通常所说的“背书”是指“指示提单”在转让时所需要进行的背书，因为记名提单是不能背书转让的。所谓“背书”就是转让人（背书人）在提单背面写明或不写明受让人，并签上自己名字的行为。

在实践中，背书分为记名背书、指示背书和不记名背书三种形式。

1. 记名背书

有时信用证也要求提单做记名背书，此时则应先写上被背书人的名称，然后再由背书人签署并加盖公章，同时注明背书的日期，此时被背书人是不能再把该提单进行背书转让了，相当于是记名提单性质的指示提单。例如：

Endorsed to: DEF Co. 或 Delivered to DEF Co.

ABC Co.（签章）

12 月 19，2020

2. 指示背书

指示背书是指背书人在提单背面写明“凭……指示”的字样，并由背书人签名的背书形式。经过指示背书的指示，提单还可以继续进行背书，但是背书必须连续。

3. 不记名背书

不记名背书也称为空白背书，是指背书人在提单背面签名，但是不写明任何受让人的背书形式。经过不记名背书的指示，提单将成为不记名提单性质的指示提单。

关于提单转让的规定是：记名提单不得转让；不记名提单，无须背书，即可转让；指示提单，经过记名背书或空白背书后才可以转让。指示提单在经过记名背书后成为记名提单性质的提单不得再转让（相当于是限制背书）；指示提单在经过指示背书后还可以继续背书转让；指示提单在经过不记名背书后，无须背书，就可进行转让。

提单应按照信用证的具体要求进行背书，一般信用证要求提单进行空白背书（“bill of lading—endorsed in blank”或“bill of lading—blank endorsed”）的比较多见。对于空白背书，只需要背书人签章并注明背书的日期即可，不要写明受让人名称。例如：

ABC Co.（签章）

12 月 19，2020

六、提单的更改、补发与缴还

（一）提单的更改

提单是可以更改的，如果非要更改，最好在装货船舶开航之前办理，这样可以减少因此产生的费用和不必要的麻烦。如果船舶已经开航，提单已经签发，托运人才提出更改提单的要求，承运人则要考虑各个方面的因素以后才能决定是否同意更改。因更改提单产生的费用和损失由提出更改的托运人承担。

（二）提单的补发

如果提单签发后，托运人不慎将提单丢失或毁损，要求补发提单的，承运人将会根据不同情况进行处理。承运人一般会要求提出补发提单要求的托运人提供担保或缴纳保证金，而且还有要按照法定程序将原提单声明作废，才能进行补发。根据《中华人民共和国海事诉讼特别程序法》第一百条规定：“提单等提货凭证持有人，因提货凭证失控或者灭失，可以向货物所在地海事法院申请公示催告。”

（三）提单的缴还

收货人提货时必须以正本提单作为提货的凭证，而承运人交付货物时也必须收回提单，并在提单上做作废的批注，这是国际上公认的国际惯例。

七、装船通知

集装箱货物集港装船后，国际货运代理人应及时向收货人或者目的港代理发送装船通知，目的是让进口商了解货物已经装运，提醒对方及时购买保险（如贸易合同使用 FOB、CFR 价格术语时），可以准备付款和接货。

进口方为了避免出口方因疏忽而未及时通知，往往会在信用证中明确规定出口方必须按时发出装船通知，并规定在议付货款时提供装运通知副本，与其他单据一并提交给银行进行议付。

装船通知没有统一格式，但是内容基本一样，都包括合同号、提单号、信用证号、货物名称、数量、总值、装运港和目的港、装运日期、船名 / 航次和开航日等信息。装船通知格式见表 3.12。

表 3.12　装船通知格式

SHIPPING ADVICE（装船通知）			
FROM	GUANGZHOU	DATE	JLY.20，2020
TO	NEWYORK	LETTER OF CREDIT NO.：	3820214247
RE.SHIPMENT OF CONTRACT NO.：20200601 Dear sirs: We wish to advise that the following stipulated vessel will arrive at NEWYORK port. On /about AUG.10，2020 vessel's name PRINCESS Voy No.V.352 We will appreciate to see that the covering goods would be shipped on the above vessel on the date of L/C calleD.			

任务实训

（1）浏览中外运集装箱运输有限公司官网，查询海运提单，了解其需要填写的内容有哪些。

（2）浏览中外运集装箱运输有限公司官网，查询装船通知，了解其需要填写的内容有哪些。

任务七　运费计算与放货

任务目标

- 了解运费的构成、计收标准、计算步骤和计算方法。
- 熟练掌握海运运费的计算和放货的几种方式。

任务情景

振捷国际货代公司在货物按照双方签订的委托书规定的时间装船后，立即给机电贸易公司发出了装船通知，并与其结算了该批货物的运费和其他相关费用，交接了全套海运提单，将业务单据进行存档。当货物到达目的港后，船公司把货物交给振捷国际货代公司在海外的代理，最后海外代理把货物交给收货人。在此需要完成海运运费的计算，掌握放货的几种方式及突发事件的处理。

知识链接

一、运费计算

（一）运费构成

国际货运代理的收费除了收取海运运费外，还会向客户收取待其支付的集装箱拖车运输费、报关报检费、商检费、查箱费、仓储费、文件费、电放费、港口建设费和港口保安费等其他相关费用。

对于运费预付的海上运输货物，承运人在签完提单，并将提单交付托运人前，就要立即收回海运运费。如果货物是由国际货运代理负责订舱，则先由国际货运代理收取托运人的海运运费后再交付给班轮公司。

在集装箱班轮运输中，运费是按每一个集装箱来计算的。在班轮公司或其代理人的运价表中，会按照集装箱的箱型、尺寸列出由装货港至目的港的基本运费和各种附加运费。

基本运费是班轮公司从装货港到目的港所收取的基本费用，是根据航线上港口之间的基本运价和货物计费吨计算出来的。

附加运费是由于有些货物需要特殊处理，或由于突发事件或客观情况，船方为了弥补在运输中额外开支而加收的费用，例如燃油附加费（BAF）、旺季附加费（PSS）、港口附加费、绕航附加费、货币贬值附加费（CAF）、转船附加费、直航附加费、选卸港附加费、超重超长附加费、巴拿马运河费（PCC）等。

（二）计收标准

根据商品种类的不同，班轮运费一般可以采用下面几种计收标准：

（1）按货物的毛重计收，即重量吨，在运价表中用“W”表示，一般以每 1 公吨①为计算单位，公吨以下取两位小数，也有按长吨②或短吨③计算的。

（2）按货物的体积计收，即尺码吨，在运价表中用“M”表示，一般以 1 立方米为计算单位，也有按 40 立方英尺为 1 尺码吨计算的。

（3）按货物的毛重或者体积计收，在运价表中用“W/M”表示，由船公司选择其中收费较高的一种计收运费。按照惯例，凡 1 重量吨货物其体积超过 1 立方米或者 40 立方英尺者即按体积收费；反之，1 重量吨货物其体积不足 1 立方米或者 40 立方英尺，即按重量计收。

① 1 公吨 =1 000 千克
② 1 长吨 =1 016 千克
③ 1 短吨 =907.2 千克

（4）按货物的价格计收运费，也称从价运费。在运价表中用“Ad Val”或“A.V.”表示。一般按货物的FOB价格的百分比计算运费。

（5）按货物重量、体积或者价格三者中选最高的一种计收，在运价表中，以“W/M or A.V.”来表示。也有按货物重量或体积计收，然后再加收一定百分比的从价运费，在运价表中以“W/M plus A.V.”表示。

（6）按货物重量或尺码选择其高者，再加上从价运费计收。在运价表中以“W/M plus A.V.”表示。

（7）按货物的件数计收，适用于包装固定且包装内的数量、重量、体积固定不变的货物。如汽车、火车按辆计费；活牲畜如牛、羊等按头计费。

（8）临时议定运价，即由货主与船公司临时协商议定，适用于大宗低值货物，如粮食、豆类、煤炭、矿砂等。

（9）起码费率，它是指按每一提单上所列的重量或体积所计算出的运费，尚未达到运价表中规定的最低运费额时，则按最低运费计收。

应当注意，如果不同商品混装在同一包装内，则全部运费按其中较高者计收。同一票商品如包装不同，其计费标准及等级也不同。托运人应该将不同包装分列毛重及体积，才能分别计收运费，否则全部货物均按较高者收取运费。另外，同一提档内如有两种或两种以上不同货物，托运人应分别列出不同货物的毛重或体积，否则全部货物均将按较高者收取运费。

（三）计算步骤

班轮运费的计算在航运实务中是一项重要的工作。准确无误的计算将会避免不必要的商务纠纷、赔偿，同时也会树立良好的企业形象。计算运费的基本步骤是：

（1）根据装货单留底联或托运单，查明所运货物的装货港和目的港所属的航线。注意的项目有：目的港或卸货港是否是航线的基本港；是否需要转船，是否要求直达；如果有选卸港，则查明选卸港的个数和港名。

（2）了解货物名称、特征、包装状态，是否为超重或者超长货件、冷藏货物。

（3）从货物分级表中查出货物所属等级，确定应采用的计费标准。如属未列名货物，则参照性质相近货物的等级及计算标准计算，并做出记录，以便日后进一步验证是否需要更正所属等级。

（4）查找所属航线等级费率表，找出该等级货物的基本费率。

（5）查出各项应收附加费的计费办法及费率。

（6）列出进行具体计算。如果是从价运费，则按规定的百分率乘以FOB货物价值即可。

（四）计算方法

集装箱班轮运输中的基本运费的计算方法有两种：

（1）采用与计算普通杂货班轮运输基本运费相同的方法，对具体的航线按货物的等级和不同的计费标准来计算基本运费。

（2）对具体航线按货物等级及箱型、尺寸的包箱费率（Box rate），或仅按箱型、尺寸的包箱费率而不考虑货物种类和级别计算基本运费。包箱费率指对单位集装箱计收的运费率。包箱费率也称为“均一费率”（Freight All Kinds，FAK）。采用包箱费率计算集装箱基本运费时，只需要根据具体航线、货物等级以及箱型、尺寸所规定的费率乘以箱数即可。

在使用第一种计算方法时，由于集装箱货物的交接方式较多，因此就有不同的具体计算方法，包括拼箱货运费计算和整箱货运费计算。拼箱货的海运运费计算与普通杂货班轮运输货物的运费计算方法相似。整箱货的运费计算虽然有“最低运费”和“最高运费”的原则，但实践中并不使用。

集装箱班轮运输中的附加费也与杂货班轮运输中的情况相似。但是，实践中有时会将基本运费和附加运费合并在一起，以包干费（All In Freight）的形式计收运费。此时的运价称为包干费率，又称“全包价”（All In Rate, A.I.R）。

【例 3-1】 某公司出口 2 000 箱文具到科威特，每箱毛重 45 KG，体积 0.06 CBM，货物由青岛装中外运轮船运往科威特港，试计算应付船公司运费。

解：查运价本得知，文具属于 9 级货物，计收标准为 W/M，科威特所属波斯湾航线，青岛至科威特基本费率为 89 美元 /FT，直航附加费为 6 美元 /FT。

因为每箱的实际毛重 0.045 MT 小于尺码吨 0.06 CBM，所以该批货为轻泡货物，取尺码吨为计费重量。

该批货的运费为：$OF = 0.06 \times 2\,000 \times (89 + 6) = 11\,400$（美元）

注：FT 为运费吨 Freight Ton 之意，MT 为吨 Metric Ton 之意，OF 为海洋运费 Ocean Freight 之意。

【例 3-2】 海口某外贸公司向中远集运托运一批文具，运到吉大港，该票货物体积为 22 CBM，毛重 17.5 MT，需从深圳转船，基本运费率为 USD85/FT，转船附加费为 USD5/FT，计费标准为 W/M。试计算：

（1）外贸公司应向中远集运支付多少运费?

（2）如果改用集装箱运输，海运费的基本费率为 USD950/TEU，燃油附加费为 20%，货币贬值附加费为 10%，外贸公司应向中远集运支付多少运费?

（3）若不考虑杂货运输和集装箱运输的其他费用，从节省海运费的角度考虑，托运人应采用哪种托运方式?

解：（1）因为该票货物的体积大于实际毛重，所以计费吨为 22 FT，运费为：

$$OF = (85 + 5) \times 22 = 1\,980\text{（美元）}$$

（2）因为该票货物的毛重和体积均小于 1 个 20 英尺普通箱的载重标准和内容积，所以只选用一个 20 英尺的普通箱，运费为：

$$OF = 950 \times (1 + 20\%) \times (1 + 10\%) = 1\,254\text{（美元）}$$

在不考虑其他费用的情况下，采用集装箱运输时运费小于散杂货运输的运费，所以采用集装箱运输比较经济。

【例 3-3】 我国某外贸公司出口铁矿砂 3 200 吨给日本，已知运往日本基本港口的基本费用是 80 美元 / 吨，运往日本基本港口的转船附加费为 20%，同时每运费吨加收 10 美元的港口附加费。请问：运往日本的该批铁矿砂总运费是多少?

解：基本运费 =3 200 × 80=256 000（美元）

港口附加费 =3 200 × 10=32 000（美元）

转船附加费 =3 200 × 80 × 20%=51 200（美元）

总运费 = 基本运费 + 港口附加费 + 转船附加费

=256 000+32 000+51 200=339 200（美元）

因此，该批铁矿砂运往日本的总费用为 339 200 美元。

二、放货

当货物到达目的港，在客户已将海运运费以及其他应付的费用付清的情况下，船公司或其代理人就要将货物交付给收货人，这个过程叫做放货。如果客户没有付清应该付的费用，则承运人可以对货物行使留置权，留置相当于运费的货物。承运人可以要求其在规定的时间内付清剩下的运费，如果在规定的时间内没有付清运费，承运人可以申请法院拍卖货物，以拍卖款来偿付运费。

由于在海上运输中使用的运输单证不同，放货的方式也有所不同。下面简单介绍几种放货的方式。

（一）班轮公司提单放货

收货人凭正本提单，付清所有费用，到班轮公司换取提货单，然后拿提货单到班轮公司提取货物，这是正规的放货方式。

关于提货单的换取有两种方法：一是提货通知书连同正本提单换取提货单；二是提货通知书连同副本提单加保函换取提货单。提货单与提单不同，提货单不是物权凭证，不能背书转让，而且只能是记名的。

进口保函和提货单的格式见表 3.13 和表 3.14。

表 3.13　进口保函格式

进口电放保函	
致：（船公司或其代理）	
船名：	航次：
提单号：	柜数：
货名：	件数：
上述货物船公司已经做了电放指示，我公司特此担保，请贵公司予以办理相关放货手续。若由于此电放货物发生纠纷而致使贵公司遭受任何损害或支付任何费用（包括诉讼费用和律师费用），本公司愿意无条件负担一切损害赔偿责任并偿还支付之费用和利息。	
收货人：（签字或盖章）	
日　期：	
联系电话：	

表 3.14　提货单格式

提货单 DELIVERY ORDER			
______地区、场、站 收货人 / 通知方：	SAME AS CONSIGNEE TO ORDER OF GUANGZHOU LIGHT COMPANY		___年___月___日
船名	航次	起运港	目的港
KING	888	纽约	广州
提单号	交付条款	到付海运费	合同号
COS892345	DOOR-DOOR		ABC20130602
卸货地点	到达日期	进库场日期	第一程运输
	28/07/2013		
货　名	数控机床	集　装　箱　号　/ 铅　封　号	
集装箱数	10 × 20' GP	CBHU00164290 CBHU00164291 CBHU00164292 CBHU00164293 CBHU00164294 CBHU00164295 CBHU00164296 CBHU00164297 CBHU00164298	1014621 1014622 1014623 1014624 1014625 1014626 1014627 1014628 1014629
件　数	100 PACKAGES		
重　量	51 000 KG		
体　积	270 CBM		
标　　志		N/M	
请核对放货 广州中远集装箱船务代理有限公司 凡属法定检验、检疫的进口商品，必须向有关监督机构申报。			

（二）无船承运人提单放货

一般来说，无船承运人签发的提单是不能直接用来提取货物的，无船承运人通常都会在货物到达的各个目的港设立海外代理，当无船承运人取得班轮公司签发的主提单后，会将主提单寄给其在目的港的海外代理，而在其签发的分提单上会打上这家海外代理的详细名称、地址、联系电话、传真和电子邮箱等资料，以便于收货人能方便地联系到海外代理。收货人可持无船承运人签发的分提单到其海外代理处换取班轮公司的主提单，然后到承运人处换取提货单提取货物。

（三）拼箱货物的放货

货物到达目的港后，由拼箱公司在目的港的海外代理凭班轮公司签发的主提单，将集装箱从码头集装箱堆场提取出来，运到海外代理的集装箱货运站。集装箱在海外代理的集装箱货运站内进行拆箱。当货物在集装箱货运站拆箱后，海外代理会通知分提单的持有人或提单上标明的收货人提取货物，收货人可以凭无船承运人的分提单到其海外代理的集装箱货运站提取货物。

（四）电放

电报放货简称电放，是指在装货港货物装船完毕，承运人或其代理人已经签发了提单，并已经将提单交给了托运人或还没有交给托运人时，应托运人的要求，承运人或其代理人收回正本提单而以电报、传真、电传、电子邮件的形式通知其在目的港的代理，在不出示正本提单的情况下将货物交给托运人指定的收货人的操作方式。

电放需要注意以下事项：

（1）发货人申请电放，通常出具公司正本保函或在有关提单副本上背书。保函的内容通常有发货人名称、航次、提单号、开航日及货代无条件免责条款，同时需要签署担保协议。

（2）如果签正本提单给发货人后，发货人才提出电放申请，需要收回全套正本提单。

（3）以下情况原则上不允许做电放：以信用证为付款条件；提单为指示提单（只要“收货人”一栏有“order”字样者不得做电放）；不记名提单；付款条件为托收。

（4）电放申请书上常有此句：Please kindly release cargo to Consignee here-below without presentation of the original **（代表 Carrier’s Name 或货代名）Bill of Lading（在不提交 ** 公司的正本 B/L 下请将此票货放给以下载明之收货人）。

（5）使用电放并非不出示提单，只是不出示正本提单（若已出，则一定要全套收回）而出副本提单。为了能详细地反映货物的有关情况，使用副本提单是最好的方式。

（6）电放需要的单据主要有：提单联，即黄联（盖有船代申报章、报关行章、海关放行章以及码头配载室的签收章）；保函；船东运费通知；水单及海运费发票。

在电放时，承运人应注意不能交错货，并以托运人应能收到货款、收货人应能提到货物为前提。出口电放保函的格式见表 3.15。

表 3.15　出口电放保函格式

出口电放保函		
致：某某国际船务代理有限公司		
兹有如下经由贵公司代理船舶排载的货物：		
船名 / 航次：	提单号：	目的港：
货名：		柜量：
集装箱号 / 箱封号：		
我们兹确认授权贵公司对上述集装箱 / 货物进行电放，贵公司可将集装箱交付给收货人：		
地址 / 电话 / 传真 / 联系人：		
我们在此保证承担贵公司、贵公司的委托人及代理因电放上述集装箱 / 货物而承担的任何法律责任和后果。		
货代：（公章）		托运人：（公章）
年　　月　　日		年　　月　　日

（五）无单放货

无单放货是指承运人在收货人没有交还正本提单的情况下，将货物放给了收货人。

承运人无单放货必须为此承担法律责任，即使是在实际提货人原本就是有权提货的人时也不例外，但是并不是所有无单放货的行为都是非法的，有些无单放货的行为是正常的放货方式，例如由一流的银行签署保证书，以保证书换取提货单提货，这种做法是合法的。

无单放货经常出现在以 FOB 条款成交的合同中，因为 FOB 条款成交由买方租船订舱、支付运费，而卖方负责交货，这就出现了运费支付人与货物交付人异体的情况，最后往往要追究国际货运代理企业的责任。

三、突发事件及处理

海运出口代理的三大任务是出口租船订舱、装箱集港和出口报关报检。海运出口代理委托书是国际货运代理人的工作依据，他有义务按照客户的委托指示并谨慎地选择分包方，如集装箱托运公司、报关行等，尽量减少错误的发生。尽管如此，国际货运代理人在工作过程中，还是会偶尔遇到突发事件，因此必须合理、谨慎、快速地作出处理，这种应变能力往往成为很多货主企业选择哪家货运代理企业的重要考查指标。下面简单介绍几种典型的突发事件以及处理措施。

（一）舱位不足

一般而言，每年 5 ~ 10 月或某些地区的贸易高峰期，如欧美重大节日引起的订货量和订货频率增加，往往带来海运旺季。在旺季，我国各大港口经常出现舱位供不应求的情况。这时，国际货运代理人即便已经拥有较固定的船公司资源，也可能遭遇订舱困难。另外，货主临时、紧急的出货需求也可能带来此类问题。

针对这种情况，有经验的国际货运代理人会在旺季到来之前多积累船公司、舱位资源，如多联系几家船公司或订舱代理、积极利用同行资源等，在真正遭遇舱位不足问题时不至于束手无策。货运代理人需要付出更多的成本和精力来获得舱位。

（二）装箱不顺和晚集港

装箱和集港都是针对货物在装船前的准备。就国际货运代理人的责任而言，对于整箱货，不管是产地装箱还是内装箱，都必须将重箱在截港时间前集入码头堆场，即交接给承运人，之后的装船事宜由船方承担。

装箱过程中常见的突发事件有集卡车队运力不足、船公司集装箱量不足、客户装箱地点临时变更、客户货物重量或尺寸与委托时不符导致已申请的集装箱不适用、装箱过程中发生货报事故、装箱设备不适用等。

集港过程中常见的突发事件有交通拥堵、运输事故造成晚集港等。

国际货运代理人应针对可能发生的状况积极预防，加强与客户、集卡车队、船公司和提空箱的堆场等各方的事先沟通，万一出现状况，应及时查明原因积极加以解决，以避免出现最坏的情况，即晚集港被甩货。

（三）通关的相关事件

出口报关过程中常见的事件有报关资料不全、报关单填写错误、因舱单信息或运抵报关传送问题等造成的不予清关、未能在截关时间前提交报关资料、因海关抽验造成时间延误等。

通关不及时也会造成被甩货，因此，国际货运代理人必须加强对特定客户及其货物通关要求的认识，了解海关货物通关的相关规定，丰富报关知识，预先防范。

（四）退关处理

如果在订妥舱位并可能已办妥通关手续的情况下，因晚集港或港方、船方等原因造成甩货或货主要求中止装运，国际货运代理人必须进行退关处理。

1. 货主提出中止装运

出现这种情况，货运代理人应按以下方式处理：

（1）及时通知船方及其代理以便其在载货清单（也称舱单，船舶出境时须提交给海关）及其他随船单据中注销该批货物。

（2）及时通知该批货物目前的监管方，可能是集卡车队、集装箱货运站或港区堆场等，中止装箱集港的操作并注销相关单据，如场站收据等，结清已发生的费用，尽快将货物按货主指示处置，一般是送还货主。

（3）通知报关行向海关办理退关手续，注销该批货物的报关单，尽快取回货主交来的报关资料退还货主。

2. 其他原因导致甩货

此时，货运代理人应立刻查明原因并及时向货主说明情况，按货主指示处理。若货主指示退关并不再出运，货运代理人应及时通知船方及其代理，以便其在载货清单及其他随船单据中注销该批货物。若货主指示再次装运，最为简便的做法是重新预订该船下一航次或该船公司其他航次的舱位，然后重新报关。

货物已经集港的可以申请暂留港区，但要注意装船港区是否有变化；也可以重新预订其他船公司的舱位，但这样做比较麻烦，因为各个船公司一般只接受本公司的集装箱，货运代理人还需将货物拉出港区掏箱后归还空箱，再提取新订舱船公司的空集装箱重新装货，然后再重新报关、集港，等待装船。

任务实训

（1）甲公司出口 100 箱货物，每箱 $45 \times 40 \times 30$ 厘米^3，每箱重 50 千克，查询为 10 级货物，计费标准为 W/M，基本运费率为 50 美元，转船附加费率为 20%，港口附加费率位 10%。

请问：该支付多少运费？

（2）假设某公司出口一批货物，共 1 000 箱，能装入一个 20 英尺的集装箱。每箱体积为 $40 \times 30 \times 20$ 厘米^3，每箱重 18 千克。属于 10 级货物，按照 W/M 计收运费，海运的基本费率是 USD 1 000/TEU，燃油附加费为 30%，计算应支付多少运费。

（3）某轮船从广州黄埔港装载杂货——人造纤维，体积为 20 米^3、毛重为 17.8 吨，运往美国某港口，托运人要求选择卸货港为纽约港、休斯顿港或新泽西港，纽约港和休斯顿港都是基本港口，基本费率为每立方米 80 美元，三个卸货港的附加费率为每运费吨加收 3 美元，计费标准为 W/M。请问：

① 该托运人应支付多少运费？

② 如果改用集装箱运输，那么海运费的基本费率为每个集装箱 1 100 美元，货币附加费为 10%，燃油附加费为 10%。改用集装箱运输时，该托运人应支付多少运费？

③ 若不计杂货运输和集装箱运输两种运输方式的其他费用，托运人从节省海运费角度考虑，是否应选择改用集装箱运输？

综合练习

一、单选题

1. 下列（　　）属于远东—北美航线的港口。

A. 东京　　B. 安特卫普港　　C. 汉堡港　　D. 费利克斯托港

2. 下列（　　）属于远东—北美东航线的港口。

A. 洛杉矶　　B. 新泽西港　　C. 西雅图　　D. 温哥华港

3. 集装箱拼箱货通常的交接条款为（　　）。

A. CY　　B. CFS　　C. Door　　D. Hook

4. 专供装运液体货而设置的集装箱称为（　　）。

A. 平台式集装箱　　B. 开顶集装箱

C. 冷藏集装箱　　D. 罐式集装箱

5. 下列（　　）属于整箱交整箱接的集装箱交接方式。

A. 门和站　B. 场和站　C. 门和场　D. 站和站

6. 关于提货单的特征，说法正确的是（　　）。

A. 物权凭证　B. 可以背书转让

C. 可以不记名　D. 只能记名

7. 理论上来说，集装箱班轮运输下签发的提单是（　　）。

A. 预借提单　B. 收货待运提单

C. 已装船提单　D. 倒签提单

8. 出口方在货物装船取得提单后未能及时到银行议付货款，该提单将成为（　　）。

A. 顺签提单　B. 待运提单

C. 预借提单　D. 过期提单

9. 水泥被水浸泡后完全结成硬块属于（　　）。

A. 实际全损　B. 推定全损

C. 共同海损　D. 单独海损

10. 下列（　　）不属于平安险承保的范围。

A. 自然灾害造成的全部损失

B. 自然灾害造成的部分损失

C. 意外事故造成的全部损失

D. 意外事故造成的部分损失

11. 当提单转让给善意的第三人（提单的受让人、收货人等）以后，承运人与第三人之间的权利、义务按（　　）的规定处理。

A. 买卖合同　B. 运输合同

C. 双方约定　D. 提单条款

12. 由于信用证规定的装运期或交单结汇期已到，而货物尚未装船或货物尚未装船完毕时，应托运人要求而由承运人或其代理人提前签发的已装船提单，称为（　　）。

A. 倒签提单　B. 预借提单

C. 顺签提单　D. 过期提单

13. 海运提单签发的时间是（　　）。

A. 货物装船时　B. 货物装船完毕

C. 货物在港口交给承运人时　D. 货物运到码头时

14. 按货物的毛重或者体积计收，在运价表中用（　　）表示，由船公司选择其中收费较高的一种计收运费。

A. “W/M”　B. “M/W ”

C. “Ad Val”或“A.V.”　D. “W/M plus A.V.”

15. 世界上第一大航运公司是（　　）。

A. 马士基　B. 地中海　C. 中远　D. 长荣海运

16. 横滨港是（　　）的港口。

A. 日本　　B. 美国　　C. 法国　　D. 德国

二、多选题

1. 世界上最主要的海峡有（　　）。

A. 马六甲海峡　　B. 望加锡海峡

C. 麦哲伦海峡　　D. 直布罗陀海峡

2. 世界上规模最大的三条航线主要是（　　）。

A. 远东—北美航线　　B. 远东—欧洲、地中海航线

C. 北美—欧洲、地中海航线　　D. 远东—南美航线

3. 下列（　　）属于远东—欧洲、地中海航线的港口。

A. 东京　　B. 安特卫普港　　C. 汉堡港　　D. 费利克斯托港

4. 下列（　　）属于远东—欧洲、地中海航线的港口（　　）。

A. 德国的汉堡港　　B. 荷兰的鹿特丹港

C. 日本神户港　　D. 马尔萨什洛克港

5. 下列（　　）属于远东—北美东航线的港口（　　）。

A. 纽约　　B. 新泽西港　　C. 查尔斯顿港　　D. 新奥尔良港

6. 下列哪两个港口是世界上前二的大港口？（　　）

A. 鹿特丹港　　B. 安特卫普港　　C. 汉堡港　　D. 纽约港

7. 订舱前应做哪些准备工作？（　　）

A. 认真审核出口货物托运单　　B. 设计运输线路

C. 落实船期和运价　　D. 认真填写订舱单

8. 装箱的基本程序包括（　　）。

A. 换单　　B. 提取空箱　　C. 货物装箱　　D. 重箱集港

9. 集装箱装箱过程中经常可能出现的问题有（　　）。

A. 没有及时换单　　B. 提不到空箱

C. 车辆故障　　D. 天气原因延误装货

10. 关检融合整合申报的主要内容包括（　　）。

A. 整合原报关、报检申报数据项

B. 将原报关报检单整合成一张报关单

C. 将单据单证整合为一套随附单证

D. 将参数整合为一组参数代码

11. 国际海上货物运输的优点有（　　）。

A. 运输能力大　　B. 费用低

C. 风险大　　D. 容易受到自然灾害的影响

12. 下列（　　）属于班轮运输的特点。

A. 四个“固定”

B. 班轮公司和货主一般不订立书面合同

C. “一负责”

D. 班轮公司和托运人双方不计滞期费和速遣费

13. 集装箱运输的优点有（　　）。

A. 简化包装，大量节约包装费用　　B. 提高货运质量，减少货损货差

C. 简化货运手续，降低货运成本　　D. 高投资的运输方式

14. 集装箱的检查包括（　　）。

A. 外部检查　　B. 内部检查

C. 箱门检查　　D. 清洁检查

15. 共同海损和单独海损的区别主要表现为（　　）。

A. 损失的构成不同　　B. 损失原因不同

C. 损失承担不同　　D. 发生的先后顺序一样，同时发生

16. 海上保险的基本原则有（　　）。

A. 诚信原则　　B. 损失补偿原则

C. 近因原则　　D. 保险利益原则

17. 我国海洋货物运输保险的基本险别，包括（　　）。

A. 平安险　　B. 水渍险　　C. 一切险　　D. 附加险

18. 海运提单的作用有（　　）。

A. 运输合同的证明　　B. 运输合同的本身

C. 货物所有权的凭证　　D. 货物收据

19. 银行一般只接受下列哪些提单？（　　）

A. 清洁提单　　B. 不清洁提单

C. 已装船提单　　D. 备运提单

20. 按提单收货人一栏的记载为标准，提单可以分为（　　）。

A. 记名提单　　B. 不记名提单

C. 清洁提单　　D. 指示提单

21. 提单的签发方式有（　　）。

A. 正常签发　　B. 电放

C. 凭保函签发倒签提单　　D. 凭保函签发清洁提单

22. 下列哪些人有资格签发提单？（　　）

A. 承运人本人　　B. 经承运人授权的代理人

C. 载货船船长　　D. 经船长授权的代理人

23. 下列关于甲向保险公司的投保方式正确的有（　　）。

A. 投一切险　　B. 投水渍险 + 战争险

C. 投平安险 + 战争险　　D. 只投战争险

三、判断题

1. 委托代理合同是国际货运代理人为委托人工作的基本依据。（　　）

2. 集装箱，是指具有一定强度、刚度和规格，专供周转使用的大型装货容器，因其外形像一只箱子，而得名集装箱。（　　）

3. 整箱货是指由货方负责装箱和计数，填写装箱单，并加封志的集装箱货物，通常只有一个发货人和一个收货人，所以承运人知道集装箱里面是什么货物。（　　）

4. 拼箱货货主不知道自己的货物装在哪里，因为是由承运人装的货物。（　　）

5. 门、场是整箱交整箱接；站是拼箱交拼箱接。（　　）

6. 委付的条件之一是要将被保险货物全部进行委付，并不得附带任何条件。（　　）

7. 干散货船一般是指定期航行于货运繁忙的航线，以装运零星杂货为主的船舶。（　　）

8. 施救是由被保险人或代理人采取的行为；救助是保险人和被保险人以外的第三人采取的行为。（　　）

9. 基本险可以单独投保，附加险只能和基本险一起进行投保，例如一切险可以和偷窃险一起进行投保。（　　）

10. 海运战争险和罢工险的责任起讫期限仅限于水上危险。（　　）

11. 海运提单可以进行流通转让，但是保险单不能进行流通转让。（　　）

12. 保险凭证具有与保险单不同等的法律效力，保险单的法律效力比保险凭证大。（　　）

13. 预借提单是指在货物装船完毕后，应托运人的要求，由承运人或其代理人签发的提单，但是该提单上记载的签发日期早于货物实际装船完毕的日期。（　　）

14. 倒签提单是指在货物装船完毕后，承运人或其代理人应托运人的要求而签发的提单，但是该提单上记载的签发日期晚于货物实际装船完毕的日期。（　　）

15. 海运提单一般签 3 份正本，副本根据实际情况可以多签几份，正本提单具有法律效力，副本提单不具有法律效力。（　　）

四、计算题

1. 某票货从张家港出口到欧洲费力克斯托（FELIXSTOWE），经上海转船。2 × 20'FCL，上海到费力克斯托的费率是 USD 1 850.00/20'，张家港经上海转船，其费率在上海直达费力克斯托的费率基础上加 USD100/20'，另有货币贬值附加费 10%，燃油附加费 5%。问：托运人应支付多少运费？

2. 我国某出口商委托国际货运代理人出运一票货物，共装 10 个 20 英尺集装箱（TEU）。假设从国内某港口到国外某港口的基本费率是 USD 1 600/20'（TEU），附加费 BAF 是 USD200/TEU，EBS 是 USD80/TEU，PSS 是 150/TEU，CAF 是 USD100/TEU。请问：

（1）托运人应支付多少运费？

（2）如果该出口商要求货运代理人报“ALL IN RATE”，那么“ALL IN RATE”是多少？

（3）如果该出口商要求货运代理人报“ALL IN FREIGHT”，那么托运人应支付多少运费？

3. 一批出口货物 CFR 价格为 USD9 890，买方要求卖方代为在中国投保，卖方委托 A 货代公司按 CIF 加一成投保，保险费率为 1%，请 A 货代公司代卖方来计算该批货物的保险金额是多少，应交纳的保险费是多少？

4. 卖方出口一批体育用品，成交价为 CIF 目的港 USD 40 000，卖方与买方在买卖合同中未特别约定货物运输保险事项，卖方在中国人保（PICC）依据其海洋运输保险条款投保货物一切险，并附加战争险。保险费率分别为 0.9%. 和 0.5%，试计算（分别列明计算公式）：

（1）卖方依据保险惯例如何确定货物的保险金额？

（2）请问该批货物的保险金额是多少？

（3）应交纳多少保险费？

5. 我国 A 外贸公司委托 B 国际货代公司办理一票集装箱货物海运出口手续。货物从我国广州黄埔港口运输到美国纽约港口。货物的积载因素是 1.6 米^3/吨，选用 20 英尺的货柜，20 英尺的货柜自重为 2 吨，最大总重为 24 吨，计算亏舱后集装箱的最大总容积为 28 米^3。到美国纽约的基本费率是每个 20 英尺的货柜为 1 500 美元，燃油附加费每个货柜 825 美元，货币贬值附加费每个货柜 700 美元，港口附加费每个货柜 300 美元。请问：

（1）一个 20 英尺的货柜实际上最多可以装多少该票货物？

（2）A 外贸公司咨询 B 国际货代公司“ALL IN RATE”和“ALL IN FREIGHT”，分别是多少？

（3）A 外贸公司如果托运两个 20 英尺的货柜，需要支付的总运费是多少？

（4）A 外贸公司如果托运两个 20 英尺的货柜，最多可以装载多少该票货物？

6. 我国某货主托运一批货物，该货物的积载因素是 1.6 米^3/吨。如将该票货物装于 20 英尺的货柜中，已知该集装箱的自重为 2.5 吨，最大总重为 24 吨，计算亏舱后最大总容积为 29 米^3（计费标准按 LCL 条款，即 USD200/M），请问：

（1）通常情况下该集装箱最大装载货物是多少？

（2）集装箱实际最多能装该货物多少吨？

（3）如果货主仅托运 3 吨该票货物，按照货物的重量或体积计收运费，分别应收多少美元？

（4）如果货主仅托运 3 吨该票货物，则货主实际应付运费多少美元？

五、思考题

1. 简述班轮运输的概念和特点。
2. 简述集装箱货物整箱和拼箱的操作程序。
3. 简述订舱前的准备工作主要有哪些。
4. 简述共同海损和单独海损有哪些区别。
5. 简述提单的作用。
6. 简述放货的几种方式该如何操作。

六、案例分析题

1. 我国 A 公司与某国 B 公司签订购买化肥的 CFR 合同。A 公司为这批货物投了水渍险。船舶在航行途中突然起火，造成部分化肥烧毁。船长在命令救火的过程中又造成部分化肥湿毁。由于船舶在装运港的延误，使该船到达目的地时正好遇上化肥价格下跌，A 公司在出售余下的化肥时价格不得不大幅度下降，给 A 公司造成了很大的损失。

请回答：

（1）途中烧毁的化肥属于什么损失？应由谁承担？

（2）途中湿毁的化肥属于什么损失，应由谁承担？

2. 2020年10月16日，Y保险公司承保自德国汉堡运往中国上海的货物。投保人为B公司，收货人是W进口公司，保险条款为一切险加战争险。该批货物于2020年10月6日装船，Z货运公司签发了以A货运公司为承运人的已装船清洁提单，承运船舶为“H轮”。该批货物于2020年11月6日到达上海港，2020年11月16日收货人W公司从码头提货，开箱后发现货物有水湿现象，2020年11月17日，中国外轮理货公司出具了发现货物水湿的报告，Y保险公司在目的港的检验代理人A公司对受损货物进行了检验并出具了检验报告，认定货损原因系承运船舶在运输过程中所导致。请问：

（1）W进口公司可以要求谁承担赔偿责任？为什么？

（2）如果保险公司赔偿了W进口公司，它能否向“H轮”行使权利？行使的是什么权利？

（3）如果货物全部都损失了，不能再使用了，W进口公司能否把货物的全部权利和义务转移给保险公司，要求保险公司赔偿他全部损失呢？这种权利和义务的全部转移在保险法中叫作什么？W进口公司一旦转移，而对方又接受了，能否撤销？

3. 2020年9月15日，经营国际集装箱拼箱业务的A国际货运代理企业在神户港自己的集装箱货运站（CFS）将分别属于6个不同发货人的拼箱货装入一个20英尺的集装箱，然后向某班轮公司托运。该集装箱于2020年9月18日装船，班轮公司签发给A国际货运代理企业CY/CY交接的FCL条款下的MASTER B/L一套；然后A国际货运代理企业向不同的发货人分别签发了CFS/CFS交接的LCL条款下的HOUSE B/L共6套，所有的提单都是清洁提单。2020年9月23日，载货船舶抵达提单上记载的卸货港。第二天，A国际货运代理企业从班轮公司的CY提取了外表状况良好和铅封完整的集装箱（货物），并在卸货港自己的CFS拆箱，拆箱时发现两件货物损坏。2020年9月25日，收货人凭A国际货运代理企业签发的提单前来提货，发现货物损坏。请分析：

（1）收货人向A国际货运代理企业提出货物损坏赔偿的请求时，A国际货运代理企业是否要承担责任？为什么？

（2）如果A国际货运代理企业向班轮公司提出集装箱货物损坏的赔偿请求，班轮公司是否要承担责任？为什么？

（3）A国际货运代理企业如何防范这种风险？

4. 我国A公司向英国B公司出口某商品，合同规定1～6月分数批装运，不可撤销即期信用证付款。合同签订后，B公司按时开来信用证，装运条款规定为“最迟装运期6月30日，1～6月按月等量装运，每月2 500箱”。我方实际出口时，1～3月份交货正常，我方顺利结汇；4月份因船期延误，拖延至5月3日才实际装运出口，海运提单倒签为4月30日。5月5日我公司在同一船只“吉祥”号上又装运2 500箱。开证行收到单据后来电表示对这两批货拒付货款。试分析A公司有何失误，开证行拒付是否有理。

5. 某公司收到国外开来一份信用证，证内规定“全套、清洁、已装船的海运提单，仅由纽约芝加哥第一银行收货”。试分析：

① 这是一张什么类型的提单？

② 提单上的收货人应如何填写？

③ 提单上的收货人能否将提单背书转让？

6. 我国A外贸公司向美国纽约B公司出口一批货物，即期信用证方式付款。货物运输时，因需要经我国香港转船而由某船公司出具转船联运提单，货物到了纽约后B公司倒闭，整批货物被另一家公司以伪造提单取走。待A公司将正式提单及其他单据寄达纽约后无人赎单付款，委托国外银行凭提单提取货时也提不到货，于是向船公司进行索赔。船公司以其是第一程承运人为由拒绝承担责任。试分析：

① 船公司拒绝承担责任是否正确？为什么？

② 我国A公司从中该吸取什么经验教训？

7. 2021年5月初，我国A外贸公司委托B货运代理公司办理一批海运货物出口手续，装货港为中国宁波港，卸货港为英国伦敦港。双方当事人签订书面的海上货运代理合同，并就货运代理企业交付单证和委托人支付费用互为给付条件做了明确规定。B货运代理公司依合同完成了全部委托事宜。货物出运后，由于A外贸公司未向B货运代理公司支付相关费用，所以B货运代理公司扣留该票货物的海运提单和其他单证，请分析并回答下列问题：（参照《最高人民法院关于审理海上货运代理纠纷案件若干问题的规定》第七条的规定：海上货运代理合同约定货运代理企业交付处理海上货运代理事务取得单证是以委托人支付相关费用为条件，货运代理企业以委托人未支付相关费用为由拒绝交付单证的，人民法院应予支持。合同未约定或约定不明确，货运代理企业以委托人未支付相关费用为由拒绝交付单证的，人民法院应予支持，但提单、海运单或者其他运输单证除外。）

（1）B货运代理公司是否有权利扣留提单，为什么？

（2）如果合同未对上述交付单证和支付费用问题作出约定，B货运代理公司是否有权扣留提单，为什么？

（3）如果合同未对上述交付单证和支付费用问题作出约定，B货运代理公司是否有权扣留其他单证，为什么？

8. A货主委托B货代公司出运一批货物，从青岛到新加坡。B货代公司代表A货主向C船公司订舱，货物装船后，B货代公司从C船公司处取得提单。C船公司要求B货代公司暂扣提单，直到A货主把过去拖欠该船公司的运费付清以后再放单。随后A货主向海事法院起诉B货代违反代理义务，擅自扣留提单而造成其无法按时结汇产生损失。

根据上述案例。请分析：

（1）B货代公司对A货主的损失是否承担责任？为什么？

（2）C船公司本身是否有权暂扣提单？为什么？

项目四

国际航空货运代理业务操作

项目导言

本项目主要讲授国际货运代理人在国际空运业务操作中应掌握的相关知识与技能。下面简单介绍一下该项目的基本操作程序：

1. 揽货报价

与海运类似，货运代理公司在为货主提供货运代理服务之前，同样需要进行磋商，并提供前期的咨询服务（包括托运货物相关事项咨询、相应运价的咨询等）。

2. 委托订舱

磋商达成一致后，签订委托代理合同或货运代理委托书，并根据国际货运代理委托书内容向航空公司订舱。

3. 单货交接

货主的单证和货物备好之后，就可以跟客户交接单货了。接受单证和接收货物一般是同时进行的，但在实际操作中，由于各种原因的影响，也可能先单后货或先货后单的情况。

此后，货物还涉及多次交接，如出口货代与承运人之间、头程承运人和二程承运人之间、承运人和进口货代之间，以及进口货代与进口商（即实际收货人）之间等。

4. 单证缮制

制单是指空运代理缮制空运相关单证的行为。目前，对于在机场拥有自己的仓库、自己的空运单的货运代理人，在货物交航空公司前，通常需要缮制航空货运单和货物交接清单等单证，并制作相应的标签、标识。

同时，中国的航空公司一般不代买航空货运保险，因此，空运投保一般是由货主或货主的代理向保险公司办理。若是由货代公司负责办理投保，则还需要缮制相应的空运投保单并办理投保手续。由于空运投保方式与海运类同，在此不再详述。

5. 进口理单理货与配送

进口货运代理公司从航空公司接货后，随即短途将货物接驳进自己的监管仓库。货物经过理单、理货后进行仓储，同时货代应向收货人发出到货通知。收货人或其代理完成进口报关后，可以自行提货，也可以委托进口货代配送到收货地址或转运到其他地点。

任务一　揽货报价

任务目标

能够提供前期咨询服务，能够查询运价并报价，并在上述过程中通过良好的服务成功揽收货物。

任务情景

如前所述，广州振捷国际货运代理有限公司（以下简称“振捷货运”）与广州机电贸易有限公司（以下简称“机电贸易”）已经签订了国际货运代理合同，并有过几票海运的业务。你作为振捷货运的业务员，接到机电贸易物流专员的来电，询问一票货物的空运事宜。这是机电贸易第一次询价空运货物，你需要把握机会，争取将该公司的空运业务也揽到本公司旗下。

知识链接

一、认识航空地理

（一）国际航协（IATA）航空业务区的划分

为便于世界各国航空公司的合作和业务联系，又考虑到世界不同地区社会经济与贸易状况的差异，国际航协（IATA）在制定运价规章的过程中，将世界划分为三个航空运输业务区（Traffic Conference Areas，简称 TC），即 TC1，TC2，TC3。

而在 IATA 运价区域中，上述三个大区又被细分为一些次区或小区，如表 4.1 所示。

表 4.1　IATA 国际航空业务区域

半　球	业　务　区	业务次区
西半球 Western Hemisphere	Area1 （TC1） 业务一区	North America（北美洲）
		Central America（中美洲）
		South America（南美洲）
		Caribbean Islands（加勒比海地区）
东半球 Eastern Hemisphere	Area2 （TC2） 业务二区	Europe（欧洲）
		Africa（非洲）
		Middle East（中东）
	Area3 （TC3） 业务三区	South East Asia（东南亚）
		Japan and Korea（日韩）
		South Asian Subcontinent（南亚次大陆）
		South West Pacific（西南太平洋）

（二）世界国际航线及其分布特点

与海运类似，世界国际航空线路也是通过连结的地区来划分的，如西半球航线、东半球航线、北大西洋航线、北太平洋航线、欧亚航线、北极航线等。

航线最密集的地区为西欧、北欧、北美、东亚等;航线最密集的国家为美国、日本、英国、法国、德国、中国等；航线最繁忙的海域为北大西洋和北太平洋海域，其中北大西洋航线主要连接北美和欧洲，北太平洋航线主要连接北美和亚太地区。

世界国际航线的分布特点为：

（1）南半球的航线密度远远小于北半球的航线密度，北半球的国际航线以东西向为主，南半球的国际航线以南北向为主。

（2）世界航线走向的总体趋势呈东西向，主要的国际航线集中分布在北半球的中纬地区，大致形成一个环绕中纬的航空带。

（3）在纬向航空带的基础上，由航线密集区向南辐射，形成一定的经向航线的分布。

二、认识空运代码

代码是在长期的实践中逐步形成并最终通过一定形式固定下来的，是方便沟通与操作的字符组合，在这里介绍的主要是与航空货运相关的一些常用代码。

（一）国家或地区代码

在航空运输中采用的是国际标准化组织（ISO）发布的二字代码，如表 4.2 和表 4.3 所示。

表 4.2　常见的国家代码

英文全称	中文简称	二字代码
China	中国	CN
United States of America	美国	US
Russian Federation	俄罗斯	RU
United Kingdom	英国	GB
France	法国	FR
Germany	德国	DE
Italy	意大利	IT
Spain	西班牙	ES
Canada	加拿大	CA
Australia	澳大利亚	AU
Japan	日本	JP
Korea	韩国	KR
Singapore	新加坡	SG

表 4.3　常见的地区代码

英文全称	中文简称	二字代码
Hong Kong	中国香港	HK
Taiwan	中国台湾	TW

（二）城市代码

城市代码一般采用三字，如表 4.4 所示。

表 4.4　常见的城市代码

英文全称	中文全称	三字代码	所属国家
Beijing	北京	BJS	中国
Guangzhou	广州	CAN	
Shanghai	上海	SHA	
Shenzhen	深圳	SZX	
New York	纽约	NYC	美国
Chicago	芝加哥	CHI	
Los Angeles	洛杉机	LAX	
London	伦敦	LON	英国
Paris	巴黎	PAR	法国
Frankfurt	法兰克福	FRA	德国
Dubai	迪拜	DXB	阿联酋
Tokyo	东京	TYO	日本
Seoul	首尔	SEL	韩国

（三）机场代码

机场代码不一定与城市代码相一致，因为一座城市可能有不止一个机场，也可能是受机场名称、历史习惯等诸多方面因素的影响。表 4.5 以中国三大城市为例对此进行说明。表 4.6 则列举了一些常见的国外机场的三字代码。

表 4.5　城市代码与机场代码比较

城　市	城市代码	机　场	机 场 代 码
北京	BJS	首都国际机场	PEK
广州	CAN	广州白云机场	CAN
上海	SHA	上海虹桥国际机场	SHA
		上海浦东国际机场	PVG

表 4.6　常见的国外机场的三字代码

机场的英文全称	所在国家	所在城市	中文全称	三字代码
Dulles Int' l	美国	华盛顿	杜勒斯国际机场	IAD
John F. Kennedy Int' l		纽约	肯尼迪国际机场	JFK
O' Hare Int' l		芝加哥	奥黑尔国际机场	ORD
Heathrow Int' l	英国	伦敦	希斯罗国际机场	LHR
Charles de Gaulle Int' l	法国	巴黎	戴高乐国际机场	CDG
Frankfurt Int' l	德国	法兰克福	法兰克福国际机场	FRA
Narita Int' l	日本	东京	成田机场	NRT
Kansai Int' l		大阪	关西国际机场	KIX

（四）航空公司代码

航空公司代码一般有三种类型，分别是二字代码、三字代码和三位数字代码。其中二字代码和三字代码在大多数情况下用来代表航空公司名称，如标记在航班号、集装器号中，而数字代码主要是用于构成航空主运单号的一部分。

通常航空公司使用的字母代码是二字代码，但个别航空公司习惯使用三字代码作为其公司名称的缩写，比如由瑞典、丹麦和挪威联合经营的斯堪的纳维亚航空公司，通常使用三字代码SAS，而不用SK；再比如荷兰皇家航空公司，也往往使用KLM而不用KL。表4.7中列出的是常见的中外航空公司代码。

表4.7　常见的中外航空公司代码

航空公司英文名称	航空公司中文名称	二字代码	三位数字代码	所在国家
Air China International	中国国际航空公司	CA	999	中国
China Eastern Airlines	中国东方航空公司	MU	781	中国
China Southern Airlines	中国南方航空公司	CZ	784	中国
Cathay Pacific Airways Ltd.	国泰航空公司	CX	160	中国
China Airlines Ltd.	中华航空公司	CI	297	中国
Northwest Airlines Inc.	西北航空公司	NW	012	美国
America Airlines	美利坚航空公司	AA	001	美国
Air Canada	加拿大航空公司	AC	014	加拿大
British Airways	英国航空公司	BA	125	英国
Virgin Atlantic	维珍航空公司	VS	932	英国
Air France	法国航空公司	AF	057	法国
German Lufthansa AG	汉莎航空公司	LH	020	德国
Qantas Airways Limited	澳洲航空公司	QF	081	澳大利亚
Japan Airlines	日本航空公司	JL	131	日本
Korean Air	大韩航空公司	KE	180	韩国
Singapore Airlines Limited	新加坡航空公司	SQ	618	新加坡

（五）航空货运操作代码

在运输过程中，操作人员往往需要根据所运输货物的性质而采取相应的操作，因此对于某些特殊的货物来说，就需要事先对这些货物的性质进行规范化的界定，并标记相应的规范的操作代码，以便各个运输环节中操作人员都能够简便、快捷、清晰地了解货物的性质并采取规范化的操作策略。表4.8列举了常见的操作代码。

表 4.8　常见的操作代码

操作代码	英文全称	中文全称
WET	Shipments of Wet Material Not Packed in Watertight Containers	湿潮货
EAT	Foodstuffs	食品
ICE	Dry Ice	干冰
BIG	Outsized	超大货物
HEA	Heavy Cargo, 150 kgs and Over Per Piece	单件 150 千克以上的货物
VAL	Valuable Cargo	贵重物品
DIP	Diplomatic Mail	外交邮袋
FRO	Frozen Goods	冷冻货物
PER	Perishable Cargo	易腐货物
OHG	Overhang Item	拴挂货物
NWP	Newspapers, Magazines	报纸、杂志
OBX	Obnoxious Cargo	有强烈异味的货物
CAO	Cargo Aircraft Only	仅限货机
LHO	Living Human Organs/Blood	人体器官 / 鲜血
AVI	Live Animal	活动物

（六）危险品代码

危险品代码从其性质来说，与上述的操作代码本质上是一样的，都是根据货物的性质而需要进行特殊操作，所以才制定的一系列代码。但鉴于危险品运输不仅在空运中，而且在所有类型的运输中都是操作难度最大也最复杂的一类货物，再加上其对人员、设备、财产存在不同程度的损害风险，因此业内往往把关于危险品的事项都单独列出并重点关注。表 4.9 所示为一些常见的危险品代码。

表 4.9　常见的危险品代码

危险品代码	英文全称	中文全称
RCL	Cryogenic Liquids	低温液体
RCM	Corrosive	易腐蚀的货物
RCX	Explosives 1. 3C	爆炸物 1.3C 类
RFL	Flammable Liquid	易燃液体
ROP	Organic Peroxide	有机过氧化物
RPG	Toxic Gas	有毒气体
RRW	Radioactive material, Category I-white	放射性包装，I 类白色包装

（七）常用的空运相关缩略语

除了上述的各种代码外，在航空运输中还有一些根据长久实践而总结出来并广泛使用的缩写，虽然不是代码，但起到了与代码相类似的作用，因此也可以称其为缩写代码。表 4.10 中就列出了部分常用的缩写代码。

表 4.10　常用的缩写代码

缩写代码	英文全称	中文全称
AWB	Air Waybill	航空货运单
EWB	Express Waybill	快递运单
HWB	House Air Waybill	分运单
MWB	Master Air Waybill	主运单
SLI	Shipper's Letter of Instruction	托运书
MCO	Miscellaneous Charges Order	旅费证
LAR	Live Animals Regulations	活动物运输规程
DGR	Dangerous Goods Regulations	危险物品手册
CCA	Cargo Charges Correction Advice	货物运费更改通知书
CC	Charges Collect	运费到付
PP	Charges Prepaid	运费预付
CASS	Cargo Accounts Settlement System	货运账目清算系统
COD	Cash On Delivery	提货付款
NVD	No Value Declared	无声明价值
NCV	No Commercial Value	无商业价值
ULD	Unit Load Device	集装器

三、空运相关费用

航空货物运输所涉及的费用有多种，但主要可以分为航空运费、声明价值附加费和其他费用这三类。

（一）航空运价（Rate）

运价，又名费率，指承运人对所运输每一单位计费重量的货物所收取的自始发地机场到目的地机场的航空运输费用。

货物的航空运价一般以运输始发地的本国货币公布，有的国家以美元代替本国货币公布。运输始发地销售的航空货运单的任何运价、运费值均应为运输始发地货币，即当地货物，以美元公布运价的国家的当地货币为美元。

销售的航空货运单所使用的运价应为填制货运单之日的有效运价。

按运价制定的途径划分，国际货物运价可以分为协议运价和国际航协运价。国际航协在 TACT 中所公布的运价又具有自己独立的运价体系，如表 4.11 所示。

表 4.11　国际航空货物运价体系

<table>
<tr><td rowspan="13">国际航空货物运价</td><td rowspan="7">协议运价</td><td rowspan="5">按定价方式分</td><td rowspan="4">协议定价</td><td rowspan="2">包板（舱）</td><td>死包板（舱）</td></tr>
<tr><td>软包板（舱）</td></tr>
<tr><td rowspan="2">运费返还</td><td>按销售量返还</td></tr>
<tr><td>按销售额返还</td></tr>
<tr><td colspan="3">自由销售</td></tr>
<tr><td rowspan="2">按时间分</td><td colspan="3">长期协议</td></tr>
<tr><td colspan="3">短期协议</td></tr>
<tr><td rowspan="6">IATA 运价</td><td colspan="3" rowspan="4">公布直达运价（Published Through Rates）</td><td>普通货物运价（General Cargo Rate）</td></tr>
<tr><td>指定商品运价（Specific Commodity Rate）</td></tr>
<tr><td>等级货物运价（Commodity Classification Rate）</td></tr>
<tr><td>集装货物运价（Unitized Consignments Rate）</td></tr>
<tr><td colspan="3" rowspan="2">非公布直达运价（Un-published Through Rates）</td><td>比例运价（Construction Rate）</td></tr>
<tr><td>分段相加运价（Combination of Rates and Charges）</td></tr>
</table>

（二）航空运费（Weight Charge）

航空运费是指航空公司将一票货物自始发地机场运输到目的地机场所应收取的航空运输费用，其计算公式为：

航空运费 = 计费重量 × 适用的运价

（三）计费重量（Chargeable Weight）

计费重量是指用以计算货物航空运费的重量。货物的计费重量或者是货物的实际毛重，或者是货物的体积重量，或者是临界点重量。

1. 实际毛重（Actual Gross Weight）

实际毛重是指包括货物包装在内的货物重量，在使用千克（kg）来表示实际毛重时，其最小计量单位为 0.1 kg。

2. 体积重量（Volume Weight）

按照国际航协规则，将货物的体积按一定的比例折合成的重量，称为体积重量。其折算方式为：

（1）不论货物的形状是否为规则的长方体或正方体，计算货物体积时，均应以最长、最宽、最高的三边的长度（以厘米做单位）计算。

（2）长、宽、高的小数部分按四舍五入法取整。

（3）体积重量的折算，换算标准为每 6 000 cm^3 折合 1 kg，公式如下：

$$\text{体积重量（kg）} = \frac{\text{货物体称}(cm^2)}{6\,000(cm^2/kg)}$$

由此可见，实际毛重是实际称出来的重量，体积重量是实际量出来的体积折算的重量，因此，不论是实际毛重还是体积重量，都是货物的实际重量。

注意：有些国家体积重量换算是以 1 kg=7 000 cm^3 来计算的。

3. 临界点重量

类似于海运，单位重量的货物空运的运价也是随着重量的递增而相应分等级递减的，而这里的“临界点重量”就是指较高重量级别的起始重量。

4. 计费重量的选取与运费计算

计费重量的选取规则为：

• 先确定货物的实际重量，采用货物的实际毛重与货物的体积重量中较高者。

• 若货物按临界点重量计算的航空运费较低，则采用此临界点重量作为货物的计费重量。

【例 4.1】 已知上海至东京的 45 千克以下级运价为 30.22 元 / 千克，45 千克以上级的运价为 22.71 元 / 千克，计算一箱实际毛重为 40 kg，尺寸为 60 cm×40 cm×40 cm 的普通货物从上海至东京的航空运费。

① 计算体积重量：60×40×40/6 000=16（kg）。

② 确定实际重量：由于 16 kg<40 kg，所以采用实际毛重作为计费重量。

③ 按 45 kg 以下级运价计算，运费为：40×30. 22 = 1 208.80（元）。

④ 按 45 kg 以上级运价计算，因 40 kg 接近于 45 kg 这个较高重量级别的重量分界点，故采用该级别的起始重量 45kg 作为计费重量，算出运费为：45 × 22.71 = 1 021.95（元）。

⑤ 确定计费重量与运费：由于 1 021.95 < 1 208.80，故按较低的金额收取运费，相应的，45 kg 就是计费重量。

5. 计费重量的单位

国际航协规定，若国际货物的计算单位是千克，则计费重量以 0.5 kg 为最小单位；尾数不足 0.5 kg 的，按 0.5 kg 计算；0.5 kg 以上不足 1 kg 的，按 1 kg 计算。如：

Gross Weight 105.2 kg = Chargeable Weight 105.5 kg

Gross Weight 105.8 kg = Chargeable Weight 106.0 kg

（四）最低运费（Minimum Charge）

最低运费是指一票货物自始发地机场至目的地机场航空运费的最低限额。它是不论货物重量的多少和体积的大小，在两地点之间运输一批货物应收取的最低费用金额。货物运价按其适用的航空运价与其计费重量相乘计算出的航空运费，应与货物最低运费相比，取高者。

四、运价查询、运费计算与报价

（一）运价查询

在航空货运业务操作中，具有航空公司销售代理资格的货代（又称一代、空代）和业务量大、资源丰富的货代一般直接从航空公司获取一手价格，或与航空公司签订包板、包舱、包机协议，以此获得稳定的一手价格。

一般的中小型货代可能在某些航线、航班上向航空公司包板、包舱，也可能向一手货代订舱，通过一手货代的舱位运输；前者同样获得航空公司的一手价格，后者则是一手货代加价后放出来的二手价格。

鉴于不同公司在不同的航线、不同的航空公司处各有优势，因此，空运报价之前需要根据实际情况向航空公司或一手货代查询运价及其他相关费用。

（二）运费计算

1. 普通货物运价（General Cargo Rate，GCR）

对于普通货物，在介绍计费重量的选取时已经介绍了其运费的计算方法，在此不再赘述。

需要注意的是，若计算出的运费低于最低运费的话，则采用最低运费作为该票货物的实际运费。

2. 指定商品运价（Specific Commodity Rate，SCR）

（1）指定商品运价是指适用于自规定的始发地至规定的目的地运输特定品名货物的运价。产生指定商品运价的原因可归纳为以下两方面：

① 在某特定航线上，一些较为稳定的货主经常地或者是定期地托运特定品名的货物，托运人要求承运人提供一个较低的优惠运价。

② 航空公司为了有效地利用其运力，争取货源并保证飞机有较高的载运率，向市场推出一个富有竞争力的优惠运价；有些指定商品运价还公布了不同的重量等级，旨在鼓励货主托运大宗货物。

由此可见，就其性质而言，该运价是一种优惠性质的运价。因此，通常情况下，指定商品运价低于相应的普通货物运价。也正因为如此，指定商品运价在使用时，对于货物的起讫地点、运价使用期限、货物运价的最低重量起点等均有特定的条件。

（2）计算指定商品运价的步骤：

① 先查询运价表，如有指定商品代号，则考虑使用指定商品运价。

② 查找 TACT 的品名表，找出与运输货物品名相对应的指定商品代号。

③ 如果货物的计费重量超过指定商品运价的最低重量，则直接使用指定商品运价。

④ 如果货物的计费重量没有达到指定商品运价的最低重量，则还需要计算使用 GCR 时产生的运费，两相比较取其低者。

（3）指定商品运价的代号。使用指定商品运价计算航空运费的货物，其航空货运单的“运价类别栏”（Rate Class）用字母“C”表示。

3. 等级货物运价（Commodity Classification Rate, CCR）

等级货物运价是指在规定的国际航空运输协会业务区内或业务区之间运输特定等级货物的运价。

国际航空运输协会规定的等级货物运价主要包括以下几种：活动物运价，贵重货物运价，书报杂志类货物运价，作为货物运输的行李运价，尸体、骨灰运价，汽车运价等。

等级货物运价是在普通货物运价基础上附加或附减一定百分比，此种附加或附减的规则公布在 TACT Rules 当中，运价的使用和运费的计算必须与 TACT Rates Books 一同使用。

通常，附加或不附加也不附减的等级货物运价用代号“S”表示（S-Surcharged Class Rate）；附减的等级货物运价用代号“R”表示（R-Reduced Class Rate）。此代码应当填写到货运单的“运价类别”（Rate Class）栏中。

同时，在“货物代码”（Commodity Item No.）栏中填写计算 CCR 时所使用的规则，如 N100 代表计算规则为 100% Normal GCR 的附加运价，Q150 代表计算规则为 150% Applicable GCR 的附加运价，N50 代表计算规则为 50% Normal GCR 的附减运价。

具体的等级货物运价构成规则与货运单填制规范如表 4.12 所示。

表 4.12　等级货物运价构成规则与货运单填制规范

运价规则	运用说明	重量级别	运价类别栏	货物代码栏
Normal GCR	只能使用 N 价	不考虑	S	N100
Normal GCR or Over 45 kg	只能使用 N 价和 Q45 价	仅限 Q45	S	N100/ Q100
Appl. GCR	按 GCR 计算	可使用	S	N100/ Q100
As a Percentage of Normal GCR	按 N 价附加某个百分比	不考虑	S	N***
	按 N 价附减某个百分比	不考虑	R	N**
As a Percentage of Appl. GCR	按 GCR 价附加某个百分比	可使用	S	N***/Q***
	按 GCR 价附减某个百分比	可使用	R	N**/Q**

4. 运价的使用顺序

（1）优先使用协议运价。如果有协议运价，则优先使用协议运价。

（2）公布直达运价。若无协议运价，则使用公布直达运价。在相同运价种类、相同航程、相同承运人条件下，公布直达运价应按下列顺序使用：

① 优先使用指定商品运价，如果指定商品运价条件不完全满足，则可以使用等级货物运价和普通货物运价。

② 使用等级货物运价，等级货物运价优先于普通货物运价使用。

③ 使用普通货物运价。

（3）非公布直达运价。当运输两点间无公布直达运价，则应使用非公布直达运价，非公布直达运价应按下列顺序使用：

① 优先使用比例运价构成全程直达运价。

② 当两点间无比例运价时，使用分段相加办法组成全程最低运价。

5. 例外情况

在使用运价时，还需要考虑以下例外的情况：

（1）如果货物可以按指定商品运价计费并同时属于等级货物，但如果因其重量没满足指定商品运价的最低重量要求，则用等级货物运价计费，可以与指定商品运价计费结果相比较，取低者。

（2）如果货物可以按指定商品运价计费，但如果因其重量没满足指定商品运价的最低重量要求，则用普通货物运价计费，可以与指定商品运价计费结果相比较，取低者。

（3）如果货物属于附减的等级货物，即书报杂志类、作为货物运输的行李等，则用普通货物运价计费，可以与等级货物运价计费结果相比较，取低者。

（三）报价

根据查询到的运价，加上本公司的合理利润后，计算出相应的运费。在将此运费连同其他费用一起向客户报价。具体报价方式一般分为三种：

（1）按各收费项目分别报价，清晰明了但相对复杂。

（2）综合各种费用后报一个全包价（All-in），方便易懂但客户可能对价格构成有疑虑。

（3）结合前两者，根据客户需求，报全包价（除特定项目外）+ 特定项目费用；或报全包价，但同时说明其中包含的某些特定项目的费用。

报价时，给自己预留的利润应适当，过高则容易流失客户或降低客户满意度，过低则自身利益受损且容易形成恶性竞争。

任务实训

（1）根据下列信息，判断其适用于哪种类型的运价，并计算运费。

Routing：BEIJING, CHINA（BJS）to SINGAPORE（SGP）

Commodity：GARMENTS

Gross Weight：42.6 KGS

Dimensions：101 cm×58 cm×32 cm

Applicable TACT Rates are as follows：

BEIJING Y. RENMINBI	CN CNY		BJS KGS
SINGAPORE	SN	M	200.00
		N	30.50
		45	25.49
		100	22.38

（2）有一票从广州发往伦敦的新鲜荔枝，每箱毛重 5 kg，尺寸为 30 cm × 18 cm × 25 cm，共 100 箱，请上网查找相应的航班、日期、运价及其他相关费用，加收运费（不含其他费用）的 10% 为利润，并向客户报价。

任务二　委托订舱

任务目标

- 熟悉航空货运运输各方面限制，能够甄别能否接受客户的货运委托。
- 能够审核与确认客户发来的委托书；能够向航空公司订舱。

任务情景

振捷货运向机电贸易报价后，机电贸易接受报价并发来货运委托，你作为振捷货运的业务员，需要审核客户的委托书，确定是否接受客户的委托。若确定接受，则需要向航空公司申请订舱。

知识链接

一、委托运输

（一）委托运输的含义

国际航空货运委托指的是航空货运的发货人授权国际航空货运代理为其办理国际航空货运业务的相关事宜，双方通过委托书明确彼此的责任和义务。

在国际航空运输的委托过程中，托运人需向国际航空货运代理提供托运书、发票、装箱单、报关单、进出口许可证等。

在接到托运人委托后，单证操作前，货运代理公司的指定人员对托运书进行审核（也称为合同评审）。审核的主要内容是价格和航班日期。

审核完成后，若要确认接受客户委托，审核人员必须在托运书上签上自己的姓名和日期，并反馈给客户。

（二）航空货运委托的限制

相比其他运输方式，国际航空货运所运输的货物多为时间要求紧、货物价值较高、运输条件要求较高的货物，如鲜花、精密仪器、邮件等，另外，飞机本身也对货物有一定的限制，如果托运货物超出航空公司的收运限制，空运代理应及时通知收货人。具体规定如下：

1. 货物价值限制

（1）每次班机装载的货物总价值不得超过 600 万美元。

（2）每次班机上所装载的贵重物品总价值不得超过 100 万美元。

（3）每份运单上货物的声明总价值不得超过 10 万美元，如果超过以上限制，则须得到有关航空公司的批准方可运输。

2. 重量和尺寸限制

（1）货物重量限制。

窄体飞机承运的散装货物一般不超过 150 千克/件（有的航空公司规定不超过 70 千克/件）；宽体飞机载运的货物，重量不得超过集装设备的最大载量，对有些危险品实行限量运输。

（2）货物尺寸限制。

货物的尺寸三边之和不得小于 40 cm，且体积一般应不小于 20 cm × 15 cm × 5 cm。

（3）舱门尺寸和货舱结构的限制。

散装货物应查阅《散装货物装载表》；集装货物应查阅《集装器尺寸限制表》和《集装器适配表》。如：可装 PIP 板（低板）的飞机的舱门高度限制为 164 cm，装 P6P 板（高板）的飞机的舱门高度限制为 294 cm。

3. 付款限制

（1）有些货物（如尸体、骨灰，活体动物，易腐食品，报纸、印刷品、新闻胶片，酒精饮料等）不得做运费到付。

（2）运费与声明价值附加费必须全部预付或全部到付。

（3）在始发站发生的其他费用必须全部预付或全部到付，在中转站、途中或目的站发生的其他费用应全部到付，但如果在始发站能预先确定中转站或目的站所发生的费用，则应预付。

（4）在目的站发生的其他费用只能全部到付。

（三）接收、审核与确认托运书

1. 托运书的定义和作用

托运书（Shippers Letter of Instruction, SLI）是托运人用于委托承运人或其代理人填开航空货运单的一种表单，表单上列有填制货运单所需各项内容，并应印有授权承运人或其代理人代其在货运单上签字的文字说明。托运书的样例见图 4.1。

作为货主委托代理承办航空货运出口货物的依据，也作为填开货运单的依据，托运书应由托运人自己填写，而且托运人必须在上面签字并加盖公章。航空货运代理公司根据委托书要求办理出口手续，并据以结算费用。因此，国际货物托运书是份重要的法律文件。

2. 托运书的各项目的说明和缮制方式

（1）托运人姓名及地址（SHIPPER'S NAME AND ADDRESS）。填写托运人的全称、详细地址（包括街道名、城市名、国家名），以及便于联系的电话、电传、传真号码。

（2）收货人姓名及地址（CONSIGNEE' S NAME AND ADDRESS）。填写收货人的全称、详细地址（包括街道名、城市名、国家名，特别是不同国家内有相同的城市名称时，更应注意填上国家名），以及电话号码或传真号等。本栏内不得填写“to order”或“to order of the shipper”（按托运人指示）等字样，因为航空货运单是不可转让的。

（3）始发站机场（AIRPORT OF DEPARTURE）。填写始发站机场的全称，可填写城市名。

（4）目的地机场（AIRPORT OF DESTINATION）。填写目的地机场的名称（目的地基础名称不明确时，可填写城市名），若某一城市名用于一个以上国家时，应加上国名。如：

• LONDON, UK：英国伦敦。

• LONDON, KY, US：美国肯塔基州伦敦。

• LONDON, ON, CA：加拿大安大略省伦敦。

（5）航班 / 日期（FLIGHT/DAY）。此栏用于航空公司安排运输路线，但如果托运人有特别要求，也可填入本栏。为保证制单承运人收运的货物可以被所有续运承运人接受，可查阅 TACT-Rules 8.1 的双边联运协议。

（6）供运输用（FOR CARRIAGE）。此栏填写供运输用的声明价值金额，该价值为承运人赔偿责任的限额。承运人按有关规定向托运人收取声明价值费。但如果所交运的货物毛重每千克不超过 20 美元（或等值货币），无须填写声明价值金额，可在此填写“NVD”（NO VALUE DECLARED，无声明价值）。如本栏空着未填写，承运人或其代理人可视为货物无声明价值。

托运人姓名及地址 SHIPPER'S NAME AND ADDRESS	托运人账号 SHIPPER'S ACCOUNT NUMBER	供承运人用 FOR CARRIAGE USE ONLY	
GUANGZHOU JIDIAN TRADING CO. LTD. **2# SHATAI ROAD, GUANGZHOU, CHINA** **TEL: +86(20)12345678 FAX: +86(20)12345679**		航班/日期 FLIGHT/DAY **CA921/30MAY2021**	航班/日期 FLIGHT/DAY
收货人姓名及地址 CONSIGNEE'S NAME AND ADDRESS	收货人账号 CONSIGNEE'S ACCOUNT NUMBER	已预留吨位 **BOOKED**	
OSAKA SPORT CO. LTD. **35# NOJIKO ROAD, OSAKA, JAPAN** **TEL: +81(6) 98765432 FAX: +81(6) 98765433**		运费 CHARGES 预付 PPD（×）	到付 COLL( )
代理人的名称和城市 ISSUING CARRIGERS AGENT NAME AND CITY **GUANGZHOU ZHENJIE LOGISTIC CO. LTD**		另请通知 ALSO NOTIFY	
始发站机场 AIRPORT OF DEPARTURE **GUANGZHOU BAIYUN, CN**			
到达站机场 AIRPORT OF DESTINATION **OSAKA KANSAI, JP**			

托运人声明价值 SHIPPER'S DECLARED VALUE		保险金额 AMOUT OF INSURANCE	所附文件 DOCUMENT TO ACCOMPANY AIR WAYBILL
供运输用 FOR CARRIAGE	供海关用 FOR CUSTOMS		**1 COMMERCIAL INVOICE** **1 PACKING LIST** **1 CERTIFICATE OF ORIGIN**
NVD	**NCV**		

处理情况（包括包装方式、货物标志及号码） HANDLING INFORMATION (INCL. METHOD OF PACKING、IDENTIFYING MARK AND NUMBERS) **KEEP UPSIDE**

件数和包装 NO. OF PACKAGES	实际毛重 GW (KG)	运价种类 RATE CLASS	收费重量 CHARGEABLE WEIGHT	费率 RATE/CHARGE	货物品名及数量 NATURE AND QUANTITY OF GOODS (INCL. DIMENSION OR VOLUME)
4	**89.8**				**GARMENTS** **DIMS: 70cm*47cm*35cm*4**

托运人签字：張三　　　　日期：**25 MAY, 2021**

图 4.1　托运书样例

（7）供海关用（FOR CUSTOMS）。国际货物通常要受到目的站海关的检查，海关根据此栏填写的数额征税。属于征税范围内的货物，应如实填写货物的实际价值；如果货物是属于无商业价值的样品等，应填写“NCV”（NO COMMERCIAL VALUE，无商业价值）。

（8）保险金额（AMOUNT OF INSURANCE）。中国民航各空运企业暂未开展国际航空运输代保险业务，本栏可空着不填。

（9）处理情况（HANDLING INFORMATION）。填写运输的注意事项及其他附加的处理要求、外包装标记（唛头）、操作要求等，如易碎、向上等。

（10）运费（CHARGES）。此栏填写航空运费是预付还是到付。有的托运书是选择的方式，有的是填写的方式。

（11）另请通知（ALSO NOTIFY）。填写除了收货人之外还应通知货物到达的公司、机构或个人。

（12）所附文件（DOCUMENT TO ACCOMPANY AIR WAYBILL）。填写随附在货运单上运往目的地的文件的名称。如，托运人所托运的动物证明书（SHIPPER'S CERTIFICATION FOR LIVE ANIMALS）、商业发票（COMMERCIAL INVOICE）等。

（13）件数和包装（NO. AND PACKAGES）。填写该批货物的总件数，并注明其包装方法。如，包裹（PACKAGE）、纸板盒（CARTON）、盒（CASE）、板条箱（CRATE）、袋（BAG）、卷（ROLL）等。如货物没有包装时，注明为散装（LOOSE）。

（14）实际毛重（ACTUAL GROSS WEIGHT）。应由承运人或其代理称重后填写实际毛重，如果托运人已经填写，承运人或其代理人必须对其复核。

（15）运价类别（RATE CLASS）。所适用的运价、协议价、杂费、服务费等。填写 M、N、Q、C、R、S 等，详情请参考航空运价部分。

（16）计费重量（CHARGEABLE WEIGHT）。本栏应由承运人或其代理人计算出计费重量后填写，如果托运人已填写，承运人或其代理须复核。

（17）费率（RATE/CHARGE）。此栏可空着不填。

（18）货物的品名及数量（包括体积及尺寸）[NATURE AND QUANTITY OF GOODS（INCL. DIMENSION OR VOLUME）]。填写货物的品名和数量，如果一票货物有多种物品时，托运人应分别填写，并尽量填写详细，如“9 筒 35 毫米的曝光动画胶片”，不得使用“样品”“部件”等笼统的名称。此处填写的名称应与商业发票、进出口许可证等单据上的名称一致。体积及尺寸的部分，由托运人填写货物包装的外尺寸及体积（折算为立方厘米），承运人或其代理复核。承运人或其代理将据此计算货物是重货还是泡货。

需注意，运输下列货物应按国际航协有关规定办理：活体动物，个人物品，枪械，弹药，战争物资，贵重物品，危险物品，汽车，尸体，具有强烈气味的货物，裸露的机器、铸件、钢材，湿货，鲜货易腐物品。

危险品应填写适用的准确名称及标贴的级别。

（19）托运人签字。托运人必须在本栏内签字，以示对托运书上所填内容的确认。

（20）日期。填写托运人或其代理人交货的日期。

3. 托运书的审核与确认

（1）审核价格。目前，各航空公司均采取自由销售方式，每家航空公司、每条航线、每个航班甚至每个目的港均有优惠运价。运价会因货源、淡旺季经常调整，而且各航空公司之间的优惠价也不尽相同。所以有时候更换航班，运价也随之更换。托运书上显示的是航空公司优惠价加上杂费和服务费，或者是双方协议的价格。托运书的价格审核就是判断其价格是否能被接受、预订航班是否可行，且审核人员必须在托运书上签上自己的姓名和日期以示确认。

（2）审核航班日期。客户在提交托运书的时候会对货物出运的日期甚至是时间有所要求，因此在接到托运书之后，货代公司的业务员应当向航空公司查询客户所要求的时间能否被满足。如果可以被满足，则可以接受客户要求；如果因指定日期和时间段无航班或无舱位等情况而导致客户要求无法满足，则要将结果反馈给客户，并协商应对方案。

（3）确认接受托运。审核完成后，若要确认接受客户委托，审核人员必须在托运书上签上自己的姓名和日期，并反馈给客户。

二、配舱订舱

（一）预配舱与预订舱

预配舱，是指航空货运代理在接受客户的空运委托或收到客户有意向空运的预报后，将上述委托和预报进行汇总并输入计算机，计算出各航线的件数、重量、体积，按照客户的要求和货物重、泡情况，根据各航空公司不同机型对不同板箱的重量和高度要求，制订预配舱方案，并对每票货配上运单号。

预订舱，是指航空货运代理根据所制定的预配舱方案，按航班、日期打印出总运单号、件数、重量、体积，向航空公司预订货舱。

由于此时货物可能还没有入库，而已入库的货物也有可能因为通关受阻等原因而无法按时出运，因此预报的货物的件数、重量、体积等和实际情况相比可能会有所差别，这些差别将留待配舱时再做调整。

（二）配舱与订舱

本环节所做的事情与预配舱、预订舱等准备环节基本一致，只不过之前的准备环节主要是货代内部操作，然后将结果以预报的形式发送给航空公司，不等于实际配舱和订舱；而本环节则是在货物全部或基本入库之后根据实际情况做出的安排，根据货物和不同的实际情况，由货运代理和航空公司共同完成。

1. 配舱

配舱时所需要做的事情大概包括：

（1）核对货物的实际件数、重量、体积与托运书上预报的数量是否有差别。

（2）按照各航班机型、板 / 箱型号、高度、数量进行配载，以便有效利用和合理搭配所预订的舱位、板 / 箱。

（3）对于货物晚到、未到情况或未能顺利通关放行做调整处理，为制作出仓单做准备。实际上，这一过程一直延续到单、货交接给航空公司后才结束。

2. 订舱

（1）订舱的方式和时间。货物订舱需根据发货人的要求和货物本身的特点而定。一般情况为：

① 限额（如 10 千克）以下的非紧急的零散货物，在航班离开前几小时提出订舱要求即可。

② 限额以内货物（如 10~100 千克之间），仅需用电信方式告知有关资料申请订舱。

③ 限额以上货物以及在中转站有特殊要求的货物、大宗货、紧急货、鲜活易腐货、危险品、贵重货、尸体及包机货物等，应提前办理预订舱位手续。

④ 对于联运货物，应该预订全程舱位，并符合承运人的有关规定，如需要变更承运人，必须重新得到续程承运人的许可。

（2）订舱的具体做法和基本步骤。

① 货运代理公司接到发货人的发货预报后，向航空公司吨控部门领取并填写订舱单（Cargo Booking Advance，CBA），同时提供相应的信息包括：货物的名称、体积（必要时提供单件尺寸）、重量、件数、目的地，要求出运的时间，以及其他运输要求，如温度、装卸要求、货物到达目的地时限等。

② 订舱后，航空公司根据实际情况安排航班和舱位。航空公司签发舱位确认书，同时给予《装货集装器领取凭证》，以表示舱位订妥。

（3）航空公司舱位销售的原则。

① 保证有固定舱位配额的货物。

② 保证邮件、快件舱位。

③ 优先预定运价较高的货物舱位。

④ 保留一定的零散货物舱位。

⑤ 未订舱的货物按交运时间的先后顺序安排舱位。

任务实训

（1）给出几种货物及相应的信息，让学生分组讨论这些货物是否适合航空托运。

（2）选取上题中适合空运的货物，两人一组，甲同学扮演发货人和航空公司，乙同学扮演货代。发货人负责填写托运书，货代负责审核托运书并向航空公司订舱。

任务三　单货交接

任务目标

• 能够接收并审核客户提供的单证，并能够连同自己制作的单证递交给承运人或从承运人处接收进口单证。

• 能够从客户处接收并根据单证查验货物；能够做好与承运人之间的进出口货物交接。

任务情景

机电贸易备好货之后，制作了装箱单、发票等自制单据，获取了原产地证等出口所需单证，于是联系振捷货运，并将单证和货物送到其指定的仓库。你作为振捷货运的仓管员，需要审核客户提供的单证，并查验客户交付的货物，单货核对查验无误后即安排入库，并签发收货凭证。

待所有货物到齐后，若是集装货物，即可联系航空公司落实舱位以及相应的集装板、集装箱。在打板装箱和制作完成货代需提供的单证后，将单、货送到机场仓库与航空公司办理交接。

若是进口业务，则需要在接到航空公司通知后，到机场仓库办理进口单据和货物的交接，并在理单理货后准备交接给收货人。

知识链接

一、与发货人交接

在发货人备好单证和货物之后，货代就可以跟发货人交接单货了。接收单证和接收货物一般是同时进行的，但在实际操作中，由于各种原因的影响，也可能先单后货或先货后单的情况。

（一）单证交接

1. 接收单证

接收单证，又简称为“接单”，是指空运代理从托运人手中接过货物出口所需要的一切单证，包括商务单证和货运单证。接收文件应检查舱位预定情况、货物品名、适用的运价、运费、随附的文件、限制和禁运情况、货运单内的其他信息。

接收单证的工作流程是：

（1）航空货运代理接收托运人或其代理人送交的、已经审核确认的托运书，同时接收其他相关单证（如装箱单、发票、报关单证等）和收货凭证。

（2）将计算机中的收货记录与收货凭证核对。

2. 审核单证

在接受客户委托后，需要帮助客户审核单证，包括接收单证之前的电子版文件预审以及接收之后的纸质单证审核。需要审核的主要单证及其审核要点如下：

（1）商业发票（Commercial Invoice）：发票上一定要加盖公司公章（业务科室、部门章无效），标明价格术语和货价（包括无价样品的发票）。

（2）装箱单（Packing List）：装箱单是指反映每票货物的包装和装载情况的单据，以便运输及装卸人员操作。注意与集装箱装箱单（Container Load Plan）区分开来。

（3）托运书（Shipper's Letter of Instruction, SLI）：一定要注明目的港名称或目的港所在城市名称，明确运费预付或运费到付、货物毛重、收发货人、电话 / 电传 / 传真号码；托运人签字处一定要有托运人签名。

（4）报关单（Customs Declaration）：注明经营单位注册号、贸易性质、收汇方式，并要求在申报单位处加盖公章。

（5）许可证：合同号、出口口岸、贸易国别、有效期，需要符合要求并与其他单据相符。

（6）进料 / 来料加工核销本：注意本上的合同号是否与发票相符。

（7）索赔 / 返修协议：要求提供正本，要求合同双方盖章，外方没章时，可以签字。

（8）到付保函：凡到付运费的货物，发货人都应提供。

（二）货物交接

与发货人的货物交接是指航空货运代理从发货人手中接过即将发运的货物，并在查验无误后运送入自己的仓库。

1. 送货接货

在发货人备好货物之后，可以自行安排车辆送货至空运货代指定的仓库，也可以委托空运货代代为安排车辆上门取货。

2. 测量验货

（1）查验内容。接收货物时应当测量验货，内容包括：

• 对货物进行过磅和丈量。

• 根据发票、装箱单或送货单清点货物，核对货物的数量、品名、合同号或唛头等是否与货运单上所列一致。

• 检查货物的外包装是否符合运输的要求。

• 检查货物的标签、标记。

（2）异常情况的处理

验货时若出现异常情况，应视情况的严重程度采取相应的处理方式。

• 若情况严重，如品名有异、数量严重不符、包装损坏严重或货物受损等，则应立即联系发货人，说明情况，协商进一步处理方案。

• 若情况轻微，如数量少量不符、包装件有轻微破损但不影响运输等，则应立即联系发货人，在征得发货人同意后予以收运，并填写货运单时应在“Handling Information”栏内标注详细情况，必要时修改相关单证。

3. 验货时对包装的基本要求

（1）总体要求。

① 托运人提供的货物包装要求坚固、完好、轻便。

② 应能保证在正常的运输情况下，货物可完好运达目的站，同时不损坏设备和其他货物。

③ 托运人应在每件货物的包装上写明运输当事人信息：

• 详细写明收货人、另请通知人，以及托运人的姓名和地址。

• 如包装表面不能书写，可写在纸板、木牌或布条上，再将其拴挂在货物上。

• 书写时字迹必须清楚、明晰。

（2）外观要求。

① 包装外部不能有突出的棱角，也不能有钉、钩、刺等。

② 包装外部需清洁、干燥、没有异味和油腻。

（3）对包装材料的基本要求。

① 包装采用的材料要良好，不得用腐朽、虫蛀、锈蚀的材料。

② 为了不使飞机密封舱的空调系统堵塞，应注意以下事项：

• 不得用带有碎屑、草末等的材料包装，如草袋、草绳、粗麻包等。

• 包装的内衬物，如谷糠、锯末、纸屑等不得外漏。

（4）包装操作的基本要求。

① 无论木箱或其他容器，为了安全，必要时可用塑料打包带、铁箍加固。

② 易碎物品最好用木箱包装，木箱内用内衬物填塞严实；包装上应贴“易碎物品”标签。

③ 液体类货物不论瓶装、罐装或桶装，容器内至少应留有 5%~10% 的空隙，且封盖严密，使容器不得渗漏；对于使用陶瓷、玻璃等易碎容器盛装的液体货物，还应符合易碎物品的包装要求。

④木制包装或垫板表面应清洁、光滑、不携带任何种类的植物害虫。有些国家要求在“Handling Information”栏中注明“The solid wood materials are totally free from bark and apparently free from live plant pests”，并随附木材熏蒸证明。

（5）混运货物的包装。一票货物中包含有不同的物品称为混运货物。这些物品可装在一起，也可以分别包装，但不得包含贵重货物、动物、尸体、骨灰、外交信袋，以及作为货物运送的行李等。

（三）签单入库

在审核完发货人的单证和货物，确认无误或虽有瑕疵但与发货人达成处理意见后，可签发收货单或入库单，办理入库，完成单货交接。

1. 签发收货单或入库单

（1）签发收货单或入仓单 / 入库单，或在发货人的出货单中签字盖章，作为货代仓库收货的初步依据。

（2）制作操作交接单，填上所收到的各种报关单证份数，给每份交接单配一份空白的总运单或分运单。

（3）将制作好的交接单、配好的总运单或分运单、报关单证移交制单。如此时货未到或未全到，可以按照托运书上的数据填入交接单，并注明货物到齐后再进行修改。

（4）空运单缮制需要一定时间，因此不算在单货交接的程序当中；但空运单缮制完成并由双方签字盖章后，将作为货代收到货物的法律依据。

2. 安排入库

仓管员根据查验结果和签发的入仓单安排货物入库待运，仓储期间应做好货物的保管工作。

二、与承运人交接（出口）

（一）承运人的飞机与空运集装器简介

1. 民航运输飞机

（1）按照用途分类。

① 全货机（简称货机，Freighter/ Cargo Aircraft）：全货机的主舱及下舱全部都用来载货。

② 全客机（简称客机，Passenger Aircraft）：全客机只在下舱载货。

③ 客货混用机（Mixed Aircraft/ combination Aircraft）：客货混用机的主舱前部用于载客，主舱的后部及下舱用于载货。

（2）按照机身宽度分类。

① 窄体飞机（Narrow-Body Aircraft）。窄体飞机是指的机身宽约 3~4 米的飞机，如波音 B737、空客 A320 和中国商飞的 C919 等。窄体客机客舱内的旅客座位之间只有一条走廊，每

排座位不超过六座。这类飞机往往只在其腹舱（Belly Deck，又称“下货舱”，Lower Deck）装运散货。

② 宽体飞机（Wide-Body Aircraft）。宽体飞机是指机身宽度一般在 4.72 m 以上的飞机，如波音 B777、B787、B747，空客 A300、A310、A330、A380 等。宽体客机客舱内的旅客座位之间有两条走廊，这类飞机可以装运集装箱货物和散货。其中，波音 B747 和空客 A380 在传统的主舱（Main Deck，即一般客机的客舱所在）外，还有一层上舱（Upper Deck），如图 4.2 所示。

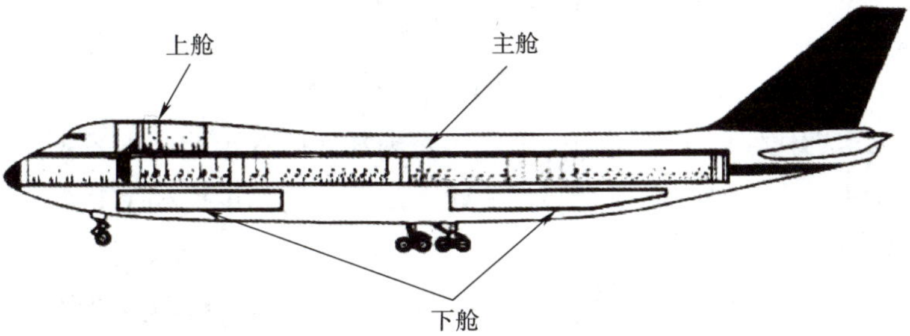

图 4.2　B747 舱位结构图

2. 航空集装器

航空集装器（Unit Load Device，ULD），是指可装在飞机的机舱内，与固定装置直接接触，并能够固定的用于集装货物的装卸工具。能放集装器的飞机货舱底部一般均设置滚轴及叉眼装置，集装器的底部直接与这些装置相接触，可使集装器平稳地进入货舱并牢固地固定在机舱内，因此集装器被视为飞机构造中可拆卸的一部分。

航空集装器包括航空集装运输所使用的各种类型集装箱 / 集装板和辅助器材。集装器辅助器材，包括集装板网，系留货物用的带、锁扣、钢索，垫货用的垫板、托盘等。

（1）集装器的种类。

① 集装板。集装板是一个具有标准尺寸的、由平整底面和中间夹层的硬铝合金制成的夹板，厚度通常不大于 1 英寸，四边带有用于固定的卡锁轨或网带卡锁眼，中间略为凹入。

使用集装板集装货物时，货物在地面被预先放在集装板上，用薄膜缠绕整齐，并用一张网套盖住，然后装机并固定在飞机的货舱地板上，从而达到快速装卸的目的，如图 4.3 所示。

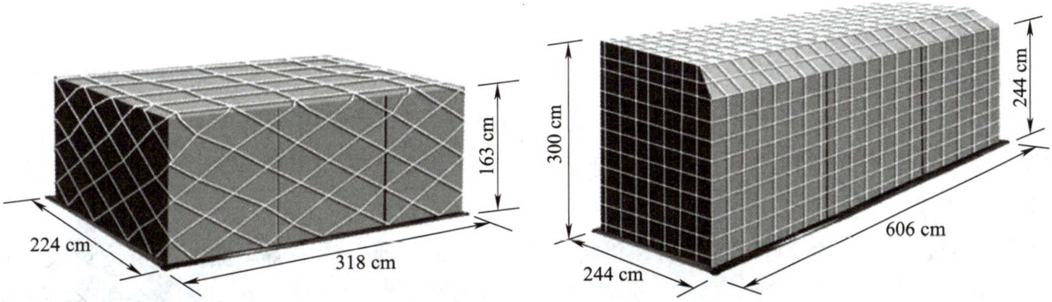

图 4.3　使用网套后的常见的集装板

②集装箱。集装箱是一个独立的箱体，能直接与飞机上装载和固定系统结合，无须任何附属设备，如图 4.4 所示。

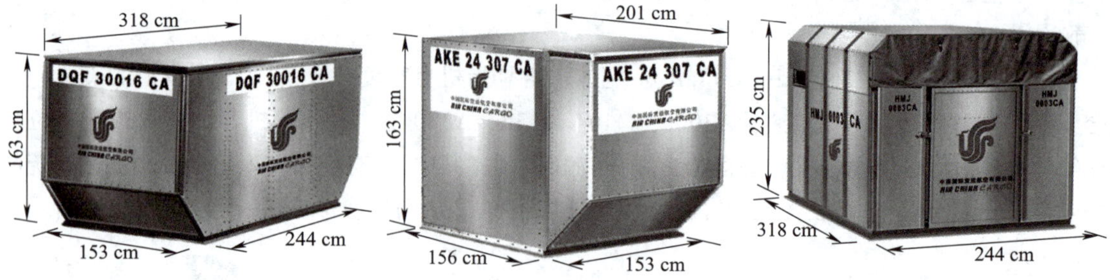

图 4.4　常见的空运集装箱

（2）集装器的识别代码。集装器的识别代码是国际航协规定的表示集装器的种类、规格和所属人的代码，装卸飞机、地面操作、信息传递、控制、市场销售和结算等工作都采用这些识别代码进行信息交换。

国际航协规定，集装器的识别代码由三部分（10 个英文字母和数字）组成，参见图 4.5 所示。

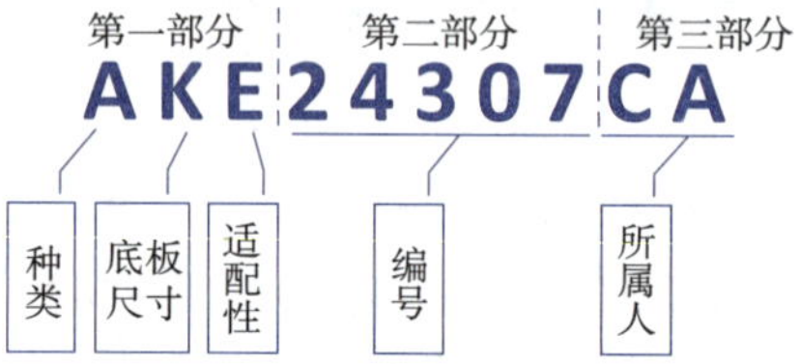

图 4.5　集装器识别代码的组成

① 第一部分：三字代码，表示集装器的种类、尺寸和适配性。

• 第一个代码表示集装器的种类。

• 第二个代码表示集装器底板尺寸。

• 第三个代码：表示适配性（此代码是指集装器的标准轮廓，即标准拱形，由此确定适配何种飞机货舱）。

② 第二部分：五位数字，表示集装器的编号。

③ 第三部分：两位字母表明集装器的所属人或注册人（通常是由航空公司的两字代码来表示）。

（二）提 / 装板、箱

在客运航线中，若执飞航线的是窄体飞机，限于飞机的货舱尺寸，只能用腹舱运输散货。而如果执飞该航线的是宽体飞机，则可以在下货舱使用集装器来运输。

如果是货运航线或包机，则一般使用全货机，大部分货物都使用集装器运输，以便提高货运效率。

类似于海运，LCL 货物需要在 CFS 集拼成 FCL 才能交到码头准备上船。而空运货代收货后，如果单个发货人的货物数量较少，则往往会集合多个托运人的货物并装到一个或多个集装器中，以下则简单介绍货代提 / 装板、箱大致流程。

1. 提板、箱

（1）步骤。订妥舱位后，航空公司吨控部门将根据货量出具《发放航空集装箱 / 板凭证》。

货运代理公司凭此向航空公司板箱管理部门领取与订舱货量相应的集装器并办理相关的手续。

（2）注意事项。提板时，应领取相应的附件，如塑料薄膜、网套等；对所领用的板、箱要登记和销号。

2. 装板、箱

（1）概述。

除特殊情况外，航空货运均是以“集装箱”“集装板”形式装运。

通常，航空货运代理公司将体积为 2 m^3 以下货物作为小件货物交由航空公司拼装或单件运输；大于 2 m^3 的大件货物、集中托运拼装货，一般均由货运代理自己装板、装箱。

大件货物、集中托运货物可以在货运代理公司自己的仓库、场地、货棚装板和装箱，亦可在航空公司指定的场地装板、装箱。

（2）注意事项。

① 不要用错别的航空公司的集装板、集装箱。每个航空公司为了加强本航空公司的板、箱管理，都不许可本公司的板、箱为其他航空公司的航班所用。不同航空公司的集装板、集装箱因编号、尺寸有异，如果用错会出现货物装不上飞机的现象。

② 不要用错板型、箱型，或超装箱、板尺寸。一定型号的板、箱用于一定型号的飞机，用错板型、箱型就可能无法装上飞机。同时，板、箱外廓有具体的尺寸规定，一旦超装板、箱尺寸，也将无法装上飞机。因此，装板、箱时，要注意货物的尺寸，既不超装，又在要规定的范围内用足板、箱的可用体积。

③ 货物要垫衬、封盖好塑料纸，防潮、防雨淋。集装板、箱内货物尽可能配装整齐、稳定，并拉紧网索，防止货物在运输途中倒塌。

④ 对于大件货物和集中托运货物的装载。尽可能将整票货物装在一个或几个板、箱内运输。已装妥整个板、箱后剩余的货物尽可能拼装在同一板、箱内，防止散乱、遗失。

（三）交接发运

交接是向航空公司交单和交货，发运是航空公司根据单、货安排航空运输。

1. 交单

交单就是将随机单据和应由承运人留存的单据交给航空公司。

单据包括之前发货人交付给货代的单据，如发票、装箱单、产地证明、品质鉴定书等；也包括货代缮制的单据，如分运单、国际货物交接清单、集中托运货物舱单等。

随机单据还包括航空公司签发的主运单的正本第二联（即收货人联）和其他相关单据。

2. 交货

交货，就是指把与单据相符的货物交给航空公司。

（1）交货之前必须粘贴或拴挂货物标签，清点和核对货物，填制货物交接清单。

（2）大件货、集中托运货：以整板、整箱称重交接。

（3）零散小货：按票称重，计件交接。

3. 准备发运

航空公司审单验货后，在交接单上签收，将货物存入出口仓库，单据交吨控部门，以便进行缮制舱单、吨位控制与配载。

三、与承运人交接（进口）

1. 进口单货交接

航空货物抵达目的机场时即代表货物已入境，与此同时，与货物相关的单据，如运单、发票、装箱单等，也随机到达。入境后，航空公司将立即开展几方面的工作：

（1）立即安排卸机，货物卸下后将存入航空公司或机场的监管仓库，运输工具及货物均处于海关监管之下。

（2）货物卸下并存入监管仓库后，航空公司将进行进口货物舱单录入，将舱单信息传输给海关，以备报关之用。

（3）与此同时，航空公司地面代理人还根据货运单上的收货人及地址寄发取货单、提货通知。

（4）若运单上收货人或通知人为某航空货运代理公司，则把运输单据及与之相关的货物交给该航空货运代理公司。

2. 交接的主要单据

交接的主要单据包括国际货物交接清单、总运单和其他随机文件。

3. 单货交接时的操作要求

（1）分批货物。注意分批货物，做好空运进口分批货物的登记。

（2）单据与货物的核对。单单核对，即交接清单与总运单核对；单货核对，即交接清单与货物核对。

（3）异常情况的处理。航空货运代理公司在航空公司办理交接手续时，应根据运单及交接清单核对实际货物，若发现存在有单无货或有货无单的情况，均应在交接清单上注明，以便航空公司组织查询并及时通告入境地海关。同时，对核对时发现问题应及时予以处理。具体处理方式如表 4.13 所示。

表 4.13　交接单、货异常情况的处理方式

编　号	总 运 单	清　单	货　物	处理方式
1	有	无	有	清单上加总运单号
2	有	无	无	总运单退回
3	有	有	无	总运单退回
4	无	有	有	总运单后补
5	无	有	无	清单上划去
6	无	无	有	货物退回

4. 商务事故证明

发现货物短缺、破损或其他异常情况，应向航空公司索要商务事故记录，以作为实际收货人交涉索赔事宜的依据。对货损责任难以确定的货物，可暂将货物留存机场，商请货主单位一并到场处理。

货运代理公司请航空公司开具商务事故证明的，通常包括以下情形：

（1）包装货物受损，包括纸箱开裂、破损、内装货物散落（含大包装损坏，散落为小包装，数量不详）；木箱开裂、破损，有明显受撞击迹象；纸箱、木箱未见开裂、破损，但其中有液体漏出。

（2）裸装货物受损，包括无包装货物明显受损，如金属管、塑料管压扁、断裂、折弯，机器部件失落，仪表表面破裂等。

（3）木箱或精密仪器上防震、防倒置标志泛红。

（4）货物件数短缺。

四、与收货人交接

在收货人完成相关费用的支付和提货的相关程序（如进口通关）后，进口货代应与收货人办理单证和货物的交接。

交接的内容和程序与此前与承运人间的交接类似，在此不再详述。

任务实训

（1）给出几种货物及相应的货物信息和单证，让学生分组讨论这些货物适合什么样的包装，单证信息是否完善、准确，单证是否正确、充足。

（2）选取上题中适合空运的货物，两人一组，分别演练发货人与出口货代之间、出口货代与承运人之间和承运人与进口货代之间的单货交接。

任务四　单证缮制

任务目标

- 能够识别、审核与制作空运标记、标签。
- 能够熟练审核和缮制航空货运单。

任务情景

振捷货运收到机电贸易的托运书和货物后，需要为机电贸易制作相应的空运标签，并根据托运书缮制空运单（分运单）。同时，在将单货交接给航空公司后，也要能够审核航空公司缮制的空运单（主运单）。

知识链接

一、常见的需要出口货代缮制的单证

1. 航空货运单（Air Waybill）

缮制航空货运单，是指依据发货人提供的托运书，逐项填制航空货运单的相应栏目。

缮制航空货运单是空运出口业务中最重要的环节，货运单填写得准确与否直接关系到货物能否及时、准确地运达目的地。

航空货运单是发货人收结汇的主要有效凭证，因此货运单的填写必须详细、准确，并严格符合单货一致、单单一致的要求。

航空货运单包括主运单和分运单两种。直接运输的货物只有航空公司签发的主运单，而集中托运货物除了需要主运单外，货运代理还应签发相应的分运单，以便货物集运和分拨。

2. 集中托运货物舱单（Consolidation Manifest）

当一份主运单下有若干份分运单时，空运代理应制作“集中托运货物舱单”，又称为“航空货物清单”。

3. 国际货物交接清单

为办理与航空公司间的货物交接，空运货运代理还必须依据出仓单制作《国际货物交接清单》。

4. 标签、标记

空运代理必须为每一件货物粘贴或拴挂货物标签，做好必要的标记。对于出具了分运单的集中托运货物，则除了航空公司主标签之外，空运代理还需要加挂空运代理分标签。

5. 出仓单

（1）出仓单的主要内容。出仓单的主要内容包括出仓单的日期、承运航班的日期、装载板箱形式及数量、货物进仓顺序编号、总运单号、件数、重量、体积、目的地三字代码和备注等。

（2）出仓单的作用。

① 出仓单交给出口仓库，用于出库计划、出库时点数并向装板箱交接。

② 出仓单交装板箱的环节，作为向出口仓库提货的依据。

③ 出仓单交货物交接的环节，作为从装板箱环节收货的凭证和制作国际货物交接清单的依据，还可用于外拼箱。

④ 出仓单交报关的环节，当报关有问题时，可作出有针对性的反馈，以便及时进行调整和补救。

6. 集装箱装箱单

对装入集装箱的货物，空运代理应制作装箱单。

二、识别和制作标记、标签

空运代理在接收货物时就应当检查标记标签是否完备、准确，而在出货前也应当再次检查，如果需要的话，还应当根据实际情况和客户要求完善、甚至更换标记标签。

（一）标记

标记是指在货物外包装上由托运人书写的有关事项和记号（见图 4.6）。其内容主要是托运人和收货人的姓名、地址、联系电话、传真；合同号；操作 / 运输注意事项，如不要曝晒、防潮、小心轻放等；重货（单件超过 150 kg）。

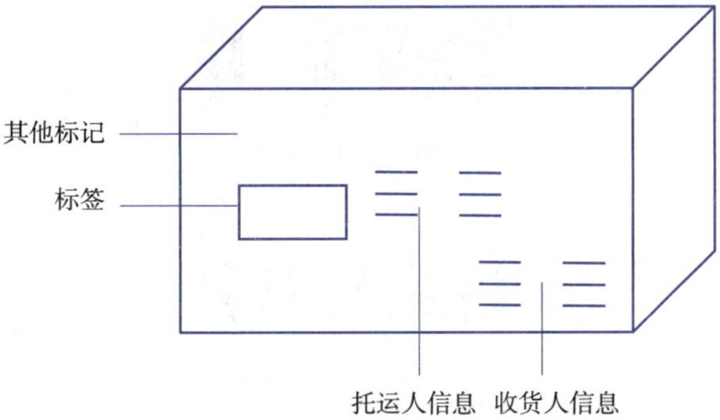

图 4.6 货物外包装上的有关事项和记号

（二）标签

1. 标签的定义

标签是用于标明物品的品名、重量、体积、用途等信息的简要标牌。

2. 标签的分类

（1）按标签制作人来分，可分为航空公司标签和分标签。一件货物贴一张航空公司标签，有分运单的货物，每件再贴一张分标签。

① 航空公司标签是航空公司对其所承运货物的标志。各航空公司的标签虽然在格式、颜色上有所不同，但内容上基本相同。标签上 3 位阿拉伯数字代表承运航空公司的代号，后 8 位数字是总运单号码，见图 4.7 和图 4.8。

图 4.7 航空公司印刷标签

图 4.8 航空公司条形码标签

② 分标签是货运代理公司对出具分运单货物的标志。凡出据分运单的货物都要制作分标签，并填制分运单号码和货物到达城市或机场的三字代码，见图 4.9。

（2）按标签作用来分。可分为识别标签、特种货物标签和操作标签。

① 识别标签上详细表明了本票货物运输的一般信息，包括货运单号、件数、重量、始发站、目的站、经停站。一般货物用贴签，特殊货物通常用挂签。图 4.8 为航空公司条形码标签，图 4.9 为空运代理条形码标签。

图 4.9　空运代理条形码标签

② 操作标签是货物运输及仓储过程中注意事项的一些标志，见图 4.10。

图 4.10　空运操作标签

③ 特种货物标签是说明特种性质的种类识别标志，常见的有鲜活易腐物标签（见图 4.11）、活动物标签（见图 4.12）和危险货物标签（见图 4.13）。

图 4.11　鲜活易腐货物标签

图 4.12　活动物标签

图 4.13　危险货物标签

三、缮制与审核空运单

（一）航空货运单概况

1. 货运单的填制人与填开责任

一般来说，航空货运单是由托运人或者以托运人的名义填制的，托运人和承运人所订立的运输合同的证明。

实际业务中，航空货运单由承运人制定，托运人在托运货物时要按照承运人的要求进行填制，经承运人确认后，航空货物运输合同即告成立。

托运人对货运单的填开及内容负责，主要体现在：

（1）托运人对货运单所填各项内容的正确性、完备性负责。

（2）由于货运单所填内容不准确、不完全，致使承运人或其他人遭受损失，托运人应负相应责任。

（3）托运人在航空货运单上签字，证明其接受航空货运单正本背面的运输条件和契约。

2. 货运单的构成

（1）目前，国际上使用的航空货运单少的有 9 联，多的有 14 联；我国国际航空货运单一般由一式 12 联组成，包括 3 联正本、6 联副本和 3 联额外副本，参见表 4.14。

表 4.14　航空货运单的构成

序　　号	名称及分发对象	颜　　色
A	Original 1（正本 1，交出票航空公司）	浅绿色
B	Original 2（正本 2，给收货人）	粉红色
C	Original 3（正本 3，给托运人）	浅蓝色
D	Copy 4（副本 4，提取货物收据）	浅黄色
E	Copy 5（副本 5，给目的地机场）	白色
F	Copy 6（副本 6，给第三承运人）	白色
G	Copy 7（副本 7，给第二承运人）	白色
H	Copy 8（副本 8，给第一承运人）	白色
I	Copy 9（副本 9，给代理人）	白色
J	Extra copy（额外副本，供承运人使用）	白色
K	Extra copy（额外副本，供承运人使用）	白色
L	Extra copy（额外副本，供承运人使用）	白色

（2）正本单证具有同等的法律效力，副本单证仅是为了运输使用方便。

（3）航空货运单的 3 份正本：

① 第一份注明“交承运人”，由托运人签字、盖章，承运人留存。

② 第二份注明“交收货人”，由托运人和承运人签字盖章，随货寄出并交给收货人。

③ 第三份由承运人在接受货物后签字、盖章，交给托运人，作为托运货物及货物预付运费的收据，也作为双方签订的具有法律效力的运输文件。

3. 货运单的有效期

（1）生效时间。空运单填制完毕后，托运人（或其代理人）和承运人（或其代理人）双方签字后开始生效。

（2）有效期终止时间。

① 作为运输凭证，货运单在货物运到目的地，收货人提取货物并在货运单交付联（或提货通知单）上签收认可后，其有效期即告终止。

② 作为运输合同的法律依据，航空货运单应自民用航空器到达目的地点、应当到达目的地点或者运输终止之日起两年内有效。

4. 填制货运单的要求

（1）货运单缮制时一般应使用英文大写字母打印；如果是从中国内地去往香港、澳门、台湾等地区的可以使用中文填写，但货物的品名一定要用英文填写。

（2）货运单各栏内容必须准确、清楚、齐全，不得随意涂改。

（3）货运单已填内容在运输过程中需要修改时，应当注意：

① 必须在修改项目的近处盖章注明修改货运单的空运企业名称、地址和日期。

② 修改货运单时，应将所有剩余的各联一同修改。

③ 除声明价值、保险金额外，其他均可修改。

（4）货运单的各栏目中，有些栏目印有阴影。其中，有标题的阴影栏目仅供承运人填写；没有标题的阴影栏目一般不需填写，除非承运人特殊需要。

（二）运单各栏目的填写说明

货运单主要栏目的填写，均按图 4.14 所示的 Air Waybill（航空货运单）填写，下文中由带中括号的数字或数字和字母构成的编号（如 [2]、[1a]、[20a]）是与图 4.14 中的编号相对应的。

1. 货运单号码（The Air Waybill Number）

货运单号码是货运单不可缺少的重要组成部分，它是托运人、发货人或其代理人向承运人询问货物运输情况的重要依据，也是承运人在各个环节组织运输，如订舱、配载、查询货物时必不可少的依据。

货运单的号码由 11 位阿拉伯数字组成，如：999 - 6473 6276，它可以分为两部分：

（1）航空公司数字代号（Airline Code Number）[1a]。货运单号码的第 1 ～ 3 位为航空公司数字代号;如上述例子中的“999”，指的就是中国国际航空公司。对于航空公司货运单来说，它一般直接印制在整本货运单上，直接确定航空货运单的所有人——出票航空公司。

（2）货运单序号及检验号（Serial Number and Check Number）[1b]。货运单号码的第 4 ～ 10 位为货运单序号，如上述例子中的“6473 627”；货运单号码的第 11 位为货运单检验号，是第 4~10 位数值对 7 取模的结果。所谓“模”，是英语“MOD”的音译，即余数。而对 7 取模，即除以 7 之后的余数。如上述例子中的最后一位“6”，即是货运单序号“6473627”除以 7 之后得到的余数。

（3）注意事项：

① [1a] 和 [1b] 之间通常用“-”来连接。

② 第 7 位数字与第 8 位数字之间应留有比其他数字之间更大的空间，如 6473 6276，在 3 和 6 中间就留有空位。

③ 货运单号码应清晰地印在货运单的三个地方，分别是左、右上角以及右下角（中性货运单需自行填制）。

2. 始发站机场（Airport of Departure）[2]

本栏用于填制始发站机场的 IATA 三字代号（如果始发地机场名称不明确，可填制机场所在城市的 IATA 三字代号）。

3. 货运单已印刷内容

（1）表头及运单所属承运人的名称及地址（Issuing Carrier's Name and Address）[3a]。

• 此处印有“不可转让”（Not Negotiable）和“Air Waybill”（航空货运单）字样。

• 航空货运单还印有航空公司的标志、名称和地址等。

• 中性货运单没有印刷相应标志、名称和地址，可根据实际情况打印相应信息。

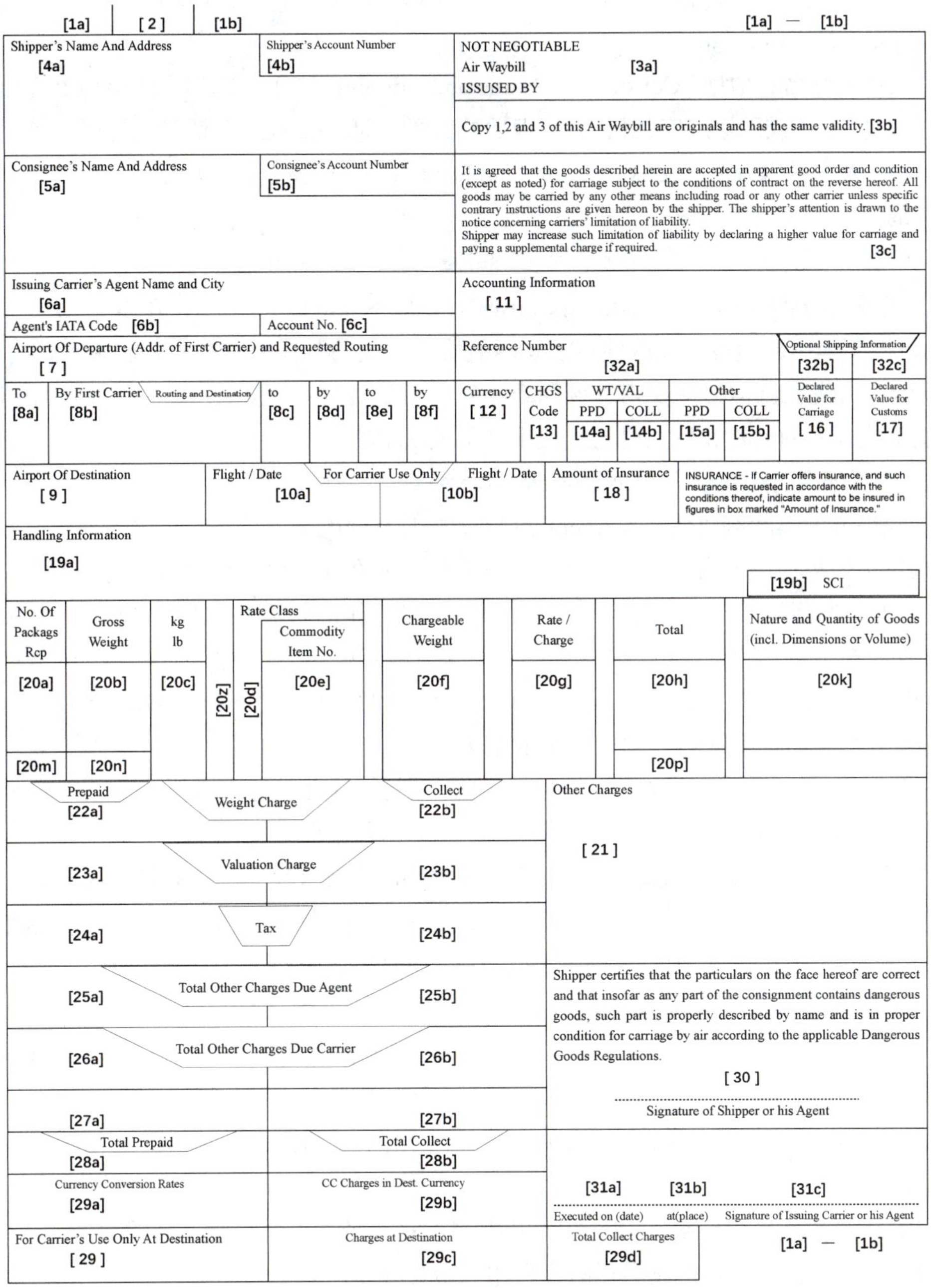

图 4.14　航空货运单示例（标注编号）

（2）正本联说明（Reference to Originals）[3b]。本栏仅用以说明哪几联是正本，无须填写。

（3）契约条件（Reference to Conditions of Contract）[3c]。本栏一般情况下无须填写，除非承运人需要。

4. 托运人栏（Shipper）

（1）托运人姓名和地址（Shipper's Name and Address）[4a]。本栏用于填制托运人姓名（名称）、地址、国家（或国家二字代码），以及托运人的电话、传真、电传号码等联系信息。

（2）托运人账号（Shipper's Account Number）[4b]。此栏不需填写，除非承运人需要。

5. 收货人栏（Consignee）

（1）收货人姓名和地址（Consignee's Name and Address）[5a]。本栏用于填制收货人姓名（名称）、地址、国家（或国家二字代码），以及收货人的电话、传真、电话号码等联系信息。

（2）收货人账号（Consignee's Account Number）[5b]。此栏仅供承运人使用，一般不需填写，除非最后的承运人需要。

6. 填开货运单的承运人的代理人栏（Issuing Carrier's Agent）

（1）代理人的名称和城市（Issuing Carrier's Agent Name and City）[6a]。

• 本栏用于填制向承运人收取佣金的国际航协代理人的名称和所在机场或城市。

• 根据货物代理机构管理规则，该佣金必须支付给目的站国家的一个国际航协代理人，则该国际航协代理人的名称和所在机场或城市必须填入本栏。

• 填入"收取佣金代理人"（Commissionable Agent）字样。

（2）代理人的国际航协代号（Agent's IATA Code）[6b]。

一些航空公司为便于内部系统管理，要求其代理人在此处填制相应的代码。

• 代理人在非货账结算区（Non-CASS Areas），打印国际航协 7 位数字代号，例如：14-30288。

• 代理人在货账结算区（CASS Areas），打印由国际航协 7 位数字代号 +3 位 CASS 地址代号 +1 位检验号，该检验号是前面 10 位数字对 7 取模的结果，例如：14-30288/5671，最后一位"1"是检验号，是 1430288567 对 7 取模的结果。

（3）账号（Account No.）[6c]。本栏一般不需填写，除非承运人需要。

7. 运输路线（Routing）

（1）始发站机场（第一承运人地址）和所要求的运输路线 [Airport of Departure（Addr. of First Carrier）and Requested Routing][7]。此栏填制与 [2] 栏中一致的始发站机场名称，以及所要求的运输路线。（注：此栏中应填制始发站机场或所在城市的全称。）

（2）运输路线和目的站（Routing and Destination）。

① 至（第一承运人）（To）[8a]。本栏用于填制目的站机场或第一个转运点的 IATA 三字代号（当该城市有多个机场，不知道机场名称时，可用城市代号）。

② 由第一承运人（By First Carrier）[8b]。本栏用于填制第一承运人的名称（全称与 IATA 二字代号皆可）。

③ 至（第二承运人）（to）[8c]。本栏用于填制目的站机场或第二个转运点的 IATA 三字代号（当该城市有多个机场，不知道机场名称时，可用城市代号）。

④ 由（第二承运人）（by）[8d]。本栏用于填制第二承运人的 IATA 二字代号。

⑤ 至（第三承运人）（to）[8e]。本栏用于填制目的站机场或第三转运点的 IATA 三字代号（当该城市有多个机场，不知道机场名称时，可用城市代号）。

⑥ 由（第三承运人）（by）[8f]。本栏用于填制第三承运人的 IATA 二字代号。

（3）目的站机场（Airport of Destination）[9]。本栏用于填制最后承运人的目的地机场全称（如果该城市有多个机场，或不知道机场名称时，可用城市全称）。

（4）航班 / 日期——仅供承运人用（Requested Flight/Date）[10]。本栏一般不需填写，除非参加运输各有关承运人需要。

8. 财务说明（Accounting Information）[11]。

此栏填制有关财务说明事项：

① 付款方式，现金支票或其他方式，如“运费预付”（FREIGHT PREPAID）。

② 用旅费证（Miscellaneous Changes Order，MCO），付款时，只能用于作为货物运输的行李的运输，此栏应填制 MCO 号码，换取服务金额，以及旅客客票号码、航班、日期及航程。

注：代理人不得接受托运人使用 MCO 作为付款方式。

③ 货物到达目的站无法交付收货人而需退运的，应将原始货运单号码填入新货运单的本栏内。

9. 货币（Currency）[12]

（1）本栏用于填制始发国的 ISO（国际标准组织）的货币代号。

（2）除“目的站国家收费栏”[29a] 至 [29d] 内的款项外，货运单上所列明的金额均按上述中货币支付。

10. 运费代号（CHGS Code）[13]

本栏一般不需填写，仅供承运人在电子传送货运单信息时使用。

11. 航空费用的预付和到付

（1）航空运费和声明价值附加费（WT/VAL）[14]。

• 航空运费和声明价值附加费两项费用必须全部预付或全部到付。

• 当全部预付时，在 [14a] 中打“×”，并且将航空运费和声明价值附加费分别填写在 [22a]、[23a] 栏中。

• 当全部到付时，在 [14b] 中打“×”，并且将航空运费和声明价值附加费分别填写在 [22b]、[23b] 栏中。

（2）在始发站的其他费用（Other）[15]。

• 除了上述两项费用之外的在始发站的其他费用必须全部预付或全部到付。

• 当全部预付时，在 [15a] 中打“×”，并且将由代理收取和由承运人收取的费用分别填写在 [25a]、[26a] 栏中。

• 当全部到付时，在 [15b] 中打“×”，并且将由代理收取和由承运人收取的费用分别填写在 [25b]、[26b] 栏中。

12. 供运输用声明价值（Declared Value for Carriage）[16]

本栏用于打印托运人向承运人声明的所运输货物的价值的金额。如果托运人没有声明价值，此栏必须打印“NVD”字样，表示 No Value Declared（没有声明价值）。

13. 供海关用声明价值（Declared Value for Customs）[17]

本栏用于打印货物报关时所需向海关声明的商业价值的金额。如果货物没有商业价值，此栏必须打印“NCV”字样，表示 No Commercial Value（没有商业价值）。

14. 保险金额（Amount of Insurance）[18]

如果承运人向托运人提供代办货物保险业务时，此栏打印托运人货物投保的金额；如果承运人不提供此项服务或托运人不要求投保时，此栏内必须打印“×××”符号。

15. 运输处理注意事项（Handling Information）[19a]

此处应填制相应的代码及航空公司注意事项，如：

（1）危险货物。根据货物本身的特性，危险货物的运输一般分为两种情况：

① 需要附托运人的危险品申报单。本栏内应打印“DANGEROUS GOODS AS PER ATTACHED SHIPPER'S DECLARATION”字样，对于要求装上货机运输的危险货物，还应再加上“CARGO AIRCRAFT ONLY”字样。

② 不要求附危险品申报单的危险货物。应打印“SHIPPER'S DECLARATION NOT REQUIRED”字样。

（2）既有危险货物也有非危险货物。

① 若一票货物中既有危险货物也有非危险货物，则应分别列明，且危险货物必须列在第一项。

② 此类危险货物不要求托运人附危险品申报单，且不是放射性物质，且数量有限。

（3）其他注意事项。其他注意事项尽可能使用“货物交换电报程序”（CARGO-IMP）中的代号和简语，如：

① 货物上的标志、号码以及包装方法。

② 货运单所附文件，如托运人的动物证明书（Shipper's Certification for Live Animals）、装箱单（Packing List）、发票（Invoice）等。

③ 除收货人外，另请通知人的姓名、地址、国家，以及电话、电传或传真号码。

④ 货物所需要的特殊处理规定。

⑤ 海关规定等。

（4）海关信息（SCI）[19b]

本栏是海关信息栏，仅欧盟国家之间使用。

16. 货物运价细目（Consignment Rating Details）[20]

一票货物中如含有两种或两种以上不同运价类别计费的货物，应分别填写，每填写一项另起一行；如果含有危险品，则该危险货物应列在第一项。

各细目内容的填写要求如下：

（1）件数 / 运价组合点（No. of Pieces RCP）[20a]。

① 打印货物的件数。

② 如果使用非公布直达运价计算运费时，在件数的下面还应打印运价组合点城市的 IATA 三字代号。

（2）毛重（Gross Weight）[20b]。打印适用于运价的货物实际毛重；以千克为单位时可保留至小数后一位。

（3）重量单位（kg/lb）[20c]。以千克为单位用代号“K”；以镑为单位用代号“L”。

（4）运价等级（Rate Class）[20d]。根据需要打印下列代号：

M：最低运费（Minimum Charge）；

• N：45 kg 以下运价（Normal Rate）。

• Q：45 kg 以上运价（Quantity Rate）。

• C：指定商品运价（Specific Commodity Rate）。

• R：等级货物附减运价（Class Rate Reduction）。

• S：等级货物附加运价（Class Rate Surcharge）。

（5）商品品名编号（Commodity Item No.）[20e]。

① 使用指定商品运价时，此栏打印指定商品品名代号（打印位置应与运价代号C保持水平）。

② 使用等级货物运价时，此栏打印相应普通货物运价的字母代号以及附加或附减运价的比例（百分比）。

③ 如果是集装货物，打印集装货物运价等级。

（6）计费重量（Chargeable Weight）[20f]。

① 打印与运价相应的货物计费重量。

② 如果是集装货物，则：

• 与运价代号“U”对应打印适合集装货物基本运费的运价点重量。

• 与运价代号“E”对应打印超过使用基本运费的重量。

• 与运价代号“X”对应打印集装器空重。

（7）运价 / 运费（Rate/Charge）[20g]。

① 当使用最低运费时，此栏与运价代号“M”对应打印最低运费。

② 当货物为普通货物时，打印与运价代号“N”“Q”等相应的运价。

③ 当货物采用指定商品运价时，打印与运价代号“C”相应的运价。

④ 当货物为等级货物时，根据货物的属性，打印与运价代号“S”对应的附加后的运价或“R”对应的附减后的运价。

（8）总计（Total）[20h]。

① 打印计费重量与适用运价相乘后的运费金额。

② 如果是最低运费或集装货物基本运费时，本栏与 [20g] 内金额相同。

（9）货物品名和数量（Nature and Quantity of Goods）[20k]。本栏应按要求打印，尽可能清楚、简明，以便涉及组织该批货物运输的所有工作人员能够一目了然。

注意事项：

① 打印货物的品名（用英文大写字母）。

② 当一票货物中含有危险货物时，应分列打印，危险货物应列在第一项。

③ 活动物运输，本栏内容应根据 IATA 活动物运输规定打印。

④ 对于鲜活易腐货物、贵重货物等特种货物，需要标明其特性，如“PERISHABLE”“VALUABLE CARGO”等。

⑤ 对于集合货物，本栏应打印“Consolidation as Per Attached List”。

⑥ 打印货物的体积用“长 × 宽 × 高 × 件数”表示，如 DIMS：40 cm × 30 cm × 20 cm × 2。

⑦ 可打印货物的产地国。

（10）总件数 [20m]。打印 [20a] 中各组货物的件数之和。

（11）总毛重 [20n]。打印 [20b] 中各组货物毛重之和。

（12）总计 [20p]。打印 [20h] 中各组货物运费之和。

（13）无名阴影栏 [20z]。此栏一般不需填制，除非承运人需要，此栏内可填制以下服务代号：

• B：Service Shipment（公务货物）。

• C：Company Material（公司货物）。

• D：Door to Door Service（门到门服务）。

• J：Priority Service（优先服务）。

• P：Small Package Service（小件货服务）。

• T：Charter（包机）。

17. 其他费用（Other Charges）[21]

（1）打印始发站运输中发生的其他费用，按全部预付或全部到付。

（2）作为到付的其他费用，应视为“代垫付款”。托运人应按代垫付款规定支付手续费，否则，对其他费用应办理预付业务。

（3）打印“其他费用”金额时，应冠以相应代号。

（4）承运人收取的其他费用用“C”表示，如“AWC”表示由承运人收取的货运单费。

（5）代理人收取的其他费用用“A”表示，如“AWA”表示由代理人收取的货运单费。

18. 预付（Prepaid）

在费用汇总栏中，左边的“Prepaid”下方填入相应金额。

（1）预付航空运费（Weight Charge）[22a]。打印按货物计费重量与适用运价计得的航空运费，并注意应与 [20h] 或 [20p] 中的金额一致。

（2）预付声明价值附加费（Valuation Charge）[23a]。如果托运人就货物运输声明价值的话，此栏应打印计算所得的声明价值附加费的金额，公式为：

声明价值附加费的金额 =（声明价值 − 实际毛重 × 最高赔偿额）× 0.5%。

（3）预付税款（Tax）[24a]。打印适用的税款。此项费用与货物运费 [22] 以及声明的价值附加费 [23] 一起必须全部预付或全部到付。

（4）预付的其他费用总额（Total Other Prepaid Charges）。应根据 [21] 内的其他费用打印相应的金额，包括：

① 预付的由代理人收取的其他费用总额（Total Other Charges Due Agent）[25a]，打印由代理人收取的预付的其他费用总额。

② 预付的由承运人收取的其他费用总额（Total Other Charges Due Carrier）[26a]，打印由承运人收取的预付的其他费用总额。

（5）无名称阴影栏目 [27a]。本栏不需打印，除非承运人需要。

（6）预付总计（Total Prepaid）[28a]。打印 [22a] ~ [27a] 等栏有关预付款项之和。

19. 到付（Collect）

在费用汇总栏中，右边的“Collect”下方填入相应金额：

（1）到付航空运费（Weight Charge）[22b]。打印按货物计费重量与适用运价计得的航空运费，并注意应与 [20h] 或 [20p] 中的金额一致。

（2）到付声明价值附加费（Valuation Charge）[23b]。如果托运人就货物运输声明价值的话，此栏应打印计算所得的声明价值附加费的金额。

（3）到付税款（Tax）[24b]。打印适用的税款。此项费用与货物运费 [22] 以及声明的价值

附加费 [23] 一起必须全部预付或全部到付。

（4）到付的其他费用总额（Total Other Collect Charges）。应根据 [21] 内的其他费用打印相应的金额，包括：

① 到付的由代理人收取的其他费用总额（Total Other Charges Due Agent）[25b]，打印由代理人收取的到付的其他费用总额。

② 到付的由承运人收取的其他费用总额（Total Other Charges Due Carrier）[26b]，打印由承运人收取的到付的其他费用总额。

（5）无名称阴影栏目 [27b]。本栏不需打印，除非承运人需要。

（6）到付总计（Total Collect）[28b]。打印 [22b] ~ [27b] 等栏有关到付款项之和。

20. 目的国货币付费（仅供承运人使用）（For Carrier's Use Only At Destination）[29]

（1）货币兑换比价（Currency Conversion Rates）[29a]。用于打印目的站国家货币代号，后面是兑换比率。

（2）用目的站国家货币付费（CC Charges in Dest. Currency）[29b]。将 [28b] 中所列到付总额，使用 [29a] 所列的货币换算比率折算成目的站国家货币的金额，打印在本栏内。

（3）在目的站的费用（Charges at Destination）[29c]。最后承运人将目的站发生的费用金额（包括利息）等打印在本栏。

（4）到付费用总额（Total Collect Charges）[29d]。用于打印 [29b] 与 [29c] 内的费用金额之和。

21. 托运人证明栏（Shipper' s Certification Box）[30]

本栏用于填写托运人名称（可参考 [4b] 中内容），并令其在本栏内签字或盖章。

22. 承运人填写栏（Carrier' s Execution Box）[31]

（1）填开日期 [Executed on (date)][31a]。按日、月、年的顺序打印货运单的填开日期（月份可用缩写），如 18OCT2020，表示 2020 年 10 月 18 日。

（2）填开地点 [at (place)][31b]。用于打印机场或城市的全称或缩写。

（3）开票承运人或其代理人签字（Signature of Issuing Carrier or its Agent）[31c]。填开货运单的承运人或其代理人在本栏内签字。

23. 选择性货运信息（Optional Shipping Information）[32]

（1）证明编号（Reference Number）[32a]。用于打印托运人、代理人和承运人均认可的某些证明的编号。

（2）无名栏目 [32b]、[32c]。用于打印某些承运人同意的事项。

24. 其他

某些航空货运单中还有其他栏目，用来打印收货人提取货物地点、时间等内容，并由收货人或其代理人签字盖章。

任务实训

（1）根据给出的货物信息，上网查询相关航班和运价信息，填制一份航空运单。

（2）小组讨论上述货物应当附上怎样的标记和标签？如何粘贴 / 栓挂？

任务五 进口理单理货与配送

任务目标

- 能够准确、妥善地整理进口单据和货物，并通知收货人。
- 能够判断需要向收货人收取的费用种类和金额，并在收货人交齐费用后安排放货。

任务情景

机电贸易对振捷货运之前提供的出口货运服务很满意，正好现在机电贸易需要以 FCA 从韩国进口一批储存芯片，于是在了解到振捷货运在韩国有合作伙伴后，打算也交给振捷货运来安排运输。

振捷货运通过在韩国的代理安排了从韩国出口的事宜，2021 年 6 月 12 日接到韩国代理的预报，货物将于 6 月 15 日从首尔启运，预计当日 14:15 抵达广州白云机场。6 月 15 日又再次收到韩国代理确认飞机正常起飞，通知振捷货运准备接货。

振捷货运收到航空公司的通知，确认货物抵达后，前往航空公司进行单货交接（参见任务三），并在接收货物后在入仓时进行理单、理货，随后入库进行短暂仓储，并向收货人机电贸易发出到货通知，待客户交齐费用、办完手续后即可放货。

知识链接

一、理单

理单，是指货运代理人根据一定的标准和方法对取得的航空公司货运单进行分类整理并予以重新编号。

1. 总运单拆单

对集中托运进口的每票总运单进行拆单，包括：

（1）将总运单项下的分运单分别理出，对照审核到货情况，制成清单输入计算机。

（2）将集中托运总运单项下的发运清单输入海关计算机，以供按分运单分别报关、报验、提货之用。

2. 分类理单、编号

（1）分类理单。运单分类的方法有多种，各货运代理公司可根据需要结合以下多种方法使用：

① 分航班号理单，便于区分进口方向。

② 分进口代理理单，便于掌握和反馈信息，做好对代理的对口服务。

③ 分货主理单，将重要的、经常有大批货物的货主的运单分类清理出来，便于联系、制单报关、送货和转运。

④ 分口岸、内地或区域理单，便于联系内地货运代理，也有利于集中转运。

⑤ 分运费到付、预付理单，便于安全收费。

⑥ 分寄发运单、自取运单客户理单，便于安排邮寄和接待。

（2）编号。分类理单的同时，须将各票总运单、分运单编上各航空货运代理公司自己设定的编号，以便内部操作及用户查询。

（3）编配各类单证。理单人员应将各类单证进行逐单审核、编配。主要包括：

① 总运单、分运单与随机单证。

② 国外代理先期寄达的单证（发票装箱单、合同副本、装卸和运送指示等）。

③ 进口国国内货主或收货人预先提交的各类单证等。

经审核、编配，凡单证齐全、符合报关条件的即转入制单、报关程序。否则，应与货主联系，催齐单证，使之符合报关条件。

二、理货与仓储

1. 理货的主要内容

（1）再次查验货物：逐一核对每票件数，再次检查货物破损情况；遇有异常且确属接货时未发现的问题，可向航空公司提出交涉。

（2）按货物品类和性质分类并进仓、堆存。

① 按货物大小、轻重分。

② 按单票货、混载货分。

③ 按货物品类分，如危险品、贵重品、冷冻品、冷藏品等。

（3）堆存注意事项

① 注意货物外包装上箭头向上。

② 注意总运单、分运单标志朝向。

③ 注意大不压小、重不压轻。

（4）登记储存区号。登记每票货的储存区号，并输入计算机。

2. 仓储注意事项

鉴于航空进口货物的贵重性、特殊性，其仓储要求较高，须注意以下几点：

（1）防雨防潮。货物不能置于露天，不能无垫托置于地上，以防雨淋、受潮。

（2）防重压。纸箱、木箱均有叠高限制，纸箱受压变形，会危及箱中货物安全。

（3）防变质。生物制剂、化学试剂、针剂药品等特殊物品有储存温度要求，要防止阳光曝晒导致温升变质。一般情况下，冷冻品置于 -15℃ ~ -20℃冷冻库中，冷藏品置于 2℃ ~ 8℃冷藏库中。

（4）防危。危险品可能危及人员及其他货品安全，因此空运进口仓库应设独立的危险品库。易燃易爆品、毒品、腐蚀品、放射品均应分库安全置放。这些货品一旦出现异常，均须及时通知消防安全部门或卫生检疫部门进行检测和处理，以保证人员及其他物品安全。

（5）防盗。为防贵重物品被盗，贵重物品应设专库，由双人制约保管，以防被盗事件发生。

三、到货通知

1. 到货通知的时限性要求

从航空运输的时效出发，同时也为了减少货主仓储的费用，避免海关滞报金，货物到达目的港后，应尽早、尽快、尽妥地将到货情况通知货主，提请货主配齐有关单证，尽快报关。

（1）早：到货后，第一个工作日内就要设法通知货主。

（2）快：尽可能用传真、电话预通知客户；单证需要传递的，尽可能使用特快专递，以缩短传递时间。

（3）妥：尽量使用多种方式通知客户；在通知后客户未及时提货也未得到客户回复的情况下，再次通知客户并提醒其相关后果。

2. 到货通知的内容

（1）运单号、分运单号、货运代理公司编号。

（2）件数、重量、体积、品名、发货公司、发货地。

（3）运单、发票上已编注的合同号、随机已有单证数量及尚缺的报关单证。

（4）运费到付数额，货运代理公司地面服务收费标准。

（5）货运代理公司及仓库的地址（地理位置图）、电话、传真、联系人。

提示：如超过 14 天报关，将收取滞报金；超过三个月未报关，货物上交海关处理。

四、收费与发货

1. 收费

货运代理公司仓库在发放货物前，一般先将费用收妥。收费内容有：到付运费及垫付佣金；单证、报关费；仓储费（含冷藏、冷冻、危险品、贵重品特殊仓储费）；装卸、铲车费；航空公司到港仓储费；海关预录入，动植检、卫检报验等代收代付费用；关税及垫付佣金。

除了每次结清提货的货主外，经常性的货主可与货运代理公司签订财务付费协议，实施先提货、后付款、按月结账的付费方法。

2. 发货

进口货代应当在收货人结清费用后安排发货，基本步骤为：

（1）货主凭证提货。办完报关、报验等进口手续后，货主须凭盖有海关放行章、动植物报验章、卫生检疫报验章（进口药品须有药品检验合格章）的进口提货单到所属监管仓库付费提货。

（2）仓库检验单证。仓库发货时，须检验提货单据上各类报关、报验章是否齐全，并登记提货人的单位、姓名、身份证号，以确保发货安全。

（3）检查货物并向货主交接。

① 仓库保管员发货时，须再次检查货物外包装情况，遇有破损、短缺，应向货主交代。

② 发货时，应协助货主装车，尤其遇有货物超大超重、件数较多的情况，应指导货主（或提货人）合理安全装车，以提高运输效率，保障运输安全。

3. 送货与转运

出于多种因素（如便利性、节省费用、运力所限等），许多货主或国外发货人要求将进口到达货由货运代理报关、垫税，提货后运输到直接收货人手中。货运代理公司在代理客户制单、报关、垫税、提货、运输的一揽子服务中，由于工作熟练、衔接紧密、服务到位而受到货主的欢迎。

（1）送货上门业务。送货上门业务主要指进口清关后货物直接运送至货主单位，运输工具一般为汽车。

（2）转运业务。转运业务主要指将进口清关后货物转运至内地的货运代理公司，转运方式主要为飞机、汽车、火车、水运、邮政。办理转运业务，需由内地货运代理公司协助收回相关费用，同时口岸货代公司亦应支付一定比例的代理佣金给内地代理公司。

任务实训

（1）根据给出的货物到港预报信息、主运单和分运单，分小组讨论应当如何理单理货，需要向收货人收取哪些费用，以及向收货人放货的条件。

（2）分小组以角色扮演的方式模拟演练从收到代理预报后到货物发送给收货人的进口全流程。

综合练习

一、单选题

1. 下列城市属于IATA三个航空运输业务区中的TC1区的是（　　）。

A. 纽约　　B. 北京　　C. 伦敦　　D. 堪培拉

2. 在国际航空货物集中托运的情况下，航空货运单分为主运单和分运单。下列关于主运单和分运单的表述，（　　）是不正确的。

A. 主运单是国际航空货运代理人与承运人交接货物的凭证

B. 分运单是国际航空货运代理人与发货人交接货物的凭证

C. 在主运单中托运人栏和收货人栏都是实际的托运人和收货人

D. 在分运单中托运人栏和收货人栏都是实际的托运人和收货人

3. 在国际航空货物运输中，航空货运代理人和航空公司之间的货物交接凭证是（　　）。

A. HAWB　　B. MAWB　　C. B/L　　D. SLI

4. 2016年奥运会将在巴西的里约热内卢举办。该城市处于IATA航空运输业务区中的（　　）。

A. TC1区　　B. TC2区　　C. TC3区　　D. TC4区

5. 2008年北京奥运会火炬传递专机CA2008属于（　　）。

A. 中华航空公司　　B. 中国国际航空公司

C. 中国南方航空公司　　D. 中国东方航空公司

6. 在国际航空货物运输中，法国戴高乐国际机场的三字代码是（　　）。

A. LHT　　B. KIX　　C. NRT　　D. CDG

7. 在国际航空货物运输中，操作代码PER的中文全称是（　　）。

A. 栓挂货物　　B. 鲜活易腐货物

C. 贵重物品　　D. 仅限货机

8. 在国际航空货物运输中，集装板的识别代号以字母（　　）打头。

A. J　　B. A　　C. F　　D. P

9. 在国际航空货物运输中，CC表示（　　）。

A. 无声明价值　　B. 货物运费更改通知书

C. 运费到付　　D. 航空货运单

10. 在国际航空货物运输中，对于收运的危险货物，除按危险品规则收运并收取航空运费外，还应收取危险货物收运手续费，该费用必须填制在货运单“其他费用”栏内。在货运单中，危险品处理费代码为（　）。

A. SUA　　B. DBC　　C. RAC　　D. RAA

11. 在国际航空货物运输中，SLI 的中文全称是（　　）。

A. 航空货运单　　B. 运输声明价值

C. 空运托运书　　D. 运费预付

12. 下列关于航空货运单上“Amount of insurance”一栏的说法正确的是（　　）。

A. 如果承运人提供代办货物保险业务，此栏填写投保金额

B. 如果承运人不提供代办货物保险业务，此栏空白

C. 如果托运人不要求投保时，此栏空白

D. 此栏填写货物的供海关用声明价值

13. 在国际航空货物运输中，如果托运人没有为货物办理“运输声明价值”，在航空货运单“Declared Value for Carriage”栏中必须打印（　　）。

A. AWA　　B. AWC　　C. NVD　　D. NCV

14. 在航空货物运输中，说明货物的货运单号码、件数、重量、始发站、目的站、中转站的一种运输标志是（　　）。

A. 操作标签　　B. 特种货物标签　　C. 活动物标签　　D. 识别标签

15. 国际航空货物的计费重量以（　　）千克为最小单位。

A. 0.3　　B. 0.5　　C. 0.8　　D. 1

16. 在国际航空货物运输中，正确表述航空运费的英文单词是（　　）。

A. ocean freight　　B. weight charge

C. chargeable weight　　D. volume weight

17. 在国际航空货物运输中，计费重量是指用以计算货物航空运费的重量。通常情况下，计费重量要考虑货物的（　　）。

A. 实际毛重　　B. 较高重量分界点的重量

C. 体积重量　　D. 以上三者都是

18. 在国际航空货物运输中，根据国际航协的规定，国际货物的计费重量以 0.5 千克为最小单位。103.1 千克货物的计费重量为（　　）。

A. 103.0　　B. 103.1　　C. 103.5　　D. 104.0

19. 运输某国际航空等级货物所适用运价是：“150% of the Normal GCR”，在填写航空货运单“Rate Class”一栏时，应填写（　　）。

A. R　　B. C　　C. M　　D. S

20. 在国际航空货物运输中，表示指定商品运价的类别代码是（　　）。

A. Z　　B. C　　C. M　　D. N

二、多选题

1. 下列国家中属于 IATA 三个航空运输业务区中的 TC2 区的有（　　）。

A. 法国　　B. 荷兰　　C. 埃及　　D. 南非

2. 在国际航空货物运输中，下列属于 IATA 三个航空运输业务区中，TC3 区的国家是（　）。

A. 日本　　B. 澳大利亚　　C. 哥伦比亚　　D. 新加坡

3. 在国际航空货物运输中，按照国际航协的规定，在相同运价种类、相同航程、相同承运人条件下，公布直达运价应按下列顺序使用（　　）。

A. 指定商品运价优先于等级货物运价使用

B. 等级货物运价优先于普通货物运价使用

C. 等级货物运价优先于指定商品运价使用

D. 普通货物运价优先于等级货物运价使用

4. 在国际航空货物运输中，按 IATA 规定，下列属于等级货物的是（　　）。

A. 活动物　　B. 贵重货物　　C. 汽车　　D. 邮件

5. 某国际航空货物运单上的“Rate Class”一栏印有“N”，说明（　）。

A. 该票货物的计费重量达到 45 千克　　B. 该票货物的计费重量没有达到 45 千克

C. 该票货物采用最低运费　　D. 该票货物没有采用较高重量点的运价

三、判断题

1. 在国际航空货物运输中，集装箱代号为 PAP2233CA，表明该集装箱是属于中国国际航空公司注册的飞机集装板。（　）

2. 在国际航空货物运输中，经常使用一些常见的特殊操作代码，这些代码主要供操作人员在运输的各个环节中使用，告知其注意运输货物的性质，以及采取相应的操作策略，易腐蚀货物的操作代码为 RCM。（　）

3. 在国际航空货物运输中，客户要求货物必须由 CA 或者 CZ 航空公司的飞机运送。因此，国际航空货运代理企业将货物交给中国国际航空公司所属的飞机运送符合客户要求。（　）

4. 在国际货物托运书上显示的价格是航空公司的优惠价格加上其他费用或者协议运价，而不是 TACT 上公布的适用运价和费率。（　）

5. 填制国际航空货物运单时，品名一栏一般用英文填写，到达香港地区的可以用中文。（　）

6. 在国际航空货物运输中，国际航空货运单的各栏内容可以直接手写填入。（　）

7. 国际航空货物运输中，航空货运单是可以转让的。（　）

8. 在国际航空货物运输中，托运人应自行填制航空货运单，也可以要求承运人或承运人授权的代理人代为填制。承运人对货运单所填各项内容的正确性、完备性负责。（　）

9. 在国际航空货物运输中，一份国际航空货运单只能用于一个托运人在同一时间、同一地点、由同一承运人承运，运往同一目的站、同一收货人的一件或多件货物。（　）

10. 填制国际航空货物运单时，品名一栏一般用英文填写，到达中国香港特别行政区的可以用中文填写。（　）

11. 在国际航空货物运输中，如果所托运的货物是易碎物品，则最好用木箱包装，内加垫衬物，外包装上贴“易碎物品”标签。（　）

12. 国际航空货物集中托运时，集运商应出具分运单，并粘贴分标签，显示分运单号和目的地城市或机场的三字代码。（　）

13. 在国际航空货物运输中，当运输两点间无协议运价和公布直达运价，则比例运价优先于分段相加运价使用。（　）

14. 国际航空运价表中的最低运费是指一票货物自始发地机场至目的地机场航空运费的最低限额，按照最低运费收取运费的货物不再收取其他附加费。（　）

15. 在国际航空货物运输中，较高重量分界点的重量也可成为货物的计费重量。（　）

16. 在国际航空货物运输中，如果该货物属于附减的等级货物，则使用普通货物运价计算运费。（　）

17. 在国际航空货物运输中，指定商品运价是指适用于自规定的始发地至目的地运输特定品名货物的运价，通常情况下，指定商品运价高于相应的普通货物运价。（　）

18. 填写空运货运单的出发地或目的地机场栏时，若机场名称不明确，可填城市代码。（　）

19. 在国际航空货物运输当中，托运人在填写托运书中品名栏目时不可笼统的填写“样品”“部件”。（　）

20. 运送航空货物不可用带有碎屑、草末等材料作包装，如草袋、粗麻包等。（　）

四、计算题

1. Routing：Beijing，CHINA(BJS) to Chicago，U.S.A.(CHI)

   Commodity：Bike

   Gross Weight：Each 12.3 kg

   Dimensions：Each 30 cm × 120 cm × 100 cm，4 Boxes

计算该票货物的航空运费。

公布运价如下：

BEIJING	CN		BJS
Y.REN MINBI	CNY		KGS
Chicago	US	M	630
		N	69.43
		45	60.16
		100	54.19
		300	42.80

Volume Weight: ______________________

Gross Weight: ______________________

Applicable Rate ______________________

Chargeable Weight: ______________________

____

Weight charge: ______________________________

2. 我国A出口商通过B国际货运代理人办理一票普通货物的空运事宜，经北京出口至日本东京，但A出口商对于航空运价、运费并不是很了解，于是咨询B国际货运代理人有关北京至日本东京航空运价、运费问题。假设公布运价如下：

BEIJING	CN		BJS
Y.RENMENBI	CNY		KGS
TOKYO	JP	M	230
		N	38
		45	29
		100	25
		300	20

请计算并答复客户的下列咨询：

（1）出口商托运的货物计费重量为6千克时，应支付多少运费？

（2）出口商托运的货物计费重量为15千克时，应支付多少运费？

（3）出口商托运的货物计费重量为45千克时，应支付多少运费？

（4）出口商托运的货物计费重量为70千克时，应支付多少运费？

（5）出口商托运的货物计费重量为200千克时，应支付多少运费？

五、操作题

请根据下列资料填写空运单（见下页）：

上海盈峰贸易有限公司（SHANGHAI YINGFENG TRADING LTD.; 1705 HUIFEI BUILDING, No. 105 N. HUAIHAI ROAD, SHANGHAI, CHINA）与法国卡洛斯科技公司（KAROH TECHNOLOGY CO., LTD; No.567 AVE STREET, PARIS, FRANCE）签订了100台打印机（Printer）的销售合同，预计于2020年6月30日从上海运往巴黎，航班号CA308，货运单号：999-12345675。运费及其他费用预付，其他费用包括AWC：200.00；SUA：50.00。每台打印机单独纸箱包装，每箱毛重5 kg，尺寸为60 cm × 30 cm × 30 cm，CIP单价80美元/台，假设当时汇率为1美元兑换6.80元人民币。

公布运价表如下：

SHANGHAI	CN		SHA
Y.RENMINBI	CNY		KGS
PARIS	FR	M	320
		N	66.20
		45	45.22
		100	41.22
		500	32.02
		1000	28.71

Shipper's Name and Address	Shipper's Account Number	NOT NEGOTIABLE **Air Waybill** ISSUSED BY Copy 1,2 and 3 of this Air Waybill are originals and has the same validity.
Consignee's Name and Address	Consignee's Account Number	It is agreed that the goods described herein are accepted in apparent good order and condition (except as noted) for carriage SUBJECT TO THE CONDITIONS OF CONTRACT ON THE REVERSE HEREOF. ALL GOODS MAY BE CARRIED BY ANY OTHER MEANS INCLUDING ROAD OR ANY OTHER CARRIER UNLESS SPECIFIC CONTRARY INSTRACTIONS ARE GIVEN HEREON BY THE SHIPPER.THE SHIPPER'S ATTENTION IS DRAWN TO THE NOTICE CONCERNING CARRIES'S LIMITATION OF LIABILITY. Shipper may increase such limitation of liability by declaring a higher value for carriage and paying a supplemental charge if required.
Issuing Carrier's Agent Name and City		Accounting Information
Agent's IATA Code	Account No.	
Airport of Departure (Addr. of First Carrier) and Requested Routing		Reference Number / Optional Shipping Information

To	By First Carrier / Routing and Destination	to	by	to	by	Currency	CHGS Code	WT/VAL PPD	WT/VAL COLL	Other PPD	Other COLL	Declared Value for Carriage	Declared Value for Customs

Airport of Destination	Flight/Date	For Carrier Use Only	Flight/Date	Amount of Insurance	INSURANCE - If Carrier offers insurance, and such insurance is requested in accordance with the conditions thereof, indicate amount to be insured in figures in box marked "Amount of Insurance."

Handling Information

SCI

No. of Packages Rcp	Gross Weight	kg lb	Rate Class / Commodity Item No.	Chargeable Weight	Rate / Charge	Total	Nature and Quantity of Goods (incl. Dimensions or Volume)

Prepaid	Weight Charge	Collect	Other Charges
	Valuation Charge		
	Tax		
	Total Other Charges Due Agent		Shipper certifies that the particulars on the face hereof are correct and that insofar as any part of the consignment contains dangerous goods ,such part is properly described by name and is in proper condition for carriage by air according to the applicable Dangerous Goods Regulations.
	Total Other Charges Due Carrier		Signature of Shipper or his Agent
Total Prepaid		Total Collect	
Currency Conversion Rates		CC Charges in Dest Currency	Executed on (date) at(place) Signature of Issuing Carrier or his Agent
For Canrier's Use Only at Destination		Charges at Destination	Total Cokkect Charges

项目五

国际多式联运货运代理

项目导言

本项目首先介绍国际多式联运货运代理的一般业务操作流程，接着介绍认识国际多式联运和国际多式联运单据（主要是国际多式联运提单）等相关知识。

国际多式联运货运代理的一般业务处理程序：

1. 接受托运申请，订立多式联运合同

国际多式联运经营人揽到货物后，根据货主提出的托运申请，设计好运输路线和选择好区段承运人。判断是否接受该托运申请，如果接受，就货物的交接方式、交接时间、交接地点、付费方式等达成协议。填写场站收据，并把场站收据送到多式联运经营人处进行编号，多式联运经营人编号后留下货物托运联，将其他的交还给发货人或代理人。

2. 空箱的发放、提取及运送

多式联运中使用的集装箱一般由多式联运经营人提供，这些集装箱的来源可能有三种情况：一种是多式联运经营人自己购置和使用的集装箱；二是向借箱公司租用的集装箱；三是由全程运输中的某一分运人提供的集装箱。如果双方协议中约定由发货人自行装箱，则多式联运经营人应签发提箱单，或租箱公司、分运人签发提箱单交给发货人或其代理人，由他们在约定日期内到指定的堆场提箱，并自行将空箱拖运到货物装箱地点，准备装货。

3. 出口报关

若多式联运从港口开始，则在港口报关；若从内陆地区开始，则应在附近内陆地海关办理报关出口相关事宜。一般由发货人或其代理人办理，也可委托多式联运经营人代为办理，报关时应提供场站收据、装箱单、出口许可证等有关单据和文件。

4. 货物装箱及接收货物

若是发货人自行装箱，发货人或其代理人提取空箱后在自己的工厂或仓库组织装箱，装箱工作一般要在报关后进行，并请海关派员到装箱地点监装和办理加封事宜，如需理货，还应请理货人员现场理货并与其共同制作装箱单。

对于由货主自行装箱的整箱货物，发货人应负责将货物运至双方协议规定的地点，多式联运经营人或其代表在指定地点接收货物；如果是拼箱货，则由多式联运经营人在指定的货运站接收货物。验收货物后，代表多式联运经营人接收货物的人应在场站收据正本上签章并将其交给发货人或其代理人。

5. 订舱及安排货物运送

多式联运经营人在合同订立后，应立即制订该合同涉及的集装箱运输计划，该计划应包括货物运输路线、区段的划分，各区段实际承运人的选择及确定各区段衔接地点的到达、启运时间等内容。

这里所说的订舱泛指多式联运经营人要按照运输计划安排确定各区段的运输工具，与所选的各实际承运人订立各区段的分运合同，这些合同的订立由多式联运经营人本人或委托的代理人办理，也可请前一区段的实际承运人作为代表向后一区段的实际承运人订舱。

货物运输计划的安排必须科学并留有余地，工作中应相互联系，根据实际情况调整计划，避免彼此脱节。

6. 办理保险

在发货人方面，应投保货物运输保险，该保险由发货人自行办理，或由发货人承担费用而由多式联运经营人代为办理。货物运输保险可以是全程投保，也可以为分段投保。在多式联运经营人方面，应投保货物责任险和集装箱保险，由多式联运经营人或其代理人向保险公司办理，或以其他形式办理。

7. 签发多式联运提单，组织完成货物的全程运输

多式联运经营人的代表收取货物后，多式联运经营人应向发货人签发多式联运提单，在把提单交给发货人之前，应注意按双方议定的付费方式及内容、数量向发货人收取全部应付费用。

多式联运经营人有组织和完成全程运输的责任和义务，在接收货物后，要组织各区段实际承运人、各派出机构及代表共同协调工作，完成各区段的运输及各区段之间的衔接工作，并做好运输过程中所涉及的各种服务性工作和运输单据、文件及有关信息的组织和协调工作。

8. 运输过程中的海关业务

按惯例，国际多式联运的全程运输均应视为国际货物运输，因此，该环节工作主要包括货物及集装箱进口国的通关手续、进口国内陆段保税运输手续及结关等内容，如果陆上运输要通过其他国家海关和内陆运输路线时，还应包括这些海关的通关及保税运输手续。

如果货物在目的地港交付，则结关应在港口所在地海关进行；如果在内陆地交货，则应在口岸办理保税运输手续，海关加封后方可运往内陆目的地，然后在内陆海关办理结关手续。

9. 货物交付

当货物运往目的地后，由目的地代理通知收货人提货，收货人凭多式联运提单提货，多式联运经营人或其代理人需按合同规定，收取收货人应付的全部费用，收回提单，签发提货单，提货人凭提货单到指定堆场和地点提取货物。如果是整箱提货，收货人要负责至掏箱地点的运输，并在货物掏出后将集装箱运回指定的堆场，此时，运输合同结束。

10. 货运事故处理

如果全程运输中发生了货物灭失、损害和运输延误，无论能否确定损害发生的区段，发(收)货人均可向多式联运经营人提出索赔，多式联运经营人根据提单条款及双方协议确定责任并作出赔偿；如果能确定事故发生的区段和实际责任者，可向其进一步索赔；如不能确定事故发生

的区段，一般按在海运段发生处理；如果已对货物及责任投保，则可要求保险公司赔偿和向保险公司进一步追索；如果受损人和责任人之间不能取得一致意见，需要在诉讼时效内提起诉讼和仲裁来解决。

任务一 认识国际多式联运

任务目标

- 了解国际多式联运的概念、特点以及与一般联运的区别。
- 了解国际多式联运的发展概况、组织形式。
- 领会国际多式联运经营人的概念、特征以及应具备的条件。
- 掌握国际多式联运经营人的赔偿责任和赔偿标准。

任务情景

广州振捷国际货运代理公司与广州机电贸易公司订立一份多式联运合同，负责将两个集装箱货物从广州黄埔港经印度孟买运至新德里。振捷国际货运代理公司分别与A船公司和B铁路运输公司签订运输合同，货物装船后A船公司签发了已装船的清洁海运提单，货物在孟买港卸船时发现其中一个集装箱外表损坏。振捷国际货运代理公司在当地的代理将货物通过铁路运往新德里前已告知B铁路运输公司。当集装箱到达新德里后，收货人发现外表损坏的集装箱内货物严重受损。振捷国际货运代理公司是否应承担责任？为什么？

知识链接

一、国际多式联运的概念、特点以及与一般联运的区别

（一）国际多式联运的概念

国际多式联运是一种以实现货物整体运输的最优化效益为目的的联运组织形式，它通常是以集装箱为运输单元，将不同的运输方式有机地组合在一起，构成连续的、综合性的一体化货物运输，通过一次托运，一次计费，一份单证，一次保险，由各运输区段的承运人共同完成货物的全程运输，即将货物的全程运输作为一个完整、单一的运输过程来安排。

然而，它与传统的单一运输方式又有很大的不同。根据1980年《联合国国际多式联运公约》（简称《多式联运公约》）以及1997年我国交通部和铁道部共同颁布的货物国际集装箱多式联运管理规则的定义，国际多式联运是指“按照多式联运合同，以至少两种不同的运输方式，由多式联运经营人将货物从一国境内接管货物的地点运至另一国境内指定地点交付的货物运输。”

（二）国际多式联运的特点

构成国际多式联运必须具备以下基本条件：

（1）必须具有一份多式联运合同。该运输合同是多式联运经营人与托运人之间权利、义务、责任与豁免的合同关系和运输性质的确定，也是区别多式联运与一般货物运输方式的主要依据。

（2）必须使用一份全程多式联运单证。该单证应满足不同运输方式的需要，并按单一运费率计收全程运费。

（3）必须是至少两种不同运输方式的连续运输。

（4）必须是国际间的货物运输。这不仅区别于国内货物运输，也涉及国际运输法规的适用问题。

（5）必须由一个多式联运经营人对货物运输全程负责。该多式联运经营人不仅是订立多式联运合同的当事人，也是多式联运单证的签发人。当然，在多式联运经营人履行多式联运合同所规定的运输责任的同时，可将全部或部分运输委托他人（分承运人）完成，并订立分运合同。但分运合同的承运人与托运人之间不存在任何合同关系。

由此可见，国际多式联运的主要特点是：由多式联运经营人和托运人签订一个运输合同，统一组织全程运输，实行运输全程一次托运，一单到底，一次收费，统一理赔和全程负责。它是一种以方便托运人和货主为目的的先进的货物运输组织形式。

（三）国际多式联运与一般联运的区别

1. 运输方式不同

国际多式联运是在两国之间使用两种以上不同运输工具的联运，如果是同一种运输工具的联运不能称为多式联运。如铁路转铁路、船转船的运输，只能称为国际铁路联运和海上联运。多式联运既适用海运与其他各种运输方式相结合的运输，也适用不包括海运在内的其他各种方式相结合的运输。而联运提单下的运输方式必须有一段海洋运输。

2. 交接方式不同

传统联合运输的货物交接地点是“港至港”或“车站到车站”，而国际多式联运的交接界限向两端延伸。

3. 承运人责任不同

一般联合运输是分段负责的，如货物在运输过程中遭受损失，第一承运人只承担第一程运输上的责任，其后的责任由其后的承运人负责；而多式联运经营人负责的是全程运输。不论货运事故发生在哪一段，只要向多式联运经营人提出索赔要求即可。

4. 货物单据不同

联合运输通常签发的是联运提单（Through B/L），这种提单只适用于海 / 海、海 / 陆、海 / 空方式下的货物运输；而多式联运单据可适用于多种不同运输方式相结合的运输，如陆 / 空或空 / 海或陆 / 空 / 海等（不过我国外运总公司出具的联运提单属于例外，它具有多式联运单据同等的效力）。

5. 单据的签发人不同

多式联运单据的签发人为总承运人，而联运提单的签发人为第一程的承运人——船长或其代理。

6. 海关验放的手续不同

一般国际货物运输的交货地点大都在装货港，目的地大都在卸货港，因而办理报关和通关手续都是在货物进出境的港口。而国际多式联运货物的启运地大都在内陆城市，因此内陆海关只对货物办理转关监管手续，由出境地的海关进行查验放行。进口货物的最终目的地为内陆城市，进境港口的海关一般不进行查验，只办理转关监管手续，待货物到达最终目的地时由当地海关查验放行。

7. 适用性与可转让性不同

多式联运提单把海运提单的可转让性与其他运输方式下的运单不可转让性结合在一起。多式联运经营人可以根据托运人的请求签发可转让或不可转让的多式联运提单。如属前者，收货人一栏应采用指示抬头；如属后者，收货人一栏应具体列明收货人名称，并在提单上注明不可转让。

8. 收取运费的标准不同

联合运输按段收取运费，因此，各段的收费标准不一。而多式联运只有一个运费率，收费标准统一。

9. 商品的运输包装不同

联合运输的包装可以是集装箱，也可以是单件运输包装；而多式联运必须使用集装箱。换言之，对于单件的货物不能进行多式联运。

二、国际多式联运的发展概况和组织形式

（一）国际多式联运的发展概况

20 世纪 70 年代，国外国际多式联运得到较快的发展，进入海陆空国际联运的全面发展时期。目前在国际集装箱总运量中，采用国际多式联运方式完成的运量占 10% ~ 15%。

国外主要的国际多式联运线路有如下几条：

（1）西伯利亚大陆桥运输。

（2）北美大陆桥运输。

（3）新亚欧大陆桥运输。

（4）北美小陆桥运输。

（5）北美、东北亚、东南亚、澳新各港口 / 中国沿海主要港口 / 中国内地（或反向运输）。

（6）远东各港口 / 欧洲各港口 / 欧洲内地（或反向运输）。

（7）远东、东南亚各港口 / 澳大利亚港口 / 澳大利亚内地（或反向运输）。

（二）我国国际多式联运的发展概况

我国从 1980 年 8 月由中国对外贸易总公司（以下简称中国外运）开办内地集装箱接转西伯利亚大陆桥运输以来，国际多式联运开始起步。1986 年，铁道部与中国远洋运输总公司（以下简称中远）合作开办国际集装箱海铁联运业务，使得我国国际集装箱多式联运业务得到了较快发展。从 1994 年开始，中国铁路集装箱运输中心、中国铁路对外服务公司先后与美国总统轮船公司、丹麦马士基航运公司等合作开办国际集装箱多式联运业务。目前，中国外运系统、

中运系统、中国铁路系统、中国海运集团系统以及地方国际航运公司、国际货运代理企业、中外合资与中外合作企业等都在不同程度上开办了国际集装箱多式联运业务。

目前，我国已开办的国际多式联运路线主要有以下几条：

（1）我国内地—我国港口—日本港口—日本内地（或反向运输）。

（2）我国内地—我国港口—美国港口—美国内地（或反向运输）。

（3）我国港口—肯尼亚的蒙巴萨港—乌干达内地（或反向运输）。

（4）我国内地—我国港口—德国汉堡港或比利时安特卫普港—北欧西欧内地（或反向运输）。

（5）我国内地—我国港口—科威特—伊拉克（或反向运输）。

（6）我国东北地区—图们—朝鲜清津港—日本港口（或反向运输）。

（7）我国港口—日本港口—大洋洲港口—大洋洲内地。

（8）我国内地接转西伯利亚大陆桥运输（或反向运输）。

（9）我国内地接转欧亚大陆桥运输（或反向运输）。

（三）国际多式联运的运输组织形式

国际多式联运是采用两种或两种以上不同运输方式进行联运的运输组织形式。这里所指的至少两种运输方式可以是海陆、陆空、海空等，这与一般的海海、陆陆、空空等形式的联运有着本质的区别。后者虽也是联运，但仍是同一种运输工具之间的运输方式。众所周知，各种运输方式均有自身的优点与不足。一般来说，水路运输具有运量大、成本低的优点；公路运输具有机动灵活，便于实现货物门到门、准时的特点；铁路运输的主要优点是不受气候影响，可深入内陆河和横贯内陆，实现货物长距离的准时运输；而航空运输的主要优点是可实现货物的快速运输。由于国际多式联运严格遵守必须采用两种或两种以上的运输方式进行联运的规定，因此，这种运输组织形式可综合利用各种运输方式的优点，充分体现社会化大生产、大交通的特点。

由于国际多式联运具有其他运输组织形式所无法比拟的优越性，因而这种国际运输新技术已在世界上各主要国家和地区得到广泛地推广和应用。目前，有代表性的国际多式联运主要有远东 / 欧洲、远东 / 北美等海陆空联运，其他组织形式介绍如下：

1. 海陆联运

海陆联运是国际多式联运的主要组织形式，也是远东 / 欧洲多式联运的主要组织形式之一。目前组织和经营远东 / 欧洲海陆联运业务的主要有班轮公会三联集团、北荷、冠航和丹麦的马士基等国际航运公司，以及中国远洋运输公司和德国那亚航运公司等。这种组织形式以航运公司为主体，签发联运提单，与航线两端的内陆运输部门开展联运业务，与大陆桥运输展开竞争。

2. 陆桥运输

在国际多式联运中，陆桥运输（Land Bridge Service）起着非常重要的作用，它是远东 / 欧洲国际多式联运的主要形式。陆桥运输是指采用集装箱专用列车或卡车，把横贯大陆的铁路或公路作为中间“桥梁”，是使大陆两端的集装箱海运航线与专用列车或卡车连接起来的一连贯运输方式。严格地讲，陆桥运输也是一种海陆联运，只是因为其在国际多式联运中的独特地位，故在此将其单独作为一种运输组织形式。目前，远东 / 欧洲的陆桥运输线路有西伯利亚大陆桥和北美大陆桥。

（1）西伯利亚大陆桥（Siberian Land Bridge）。西伯利亚大陆桥（SLB）是指使用国际标准集装箱，将货物由远东沿海岸运到俄罗斯东部港口，再跨越欧亚大陆运至波罗的海沿岸如爱沙尼亚的塔林或拉脱维亚的里加等港口，然后再采用铁路运输、公路运输或海运运到欧洲各地的国际多式联运的运输线路。

（2）北美大陆桥（North American Land Bridge）。北美大陆桥是指利用北美的大铁路从远东到欧洲的“海陆海”联运。该陆桥运输包括美国大陆桥运输和加拿大大陆桥运输。美国大陆桥有两条运输线路：一条是从西部太平洋沿岸至东部大西洋沿岸的铁路和公路运输线；另一条是从西部太平洋沿岸至东南部墨西哥湾沿岸的铁路和公路运输线。

（3）其他陆桥运输形式。北美地区的陆桥运输不仅包括上述大陆桥运输，而且还包括小陆桥运输（Mini Land Bridge）和微桥运输（Microbridge）等运输形式。

① 小陆桥运输从运输组织上看与大陆桥运输并无大的区别，只是其运送的货物的目的地为沿海港口。目前，北美小陆桥运送的主要是日本经北美太平洋沿岸到大西洋沿岸和墨西哥湾地区港口的集装箱货物，也承运从欧洲到美西及海湾地区各港的大西洋航线的装运货物。北美小陆桥在缩短运输距离、节省运输时间上的效果是显著的。

② 微桥运输与小陆桥运输基本相似，只是其交货地点在内陆地区。北美微桥运输是经北美东、西海岸港口到美国、加拿大内陆地区的联运服务。

3. 海空联运

海空联运又被称为空桥运输（Air-bridge Service）。在运输组织方式上，空桥运输与陆桥运输有所不同：陆桥运输在整个货运过程中使用的是同一个集装箱，不用换装，而空桥运输的货物通常要在航空港换入航空集装箱。不过，两者的目标是一致的，即以低费率提供快捷、可靠的运输服务。

目前，国际海空联运线主要有：

（1）远东—欧洲。目前远东与欧洲间的航线有的以温哥华、西雅图、洛杉矶为中转地，也有的以香港、曼谷、符拉迪沃斯托克为中转地，此外还有以旧金山、新加坡为中转地的。

（2）远东—中南美。近年来，远东至中南美的海空联运发展很快，因为此处港口和内陆运输不稳定，所以对海空运输的需求很大。该联运线以迈阿密、洛杉矶、温哥华为中转地。

（3）远东—中近东、非洲、澳大利亚。这是以香港、曼谷为中转地至中近东、非洲的运输服务。在特殊情况下，还有经马赛至非洲、经曼谷至印度等，但这些线路货运量较少。

总的来说，运输距离越远，采用海空联运的优越性就越大，因为同完全采用海运相比，其运输时间更短，同直接采用空运相比，其费率更低。因此，从远东出发将欧洲、中南美洲以及非洲作为海空联运的主要市场是合适的。

4. 江海联运

江海联运把海运和内河运输连接起来，既可充分发挥海运量大、成本低的优点，又可发挥内河运输费用低廉、灵活等优点，能方便地把货物运至内河水系的广大地区。

三、国际多式联运经营人的概念、特征和应具备的条件

（一）国际多式联运经营人概念

国际多式联运经营人（Combined Transport Operator，CTO）是与托运人订立多式联运合同的人，可以是其本人，或其代理。其可以是实际承运人，也可以是无船承运人（也称无船公共承运人，Non-vessel Operating Common Carrier，NVOCC）。

实际业务中，担任国际多式联运经营人的主要有以下类型：货运代理，无船公共承运人及船舶所有人。《联合国国际多式联运公约》对国际多式联运经营人的定义为："多式联运经营人是指与托运人订立多式联运合同的任何人，他是事主，而不是发货人的代理人或代表，也不是参加多式联运的承运人的代理人或代表，负有履行合同的责任。"因此，多式联运经营人是一个独立的法律实体。

由于多式联运是在国际间以多种运输方式来完成的，不可能由一个经营人自己承担全部运输任务，他往往是在接受货主的委托之后，自己办理一部分运输，然后将其余的运输再委托给其他承运人。但它与单一的运输方式不同，这些接受多式联运经营人委托的承运人，只是按照运输合同的关系对多式联运经营人负责，而不与货主发生任何直接关系。

因此，多式联运经营人，对货主来说，他是货物的承运人，同货主签订多式联运合同；对其委托的承运人来说，他又是货物的托运人，自己以托运人的身份与其他承运人签订运输合同，所以他具有双重身份。在多式联运方式下，根据合同的规定，联运经营人始终是货物运输的总承运人，对货物全程运输负责。而把接受委托、分段承担运输的实际承运人称为分承运人。

（二）国际多式联运经营人的基本特征

（1）国际多式联运经营人是多式联运合同的主体。

（2）国际多式联运经营人的职能是负责完成多式联运合同，对全程负责。

（3）国际多式联运经营人是"中间人"，具有双重身份。

（三）国际多式联运经营人应具备的条件

当多式联运经营人从发货人那里接管货物时，即表明责任已经开始，货物在整个运输过程中的任何区段发生灭失或损坏，多式联运经营人均以本人的身份直接承担责任，即使货物的灭失或损坏并非由多式联运经营人的过失所致。

因此，作为多式联运经营人应具备以下基本条件：

（1）订立多式联运合同。多式联运经营人本人或其代表必须就多式联运的货物与发货人或其代表订立多式联运合同，而且，该合同至少由两种运输方式完成货物的全程运输，合同中的货物是国际间的货物。

（2）接货后即签发多式联运提单。从发货人或其代表那里接管货物时起即签发多式联运单据，并对接管的货物负责。

（3）承担多式联运合同中规定的与运输和其他服务相关的责任，并保证把货物交给多式联运单据持有人或单据中指定的收货人。

（4）有足够的赔偿能力。对运输全过程中发生的货物灭失或损害，多式联运经营人首先对货物受损人负责，并应具有足够的赔偿能力。当然，这种规定和做法并不影响多式联运经营人向造成实际货损的分承运人追偿的权利。

（5）有相应的技术能力。多式联运经营人应具备多式联运需要的、与其相适应的技术能力，对自己签发的多式联运单据确保其流通性，并作为有价证券，在经济上有令人信服的担保程度。

四、国际多式联运经营人的赔偿责任和赔偿标准

（一）国际多式联运经营人的赔偿责任制

多式联运经营人的责任制主要有三种形式：

1. 统一责任制

统一责任制是指多式联运经营人在全程运输中使用统一的赔偿标准向货主负责。

2. 经修正后的统一责任制

经修正后的统一责任制是指多式联运经营人在全程运输中对货损事故按统一赔偿标准向货主负责。如果该统一赔偿标准低于实际货运事故发生区段的适用法律法规所规定的赔偿标准时，按该区段规定的赔偿标准，由多式联运经营人负责向货主赔偿。

3. 网状责任制

网状责任制是指多式联运经营人对全程运输的货物责任，局限在各个运输区段的责任范围内，如果能确定货运事故区段的，则按该区段适用的法律法规，由多式联运经营人负责向货主直接赔偿；如果对隐藏损害不能确定货运事故区段的，则要推定发生在海运区段，按海运区段的适用法律法规，由多式联运经营人负责向货主直接赔偿。

（二）国际多式联运经营人的赔偿标准

目前绝大多数国家的多式联运经营人采用网状责任制，按与网状责任制有关的各运输区段的《国际货运公约》以及《国际多式联运公约》所规定的赔偿标准进行赔偿。

《海牙维斯比规则》、《汉堡规则》及《国际多式联运公约》均规定了两种责任限额，这是因为这三个国际公约的通过均在出现集装箱运输以后，而在集装箱运输方式下，如果仍以每件或每单位为责任限额，可能会对货主造成不利的影响，特别是在未列出箱内货物件数的情况下，集装箱内所有的货物只视为一件，采用两种责任限额并择大赔偿，有利于在集装箱运输方式下保护货主的利益。

任务实训

请根据本任务情景讨论以下问题：

（1）振捷国际货运代理公司相对于广州机电贸易公司、A船公司、B铁路公司来说，其法律地位如何？对于货物的损失其是否应承担责任？为什么？

（2）振捷国际货运代理公司如果要承担责任，可否享受责任限制？

（3）A船公司是否承担责任？为什么？

（4）B 铁路运输公司是否承担责任？为什么？

任务二 签发国际多式联运单据

任务目标

- 了解多式联运单据的概念和作用。
- 领会国际多式联运提单的概念、作用和种类。
- 了解国际多式联运提单的内容和签发时的注意事项。
- 掌握国际多式联运运费的构成。

任务情景

广州振捷国际货运代理公司与广州机电贸易公司订立一份多式联运合同，负责从广州机电贸易公司的仓库把货物装成一个集装箱，通过 A 公路运输公司运到广州黄埔港，然后装船经印度孟买运至新德里。振捷国际货运代理公司分别与 A 公路运输公司、B 船公司、C 铁路运输公司、新德里的 D 公路运输公司签订运输合同，当货物装船后 B 船公司签发了运输单据，货物在孟买港卸船时集装箱外表完好。振捷国际货运代理公司在当地的代理将货物通过铁路和公路运往新德里，然后把货物交给了收货人，完成了此次运输的任务。

知识链接

一、多式联运单据的概念和作用

（一）多式联运单据的概念

多式联运单据（Combined Transport Documents，CTD）是指证明国际多式联运合同成立及证明多式联运经营人接管货物，并负责按照多式联运合同条款交付货物的单据。

（二）多式联运单据的作用

多式联运单据由承运人或其代理人签发，其作用与海运提单相似，既是货物收据也是运输契约的证明。在单据做成指示抬头或不记名抬头时，可作为物权凭证，经背书可以转让。在实践中一般称为多式联运提单。

多式联运单据表面上和联运提单相仿，但联运提单承运人只对自己执行的一段负责，而多式联运承运人对全程负责。联运提单由船舶公司签发，包括海洋运输在内的全程运输，多式联运单据由多式联运承运人签发，也包括全程运输，但多种运输方式中，可以不包括海洋运输。

多式联运经营人收到托运人交付的货物时，应当签发多式联运单据。按照托运人的要求，多式联运单据可以是可转让单据，也可以是不可转让单据。

二、国际多式联运提单的概念、作用和种类

（一）国际多式联运提单的概念

在多式联运方式下，多式联运经营人在接管货物时，应由本人或其代理人签发多式联运单据。在多式联运中，虽然一票货物由多种不同运输方式、多个实际区段承运人共同完成运输，但从接货地至交货地使用一张货运单证——多式联运单据，运输方式中必须有一种是国际海上运输。

我国 1997 年 10 月 1 日实施的《国际集装箱多式联运管理规则》对多式联运单据的定义是："多式联运单据是指证明多式联运合同以及证明多式联运经营人接管货物并负责按合同条款交付货物的单据。"

（二）国际多式联运提单的作用

从上述定义可知，多式联运提单与海运提单作用相似：

（1）是多式联运合同的证明。

（2）是多式联运经营人收到货物的收据。

（3）是收货人据以提货的物权凭证。

（三）国际多式联运提单的种类

按国际多式联运提单按是否可以转让可以分为可转让提单和不可转让提单。而可转让提单又可分为指示交付和向持票人交付两类；不可转让提单一般为记名提单。

1. 指示提单

与海运提单相似，指示提单是指在提单的收货人处载明"凭某人指示"或"凭指示"字样的国际多式联运提单。通常前者可以被视为发货人指示或开证行指示，后者一般被视为发货人指示。

两种指示提单均需要指示人背书后才能转让,实现提单的流通。如果指示人不做任何背书，则意味着指示人保留对货物的所有权，只有指示人本人才有提货权。

2. 不记名提单

与海运提单相似，不记名提单又称为空白提单，是指在收货人处不写明具体收货人或由某人指示，通常只注明"持有人"或"交持有人"字样的国际多式联运提单。对于不记名提单，经营人或其代表应将货物交给持有提单的人。

不记名提单的转让不需要背书即可进行。因此，这种提单对于买卖双方来讲会有很大的风险，在实际业务中极少使用。

三、国际多式联运提单的内容、签发和注意事项

（一）多式联运提单的内容

国际多式联运提单是发货人、多式联运经营人、收货人等当事人货物交接的凭证，多式联运提单的内容应准确、完整。其主要内容有：

（1）货物的名称、种类、件数、重量、尺寸、包装等。

（2）多式联运经营人的名称和主要经营场所。

（3）发货人和收货人的名称。

（4）多式联运经营人接管货物的地点、日期。

（5）多式联运经营人交付货物的地点和约定的时间或期限。

（6）表示多式联运提单转让或不可转让的声明。

（7）多式联运经营人或其授权人的签字。

（8）有关运费支付的说明。

（9）有关运输方式和运输路线的说明。

（10）在不违反多式联运单据签发国法律的前提下，双方同意列入的其他事项。

国际多式联运提单一般都列入上述内容，但如果缺少其中一项或几项，只要缺少的内容不影响货物运输和当事人的利益，国际多式联运提单仍具有法律效力。其实与前面介绍过的海运提单的内容一样。

（二）多式联运提单的签发

国际多式联运经营人在接收货物后，凭发货人持有的货物收据签发多式联运提单，并应发货人的要求签发可转让或不可转让的多式联运提单。

（三）签发多式联运提单注意事项

（1）如签发可转让多式联运提单，应在收货人栏列明按指示交付或向持票人交付。签发不可转让提单，应列明收货人的名称。

（2）提单上的通知人一般是在目的港或最终交货地点由收货人指定的代理人。

（3）对签发正本提单的数量一般没有规定，但如应发货人要求签发一份以上的正本时，在每份提单上应注明正本份数。

（4）每份副本均应注明“不可转让副本”字样，副本提单不具有提单法律效力。

（5）如签发一套以上的正本可转让提单时，各正本提单具有同样的法律效力，而多式联运经营人或其代表已按其中的一份正本交货便已履行交货责任，其他提单自动失效。

（6）多式联运提单应由多式联运经营人或经他授权的人签字，如不违背所在国法律，签字可以是手签、盖章、符号或其他机械、电子仪器打出。

（7）如果多式联运经营人或其代表在接收货物时，对货物的实际情况和提单中所注明的货物种类、标志、数量、重量等有怀疑，但又无适当方法进行核对、检查时，可以在提单中作出保留，注明不符之处、怀疑根据。但为了保证提单的清洁，也可按习惯做法处理。

四、证据效力与保留

国际多式联运提单一经签发，除非多式联运经营人在提单上作了保留，否则国际多式联运提单意味着：

（1）国际多式联运经营人收到货物的初步证据。

（2）国际多式联运经营人对货物的责任已经开始。

（3）可转让的国际多式联运提单对善意的第三方是最终证据，国际多式联运经营人提出的相反证据无效。

如果国际多式联运经营人或其代表在接收货物时，对于货物的品种、数量、包装、重量等内容有合理的怀疑，而又无合适方法进行核对或检查时，国际多式联运经营人或其代表可在国际多式联运提单上作出保留，注明不符的地方、怀疑的根据等。反之，如果国际多式联运经营人或其代表在接收货物时未在多式联运提单上作出任何批注，则视为他所接收的货物外表状况良好，并应在同样状态下将货物交付收货人。

五、国际多式联运运费

我们以陆海联运为例，讲述国际多式联运运费计算，其他方式的国际多式联运运费可以参照陆海联运计算方法计算。

多式联运已突破传统海运“港—港”的范围，而向两岸延伸，因此，国际多式联运运费除包括海运段外，还包括一端内陆或两端内陆的运费，如图 5.1 所示。

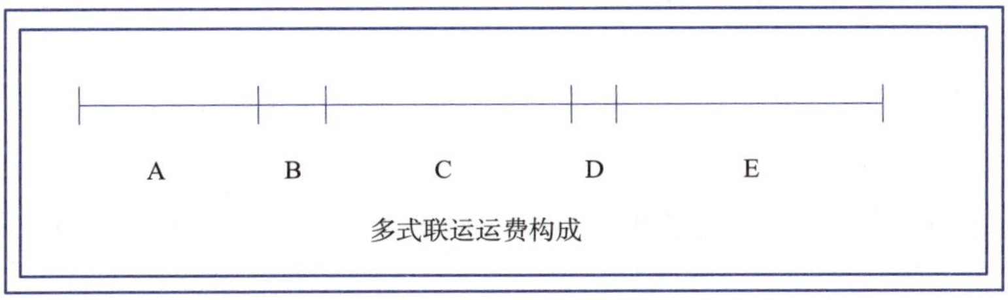

图 5.1　多式联运运费构成

A:内陆运输费，主要是公路运费、铁路运费或内河运费，包括托运费、仓储费、转运费、服务费等。

B：码头装卸费，集装箱班轮通常与挂靠港订立集装箱装卸包干费。

C：海运费，包括基本费和附加费。

D：码头装卸包干费，同 B。

E：内陆运输费，同 A。

（一）内陆运费

内陆运费也可能包括公路 / 铁路运费。

1. 公路运费

公路运费 = 基本运费 + 附加运费

其中，基本运费是指公路运输中的托运费，按箱型、箱尺寸和运距计算；附加运费是指在公路运输中发生的其他费用，如车辆延滞费、上下车费、人工延滞费、辅助装卸费以及其他附加费等。

公路运费的计算方式主要有计程运费、计时包车运费、包箱运费和短程运费。

2. 铁路运费

铁路运费 = 基本运费 + 附加运费

其中，基本运费是指在铁路运输中的托运费，按箱型、箱尺寸和运距计算；附加运费是指办理铁路运输而发生的有关附加费用，如送取费、暂存费、换装费、代理费以及新路费、集装箱建设费。

（二）海运运费

海运运费 = 基本运费 + 附加运费

其中，基本运费是从装运港到目的港的基本费用，是海运运费的主要组成部分，包括船舶的折旧或租金、燃油费、修理费、港口使用费、管理费和职工工资等；附加运费是指在海运过程中货物的特殊处理费用，如转船费、起重费、选港费、更改目的港费等，此外，还包括受国际经济和国际贸易的影响所产生的成本费用，如油价上涨、被迫绕航、汇率变动、港口拥挤等产生的费用。

在集装箱海运中，为简化运费计算，班轮公司通常采用包箱费率的计算方法，并公布不同航线的运价。

（三）港口装卸包干费

在集装箱运输方式下，世界各国港口大多采用集装箱装卸包干形式，按箱计收装卸包干费。

1. 装卸包干费的作业内容

（1）进口作业：拆除一般加固→卸船→水平运输至堆场→重箱堆存→重箱装车→空箱卸车→空箱堆存。

（2）出口作业：空箱装车→重箱卸车→重箱堆存→水平运输至船边→装船→进行一般加固。

2. 装卸包干费的规定

（1）装卸包干费为固定收费，如减少包干作业的环节，仍按包干费计收；如增加包干作业以外的环节，则另行收费。

（2）非国际标准集装箱、特种货物集装箱的装卸包干费由港航双方面议，但最高不得超过相应国际标准箱收费的一倍。

（3）沿海各主要港口的装卸包干费可在 20% 幅度内实行优惠，由港航双方商定，并报交通部、国家计委和当地省级价格主管部门备案。

（四）国际多式联运运费

多式联运运费 = 基本运费 + 附加运费

其中，基本运费是指两种或两种以上不同运输方式的运费，在包括海运的多式联运中，由于海运运费通常已包含码头装卸包干费，故不另外收取。附加运费是指多式联运全程运输中基本运费外的其他费用，如中转费、过境费、仓储费以及有关的单证费、服务费。应该指出的是，按《联合国国际货物多式联运公约》，多式联运应采用单一的运费率，实际计费可以分段累加计收，也可根据分段累加的总费用换算出单一的运费率。

任务实训

根据本任务情景讨论下列问题：

（1）当货物装船后船公司签发的运输单据属于什么性质的单据？能否背书转让？

（2）分析本任务的运输区段和运费的构成。

（3）如果货物在海上运输中发生毁损、灭失，收货人可以要求谁承担责任？为什么？

综合练习

一、单选题

1. 国际多式联运经营人在统一责任制下对货物承担的运输责任是（　　）。

A. 全程　　B. 自己运输区段

C. 自己控制区段　　D. 实际承运人区段外的区段

2. 多式联运方式是指（　　）。

A. 不同运输方式之间　　B. 同一种运输方式之间

C. 必须有一种是海运　　D. 必须是海运与公路之间

3. 签发国际多式联运提单的运输方式中必须有一种是（　　）。

A. 国际海上运输　　B. 国际陆上运输

C. 国际航空运输　　D. 国际铁路运输

4. 多式联运经营人对全程运输的货物责任，局限在各个运输区段的责任范围内，如果能确定货运事故区段的，则按该区段适用的法律法规，由多式联运经营人负责向货主直接赔偿，这种赔偿责任制称为（　　）。

A. 统一责任制　　B. 经修正后的统一责任制

C. 网状责任制　　D. 分割责任制

5. 目前绝大多数国家的多式联运经营人采用（　　），按有关的各运输区段国际货运公约以及国际多式联运公约所规定的赔偿标准进行赔偿。

A. 统一责任制　　B. 经修正后的统一责任制

C. 网状责任制　　D. 分割责任制

6. 国际多式联运的主要组织形式是（　　）。

A. 海陆联运　　B. 陆桥运输

C. 海空联运　　D. 江海联运

7. 国际货运代理企业经营多式联运并签发多式联运提单时，其法律地位是（　　）。

A. 代理人　　B. 承运人　　C. 发货人　　D. 收货人

8. 多式联运单据的签发人是（　　）。

A. 船公司　　B. 货主　　C. 收货人　　D. 多式联运经营人

9. 以下（　　）不是国际多式联运所具备的特点。

A. 签订一个运输合同　　B. 采用一种运输方式

C. 采用一次托运　　D. 一次付费

二、多选题

1. 国际多式联运的特点有（　　）。

A. 必须具有一份多式联运合同

B. 必须使用一份全程多式联运单证

C. 必须是至少两种不同运输方式的连续运输

D. 必须对全程运输负责

2. 国际多式联运经营人具有以下基本特征：(　　)。

A. 是国际多式联运合同的主体

B. 负责完成国际多式联运合同

C. 是“中间人”，具有双重身份

D. 是代理人，而不是当事人

3. 国际多式联运合同的特点有（　　）。

A. 多式联运合同是双方合同

B. 多式联运合同是有偿合同

C. 多式联运合同是非要式合同

D. 无约束第三者性质，收货人应参加合同订立

4. 不可转让的国际多式联运提单的作用有（　　）。

A. 是多式联运合同的证明

B. 是多式联运经营人收到货物的收据

C. 是收货人据以提货的物权凭证

D. 是多式联运合同的本身

5. 关于海运提单、铁路运单、航空运单、多式联运单据的说法，正确的是（　　）。

A. 都是运输合同的证明　　B. 都是物权凭证

C. 都是可以流通转让的　　D. 都是收货凭证

三、判断题

1. 国际多式联运通常是以集装箱为运输单元，将不同的运输方式有机地组合在一起，构成连续的、综合性的一体化货物运输。(　　)

2. 国际多式联运经营人对全程运输负责。(　　)

3. 多式联运经营人是一个具有法人资格的独立法律实体。(　　)

4. 统一责任制是指多式联运经营人在全程运输中使用统一的赔偿标准向货主负责。(　　)

5. 国际多式联运经营人是国际多式联运合同的当事人。(　　)

6. 在网状责任制中，如果对隐藏损害不能确定货运事故区段的，则推定发生在海运区段，按海运区段的适用法律法规，由多式联运经营人负责向货主直接赔偿。(　　)

四、案例分析题

1. 哈尔滨某机床厂与美国中部地区一公司签订了机床出口合同。合同规定采用集装箱进行“门到门”的运输。卖方选择某多式联运公司，由其在哈尔滨集装箱货运站装箱后，签发了FIATA的多式联运提单，并支付了全程运费，承担合同承运人的义务。多式联运公司负责用火车运到大连，装船发运美国，从美国西海岸港口卸货后，又由卡车运到美国中部某城市。买方不愿意承担交货前的风险，卖方也不愿意承担海运和在美国的风险。

请问：买卖双方选择何种价格条款为好？应各自怎样来规避风险？多式联运的风险应如何进行转移？

2. 青岛海尔冰箱厂计划每月从青岛工厂将1 000台冰箱运往美国的某商品经销中心，现在寻找合适的运输公司。假设你是一家国际货运代理公司，想外包此业务。请你在做合理假设的基础上，回答下面的问题：

（1）简要说明运输方案设计的影响因素。

（2）列出可能的运输方案并给出你认为最好的方案。

（3）简要说明整个运输的实施程序。

3. 2021年1月，陕西某多式联运经营人从克罗地亚通过大陆桥运输进口家具，家具装载于8个20FT的集装箱内，第一批货为4个集装箱，于2月21日抵达集装箱站，而另外4个集装箱却迟迟不见，后经多次查找方知，由于国外代理制单错填到站名，将货错发至上海。7月25日收到货后，打开集装箱后发现大部分家具已被水浸泡破损，不能使用。请问：该由谁承担货物损失的责任？

参 考 文 献

[1] 中国国际货运代理协会 . 国际货运代理理论与实务 [M]. 北京：中国商务出版社，2012.

[2] 孙敬宜 . 国际货运代理实务 [M]. 北京：电子工业出版社，2009.

[3] 杨鹏强 . 国际货运代理实务 [M]. 北京：电子工业出版社，2008.

[4] 马洁 . 国际货运代理实务 [M]. 北京：中国物资出版社，2011.

[5] 符海菁 . 国际货运代理实务 [M]. 北京：对外经济贸易大学出版社，2007.

[6] 钱琳伊 . 国际货运代理实务 [M]. 北京：中国财政经济出版社，2008.

[7] 肖建辉 . 国际货运代理实务 [M]. 北京：清华大学出版社，2012.

[8] 张丽娜 . 国际货运代理实务 [M]. 天津：天津大学出版社，2011.

[9] 黎孝先 . 国际贸易实务 [M]. 北京：中国人民大学出版社，2008.

[10] 顾永才 . 国际物流与货运代理 [M]. 北京：首都经济贸易大学出版社，2007.

[11] 张炳达，王晓静 . 国际贸易实务与案例 [M]. 上海：立信会计出版社，2007.

[12] 李湘滇，刘亚玲 . 国际贸易实务 [M]. 北京：北京大学出版社，2011.

[13] 杨海芳，李哲 . 国际货物运输与保险 [M]. 北京：清华大学出版社，2011.

[14] 王明严，陈广 . 国际货物运输实务 [M]. 北京：中国经济出版社，2012.

[15] 国家质检总局报检员资格考试委员会 . 报检员资格全国统一考试教材 [M]. 北京：中国标准出版社，2012.

[16] 海关总署报关员资格考试教材编写委员会 . 报关员资格全国统一考试教材 [M]. 北京：中国海关出版社，2019.

[17] 何善华 . 陈广仁 . 国际货运代理实务 [M]. 广州：暨南大学出版社，2013.

[18] 郑克俊 . 国际货运代理业务处理 [M].2 版 . 北京：清华大学出版社，2020.